《中国语学文库》

总 主 编：邢福义

副总主编：汪国胜　朱　斌

《史记》副词研究

A Study on the Adverbs in Records of *The Grand Historian*

杨海峰◎著

中国出版集团

世界图书出版公司

广州·上海·西安·北京

图书在版编目（CIP）数据

《史记》副词研究 / 杨海峰著 . —广州：世界图书出版
广东有限公司，2025.1重印
　ISBN 978-7-5192-0372-6

　Ⅰ.①史…　Ⅱ.①杨…　Ⅲ.①《史记》—副词—研究
Ⅳ.① H141 ② K204.2

　中国版本图书馆 CIP 数据核字（2015）第 242797 号

《史记》副词研究

策划编辑　孔令钢
责任编辑　钟加萍
出版发行　世界图书出版广东有限公司
地　　址　广州市新港西路大江冲 25 号
http:// www.gdst.com.cn
印　　刷　悦读天下（山东）印务有限公司
规　　格　710mm×1000mm　1/16
印　　张　17.75
字　　数　307 千
版　　次　2015 年 12 月第 1 版　2025 年 1 月第 3 次印刷
ISBN　978-7-5192-0372-6/H・0988
定　　价　88.00 元

序

专书考察是汉语语法史研究的一项基础性工作，要建立科学的汉语语法史离不开专书研究。20 世纪 80 年代以来，已有许多学者相继投身于这一研究，杨海峰博士就是其中之一。她的《〈史记〉副词研究》一书，全面勾勒了《史记》副词的基本面貌，描写了副词的发展演变，取得了一定的成绩。表现为以下几点：

一是描写了《史记》副词的基本情况。作者以《史记》为基本语料，考察《史记》副词，并以图表形式说明这些副词的语法功能、旧词及新词的分布频率，同时还介绍了《史记》副词的发展概貌。作者认为，西汉是汉语副词发展的重要时期，副词的兼类现象明显少于先秦，分工趋于明确，用法也逐步规范，正处于单音副词并列使用和双音副词大量形成两种现象相互促进的时期，副词体系已经基本完备。

二是发掘了一批新生副词，并考察了它们的虚化过程。西汉时期，大量先秦副词的用法趋于成熟，同时也出现了一批新的副词，这些副词往往和一些新兴的语法成分同时使用。由于新旧副词汇集，出现了大量具有同义关系的副词。这些具有同义关系的副词通过一段时间的并存、竞争，最后往往只有一两个取得强势地位，最终将其他同义副词淘汰。其中，有些副词后来发展成为常用副词，一直沿用到现代汉语。副词的这些转变，既有社会原因，也有语言系统自身的原因。作者在书中对这些原因进行了探求。

三是总结了《史记》副词的特征和语法功能。这种总结是在对全书每个副词的特征和功能进行调查的基础上归纳而成的，每类副词的特征及其语法功能都有语言事实作为依据。

当然，本书在语料运用、副词筛选等方面，也还有值得进一步斟酌的地方。但总体来说，本书通过详实的描写分析，充实了以往的研究，对汉语副词研究来说是有参考价值的。

刘　利

2015 年 7 月

前　言

　　1958年王力先生《汉语史稿》的出版，揭开了汉语史研究的新篇章。人们意识到专书语言研究是语言学本体研究的一项基础工程，要建立科学的汉语史必须以专书语言研究为基础。专书语言研究是专题语言研究的重要依据，是比较研究的必要准备，是建立新的语言理论的重要途径，是汉语史研究的基石。汉语史研究必须探求汉语在各个时期的特点，总结汉语发展的内部规律，因而对各个时期代表作进行专书研究就成为建造汉语史大厦必不可缺的基石。

　　汉语史的研究必须建立在详尽、可靠的专书研究基础上。《史记》作为西汉初期的一部重要典籍，它反映了这一时期语言发展的真实面貌，是我们研究汉语史的重要资料。目前，对《史记》中副词进行系统研究的专书尚未出现。本书以西汉时期的重要文献《史记》的副词为考察对象，将共时研究与历时研究相结合，静态描写与分析归纳相结合，定性分析与定量分析相结合，共性研究与个性研究相结合，希望通过对《史记》的副词系统及其源流演变做出调查分析，以尽可能多地了解西汉汉语中新兴副词的形成过程及发展演变的历史，从而勾勒出西汉汉语副词的基本面貌和时代特色，为进一步研究整个汉语副词的发展提供必要的条件。

　　本书共分为5章。

　　第1章"绪论"：对本书选题的意义、研究对象、所采取的研究步骤和研究方法以及相应的研究现状、考察角度等作了一个大致的介绍和总结。

　　第2章"导论"：简要介绍汉语副词的定义、副词的语用和语法功能、副词的基本性质与虚实归属、副词与相关词类的划界以及先贤时哲关于副词的分类意见，表明了自己对副词的基本看法，并提出了自己的分类标准，并对《史记》中的401个副词逐一进行了归类。

第 3 章 "本论"：笔者依次按照程度副词、范围副词、时间副词、情状方式副词、否定副词、关联副词、语气副词、谦敬副词的顺序，对《史记》中的所有副词进行了详细的平面描写，对西汉汉语新出现的 32 个副词一一做了探讨，指出不同类别的副词对其修饰或限制的结构的句法功能也有一定的影响，对《史记》的副词做了整体把握，对它们在整个汉语副词发展过程中的地位有了清晰的认识。

《史记》中的副词共有 401 个（包括异体字 28 个），其中单音副词 311 个，双音副词 89 个，三音节副词 1 个；由前代继承而来的副词有 369 个，占《史记》副词总数的 92.02%；新产生的副词有 32 个，占《史记》副词总数的 7.98%。本文对这些副词逐一进行分析，具体步骤如下：

首先，对每类副词进行定义，从语义与功能的角度再划分为几个小类。

其次，按照分出的小类，对其产生时代进行分析，主要是继承先秦的还是西汉新产生的。对于继承先秦的副词的所有成员进行逐一考察，详细分析其出现环境、语义特征和语义功能，然后加以描写；对于新产生的副词则进行历时演变的研究，对其产生动因进行了深入分析。

最后，在对每类副词分析结束后，附上有关该类副词详细用法的统计表，以期对该类副词的用法及其演变情况有一个量化及其系统的认识。

第 4 章 "分论"：本章讨论了四个问题，第一节通过对《史记》副词同义连用的分析，不难发现，汉代的副词同义连用为古汉语双音词的形成奠定了基础，促进了虚词由以单音词为主向以双音词为主的发展，它在汉语史上的作用是不容忽视的。第二节运用韵律句法理论，对《史记》中表示偏指的 "相" 和 "见" 字作了分析，指出 "相" 和 "见" 的使用是为了使语义重心出现在句子的普通重音位置上，即把已知的熟悉的宾语省略，使动词的语义得以凸显。第三节与第四节分别讨论了 "更"类副词与 "稍" 类副词的虚化过程，重点探讨其虚化动因。

第 5 章 "结论"：对《史记》中副词的基本情况作全面总结。

在对专书词汇进行封闭式描写的基础上，本书也注意对个案的讨论，并分析这些语言现象产生的原因和机制，揭示了《史记》词汇的基本面貌和特征，肯定了它重要的语料价值和在汉语史上的地位。

在分析过程中，本书不局限于某种理论，博采众长，为我所用，既运用了结构主义的理论，也运用了配价理论，还运用了认知语法的语法化理论和范畴理论等。本书的特点在于它的定量性和系统性。所谓定量性，就是以一定数量的副词为研究对象，具体说来就是以《史记》中的 401 个副词为对象，并以图表形式说明这些副词的语法功能、旧词及新词的分布频率。所谓系统性，就是对这 401 个副词从分类、句法功能以及在句中位置和与句型的关系等方面做了一个全面、系统的考察，力争能使人们对《史记》副词有一个比较系统的认识。

　　总而言之，希望通过以上各方面的探索，能为《史记》副词研究，特别是汉语史研究以及辞书编撰提供一些借鉴和帮助。

目　录

1 绪 论

1.1 研究目的和意义

关于《史记》副词，到目前为止，还没有人对其进行过全面、系统的研究。本书所要研究的首先是《史记》副词的系统以及《史记》副词的源流演变，并对《史记》副词作一个较为全面的描写。

本书的研究意义主要有以下几个方面：

首先，本书的研究有利于加强专书词汇研究，对于汉语词汇史的系统研究具有重要意义。近年来汉语史研究进入新的发展阶段，专书研究不仅数量多、内容丰富，而且视角广、深度大，但是这些研究主要集中于语法，虽然古汉语专书语法研究是建立汉语断代语法和汉语语法发展史的可靠基础[1]，但是词汇研究也必不可少。我们以《史记》副词为研究对象，可以弥补汉语史研究的不足，也可以促进汉语词汇史研究的深入，为汉语词汇史的系统研究提供一定的资料。

其次，本书的研究有利于揭示副词形成发展和演变中的一般规律和特殊规律，对于副词演变理论的丰富和完善具有重要意义。西汉在我国历史上的地位不亚于秦，为中华民族的辉煌做出了不可磨灭的贡献。此时，社会稳定，政治经济文化发展极快，统治者又较为重视与南北少数民族的关系，先后采取"册封"与"和亲"等政策促进了南北民族融合。[2] 因此，西汉语言现象丰富而复杂，在西汉汉语中，大量的先秦副词趋于成熟。同时，又出现了大量的新兴的副词，这些副词往往和一些新兴的语法成分和语法形式同时使用。并且由于新旧副词汇集，出现了大量的具有同义关

---

[1] 郭锡良：《〈古代汉语专书语法研究〉序》，载《〈荀子〉虚词研究》，河南大学出版社 2005 年版。

[2] 汉武帝通过赐"滇王金印"等册封政策促进了民族融合，汉元帝通过与匈奴"和亲"政策促进了民族融合。

系的副词，具有同义关系的副词通过一段时间的并存、竞争，最后往往只有一两个取得强势地位，并最终将其他同义副词淘汰。其中，有些经过发展演变成为常用副词，并一直沿用到现代汉语。造成这些转变的原因有很多，既有丰富的社会原因，也有复杂的语言系统的原因。对这些原因和规律的探索，有利于副词理论的丰富和完善。

再次，本书试图在对《史记》副词描写的基础上，探讨汉语副词研究中应该解决而又没有得到很好解决的若干理论问题。

副词是汉语中比较复杂而又研究得很不充分的一个词类。无论是古代汉语还是现代汉语的语法研究，对什么是副词、副词的语法特征、副词与其他词类的区分原则、副词的分类等问题，目前都还没有公认的一致意见；至于汉语副词的历时研究，值得探讨的问题更多，如新兴副词是怎样形成的，旧有副词为什么会消亡，新旧副词的兴衰消长是否表现出某些规律，在副词的历时演变中有哪些值得重视的现象，副词的发展演变是怎样与整个汉语的发展演变相适应的，等等。就这些问题展开全面深入的探讨，对汉语副词的研究，包括共时的研究和历时的研究，是非常重要而又极具理论意义的。

最后，本书的研究对汉语辞书的编纂、修订具有重要意义。

西汉汉语研究在汉语史研究中占有重要地位，但是由于文献资料以及研究不深入等原因，西汉出现的一些新义项有被忽略的现象，有些是在西汉出现的副词，却被认为在其他时代出现，等等。据此，我们对《史记》副词的研究，可以对上述问题有所弥补，为辞书的编纂和修订提供一定的资料。

1.2 研究现状

1.2.1 《马氏文通》以前的虚词研究

汉语就其语法来说是属于分析型的，它"缺少严格意义的形态变化"。汉语既没有俄、法、英诸语言里那种形态标志和曲折变化，也没有日、朝、蒙、土耳其诸语言里那种粘附形式。这使得虚词在表现汉语语法范畴的系统中显得非常重要。虚词研究一直是语法研究的重要内容。我们知道，在中国古代尽管系统的语法研究迟迟未至，但虚词研究却十分发达，以致成为其主要标志。汉、魏、晋时期，就出现过对单个虚词进行解释的现象，而元代卢以纬的《语助》、清代刘淇的《助字辨略》、王引之的《经传释词》、袁仁林的《虚字说》、王鸣昌的《辩字诀》等，都是专门讨论虚词用法的著作。长期以来，汉语研究只集中在了虚词问题上，这也从另一个侧面说明虚词在汉语句法组织中的重要作用。由于当时的研究主要是为了讲清经文中那些辅助性词语的意义和用法，而副词在这方面又是最为复杂的，所以，副词研究在自古以来的虚词研究中一直占有举足轻重的地位。

1.2.2 《马氏文通》至 20 世纪 80 年代的副词研究

最初对副词进行全面研究的是《马氏文通》（以下简称《文通》）。《文通》称"状字"，从其所论述的内容来看，大体相当于我们今天所说的副词。郭锡良先生（2003）说："综观《马氏文通》以来的虚词研究，大多是以'文言'作为对象，把一两千年的语言资料当作一个平面系统来处理。这是一种泛时的研究方法，难免带来某些不足和失误。"[1] 可见，《文通》对"状字"的论述是不成功的，存在着很多问题，如确定"状字"的标准不明确，"状字"的范围不明确，"状字"的职能不明确等。[2]

自《文通》问世以来的很长一段时间内，汉语副词的研究主要集中在副词的归属问题、副词的内部分类以及单个副词的句法特征描写、语义内容归纳等方面，总的来说，早期的研究大都还带有训诂学的随文释义的色彩。尽管这种微观的研究在一定背景下确实具有相当的实用价值，但是，由于对一些常用副词在不同格式中的意义和用法的描写及归纳过于细致，有时就显得缺乏条理和繁琐冗长；而且，由于义项的划分常常缺乏明确的原则和标准，因而也就难以避免主观性和任意性。

1.2.3 20 世纪 80 年代到现在的副词研究

20 世纪 80 年代以来，汉语副词的研究进入繁荣发展时期。这期间的汉语副词研究无论是研究成果还是研究理论与方法都比以前有了长足的进展，呈现出"新的目标，新的方法，新的结论"的发展趋势。其中，较有代表性的有何金松（1994）的《虚词历时词典》，该书对秦汉以前的副词大体囊括无遗；何乐士（1985）等的《古汉语虚词通释》，杨伯峻、何乐士（2001）的《古汉语语法及其发展》，都谈到副词，后者还将副词概括成各个小类。这两部语法专著，对副词的主要语法功能着力从形式与意义相结合的角度进行了科学分析，在学术界影响较大。邵敬敏（1987）在总结这一阶段汉语副词研究的状况时指出："随着研究理论和方法的改进，人们对副词的研究不再是采取孤立主义的立场，就事论事地分析，词典式地列举各个义

---

[1] 郭锡良：《古汉语虚词研究评议》，载《语言科学》第二卷第 1 期，科学出版社 2003 年版。

[2] 参见杨荣祥：《试析〈马氏文通〉状字部分存在的问题》，载《语言研究》1996 年第 2 期。

项，而是在高度概括副词的基本语法意义的基础上，沟通它与派生义之间的内在联系，力求寻找语法意义与语法形式之间的对应与不对应的规律，力求把语法跟语义、语用的研究融为一体，力求在更大的语境条件中去多层次多侧面地考察副词的作用，力求把静态分析与动态分析结合起来，这一切就构成了八十年代副词研究的特色。"[1]

这一阶段成果叠出，副词研究成为语法研究的一个热门课题。在已出版的语法专著和虚词用法词典中，副词都占有很大的比重。除此之外，还有大量专门研究副词的论文，根据李泉（1996）的统计，仅近20年（截至1995年）就有约200篇研究副词的论文，其中90%是20世纪80年代以后发表的。笔者在知网上统计（1996年1月至2015年7月），则有1974篇文章，尤其是2007年至今每年都在100篇以上，其中2010年、2012年及2013年均接近200篇。这些成果在对副词语法意义内在联系沟通方面、副词语义与句式的依存关系方面、因副词的语义指向而引起的歧义问题以及语境对副词的语义指向和句式结构的影响方面的研究都取得了突破。特别是对"又"、"也"、"就"、"还"、"更"、"越发"、"反而"、"都"、"才"等常用副词的研究都具有相当深度。理论意识和科学的方法论意识的增强，大大推动了研究的深化，在研究中，强调不能将格式义简单地赋予某个虚词，提出了对比研究法，为后来的副词研究提供了方法论上的指导。副词语义指向的分析，副词与句式关系的考察以及从语境角度考察副词的意义与功能等，更是进一步拓宽了研究的思路，也使得结论更具有全面性、科学性。20世纪80年代的副词研究所取得的成就为90年代汉语副词的研究的全面深化奠定了良好的基础。90年代以后，学术思想活跃，副词研究在此大背景下，逐步成为研究者关注的热点之一。三个平面理论的广泛应用，特别是功能主义、认知主义语言理论的引进，给语法研究带来了勃勃生机，现代汉语研究也出现了研究重点的转移。

1.2.4 汉语副词研究的特点和不足

上面笔者简略地概述了汉语副词研究的基本状况。应该说，副词研究方兴未艾，从一系列博士论文和相关专著的出版可以窥见一斑。

自20世纪80年代以来的汉语副词研究表现出以下几个特点：

首先，重视副词语法意义内在联系的沟通。传统副词研究着力于对副词在不同

---

[1] 参见邵敬敏：《八十年代副词研究的新突破》，载朱一之、王正刚选编：《现代汉语语法研究的现状和回顾》，语文出版社1987年版。

格式中表示出不同的语法意义进行描述，力求详尽。但由于义项的划分缺乏比较明确的原则和手续，其结果是不仅存在较大的主观任意性和偶然性，而且划分的结果冗杂繁琐，无法揭示义项之间的内在联系。马真先生的《说"也"》（《中国语文》1982 年第 4 期）另辟新径，指出"也"的基本作用是表示"类同"，进而分出"实用用法"和"虚用用法"，从而涉及语境在副词研究中的作用；作者也认识到，"在虚词研究中，切忌将含有某个虚词的某种句子格式所表示的语法意义硬归到格式中所包含的这个虚词身上去"，但是作者没有进一步归纳出各个义项之间的联系。

其次，进一步深化了对副词的特殊功能的认识。如副词修饰名词问题，副词区别于形容词的主要特点之一是不能修饰名词，因此汉语中副词修饰名词的现象早在 20 世纪 60 年代就引起了学者们的注意，但早期的研究多集中于对这种现象是否规范以及哪些副词可以修饰名词的描写。规范本身是一个动态的概念，一种语言现象的出现（除非那些真正的难以为人所接受的"语病"），通常都有其可解性。探讨这种有违常规的特殊现象背后的合理机制，做出相应的解释，有助于深化对语言规律的认识。90 年代以来，学者们着重从语言的内部与外部去分析这种现象产生的原因，提出了名词的顺序义、类别义、量度化、动核化、性状化以及细节突显等对副词修饰名词现象的影响，也有的从美学功能等方面对这种现象做出了功能上的解释。[1]

再次，重视对副词语义和句式依存关系的分析。探求语法形式同语法意义的框一致又不相一致的规律，是语法研究的重大课题，副词的实际运用也反映出研究这一课题的重要性，有关研究首先从语法意义相近的副词比较入手，陆俭明先生的《"还"和"更"》（《语言学论丛》第六辑，1980）就是一种有益的尝试。

然后，重视对语义指向以及由此而引起的歧义的研究。我国现代汉语语法研究，在 20 世纪 80 年代有两大突破。一个是副词研究，一个是歧义研究。在副词研究中，我国学者有许多创新，其中一项重要的内容就是 1983 年学界所注意的"语义指向"。提出概念，并从"语义指向"上揭示出一些副词的重要语法规律，发现歧义的新品种——语境歧义，提出语境歧义分析法。发现歧义的新品种和提出语境歧义分析法，也属于歧义研究的突破。"语义指向"是由"指向"演化而来的。"指向"是吕叔湘先生在对沈开木论文《表示"异中有同"的"也"字独厣的探索》（《中国语文》，1983 年第 1 期）审稿时提出来的。劭敬敏（1990）进一步系统化地提出了语义指向分析的操作程序，区分了语义指向中"指"、"项"、"联"的概念。在现代汉语副词研究中，

---

[1] 参见张谊生（1996/1997），储泽详、刘街生（1997），桂诗春（1995）等的有关论述。

对此比较注意的除了吕叔湘、沈开木两位先生以外，还有邵敬敏、刘宁生等先生。在古代汉语副词研究中，则有何乐士先生的《左传范围副词》（岳麓书社，1994）。

最后，重视对常用副词的演变进行研究。较早提倡对汉语词汇进行演变研究的是张永言、汪维辉两先生，他们在《关于汉语词汇史研究的一点思考》中提出了这一观点，并进行了有益的尝试，后来汪维辉先生又有《东汉—隋唐常用词演变研究》（南京大学出版社，2000）。不过，在此之前已经有许多学者对一些常用词（包括虚词）的产生进行探讨，江蓝生先生是这方面的代表，后来结集成为《近代汉语探源》（商务印书馆，2000）。蒋冀骋《近代汉语词汇研究》（湖南教育出版社，1991）对近代汉语词汇的演变进行了全面的研究。而对常用副词的演变较为关注的是李宗江先生，他的《汉语常用词演变研究》（汉语大词典出版社，1999）对此用功颇勤。单篇论文也为数不少，如杨永龙先生《近代汉语反诘副词"不成"的来源及其虚化的过程》（《语言研究》，2000年第1期）就是其中之一。海外学者对此也较为关注，日本太田辰夫先生的《中国语历史文法》（北京大学出版社，1987）和《汉语史通考》（重庆出版社，1991），志村良治先生的《中国中世语法史研究》（中华书局，1995）等对中、近古汉语副词的演变均有精辟的论述。

不少学者对汉语虚词演变的理论进行研究，如刘坚、曹广顺、吴福祥的《论诱发汉语词汇语法化的若干因素》（《中国语文》，1987），解惠全的《谈实词的虚化》（《语言研究论丛》，1987），黄珊的《古汉语副词的来源》（《中国语文》，1996），洪波的《论汉语实词虚化的机制》（《古汉语语法论集》，1998），张谊生的《现代汉语虚词》（华东师范大学出版社，2000），杨荣祥的《汉语副词形成刍议》（《语言学论丛》，2001）等一系列文章，对汉语虚词形成的理论做了深入的分析，而沈家煊更注意从西方语言学理论中吸取营养，如《"语法化"研究综观》（《外语教学与研究》，1994）、《实词虚化的机制——〈演化而来的语法〉评介》（《当代语言学》，1998）都有精辟论述。

到目前为止，前贤时修对于《史记》语言多有研究，朱江玮（2003）就此作了述评，请参看，此不赘述。《史记》副词研究成果主要包括三个方面：①以《史记》某类或某个副词为研究对象，例如洪成玉的《〈史记〉中的程度副词"颇"》（《首都师范大学学报》，1997），白亮的《〈史记〉总括范围副词研究（上、下）》（《燕山大学学报》，2000），宋洪民的《〈史记〉副词"最"特殊句法位置试析》（《古汉语研究》，2002），池昌海的《〈史记〉中副词"弗"的功能分析》（《古汉语研究》，2003）、《〈史记〉中副词"弗"修辞功能的计量分析》（《修辞学习》，2004）。②涉及《史记》副词研究的专书或专题论文，如何乐士的《〈史记〉语法特点研究》（《两汉汉语研究》，山东教育出版社，1992），管锡华的《〈史记〉单音词研究》（巴蜀书社，2000），吴庆峰主编的《〈史记〉虚词通释》（齐鲁书社，2006）。③一些语法研究专著和虚词词典对《史记》的语料的引用，如向熹的《简明汉语史》（商务印书馆，1993），王力的《汉语史稿》（中华书局，1980），中国社会科学院语言研究所古汉语研究室编的《古汉语虚词词典》（商务印书馆，1999），杨伯峻的《古汉语虚词》（中华书局，1981）等，在对副词进行分析时都引用了《史记》的语料。这些研究既有宏观的概述，也有微观的探求，为《史记》副词研究打下了较好的基础。

但是，当前的副词研究也还有不足，主要表现在以下四个方面：①微观的具体研究，尤其是分散的单个副词的研究比较多，而宏观的整体研究则相对薄弱，尤其是从总体上对某一类副词或某一种现象进行深入、系统的综合性研究还比较少；②就汉语副词的历史和现状进行纯汉语事实的研究，主要是针对各类书面文献中的副词进行的分析研究的比较多，而将口语、方言、民族语、外国语，以及语言类型学的研究成果结合起来，对汉语副词进行多角度的比较研究还比较少；③针对汉语具体的语言事实和语言现象所作的描写性研究及其成果比较多，而结合普通语言学语言理论和研究方法的深层次探讨还比较少；④在研究理论和方法上，引进、借鉴的比较多，而结合汉语副词性质特征等实际情况，提出具有汉语特色的富有原创性的副词研究理论还非常少。尤其是研究对象和领域的比重失调更是一直以来汉语副词研究中难以克服的一种现象。由于汉语的副词是一种个性很强的词类，所以，迄今为止的副词研究，绝大多数都集中在单个常用副词方面，譬如，仅一个副词"都"，20年来就已经发表了80多篇规模不等的研究论文。然而，在整体性研究方面，尽管从20世纪90年代以来就已经有人从不同的角度进行过卓有成效的探讨，尽管以往的研究也已取得了一系列重要的进展；但总的说来，还有许多问题有待于进一步拓宽和深入。此外，介乎微观和宏观之间的，有关汉语副词的某个类别或某个小类研究以及某项共性的研究，这些年来虽然也已经出现了一些成果，但涉及的范围相对太小、太窄，讨论的问题也欠深入、扎实。

上述不足或局限的存在固然有副词个性强、用法复杂等研究对象本身的因素，有主要是为了解决副词的实际运用这一研究目的的因素，笔者认为这也与对副词性质、功能的认识不够深入，采取孤立主义的研究立场，不注重语法的概括性有一定的关系。

我们知道，语言符号最基本的关系就是组合关系和聚合关系，语法就是要研究各种语言成分的组合和聚合特点，而聚合的研究又离不开组合的分析，所以"查其邻，观其友"是语法研究的一个重要方法。这样的方法在实词研究中运用得比较普遍，比如配价所反映的主要是语言结构中名词性成分和动词性成分之间的一种最基本的依存关系，动词的配价分析主要就是通过考察动词所带名词性成分的数目和类别，来确定动词的"价"属性和"价"的表现。近年来汉语配价研究发展迅速，不仅研究动词的配价问题，也研究形容词和名词的配价问题，这些都是根据组合搭配研究语言成分属性的典型方法。虚词特别是副词的研究中自觉地、系统地考虑与其他成分的选择关系则做得很不够。讲副词，只说它是只能充当状语修饰动词、形容词的一类词，至于哪类副词能够修饰哪类动词、形容词，当它修饰动词、形容词时反映的是动词、形容词的什么特点，每一类副词究竟有什么样的语义功能，副词之间、副词与其他词语之间以及副词与所在语篇之间有什么关系，这些问题很少涉及，导致我们对副词功能的认识还是很表面化的，也影响到了我们对动词、形容词特点的深入认识。

另外，我们以往的语法研究侧重于分析、不太重视综合，侧重于描写、不太重视解释，也是造成副词研究难以实现突破的一个重要原因。语言研究离不开分析的方法，我国传统的语言研究历来重视分析，这在语音学研究中体现得最为明显。沈家煊（1998）指出，《文通》之后的汉语语法学走的也是一条分析的路子，从词类的划分，到句子的分析方法，"语法研究的进步基本上就是分析的广度和深度的拓展和分析方法的改进"，"分析法的引入大大加深了我们对汉语语法结构的认识，分析的方法对汉语语法也是基本适用的"。正如沈家煊先生指出的那样，"研究中只有分析是远远不够的，要说明语法结构规律，光靠分析不能完全解决问题，分析和综合结合起来才能对语法现象做出完整的解释"[1]。以往的副词分析工作做得多，综合工作做得少，特别是一些意义比较复杂的副词，可以分析出几种甚至十几种用法，但各种用法之间的联系却没有得到很好的解决，以至于使用者很难把握该副词的实质。

副词乃至虚词研究中存在的上述不足，已经引起研究者的注意，有一些研究者

[1] 关于语法研究中分析和综合关系以及当前综合研究的必要性，沈家煊（1998）有详细的讨论，可以参看。

已经开始尝试在方法上寻找突破，比如陆俭明、马真两位先生就特别强调语法环境和语义背景在虚词研究中的重要性，所谓语法环境，就是指它的"左邻右舍"，它的前前后后，语义背景就是语用环境，使用条件。他们的不少研究虚词的文章都把考察范围扩大到篇章这一层面。另外，在虚词研究中，越来越多的学者开始注重综合，做多义虚词的概括工作，比如马真（1985）把"也"概括为表示"类同"，劭敬敏、饶春红（1985）把"又"概括为表示"累积"，沈家煊（2001）把用于"小车还通不过呢，就别提大车了"和"连这个字也不认得，还上过大学呢"这两种句式中的"还"概括为"元语增量"。但汉语中多义副词数量很多，用法复杂，各义项之间的关系并不很清楚，副词的虚化往往又涉及主观化，所以这方面可做的工作还很多。

　　当然，由于历史和现实的原因以及汉语副词自身的特点，要想在短时间内真正全面解决上述这些问题显然是非常困难的，甚至是不切实际的，但是尽可能地朝这些方向努力，应是我们汉语副词研究者的共同目标。

1.3　语料选择

　　本书的语料以《史记》为主，关于《史记》，笔者想谈以下几个问题：

1.3.1　《史记》其书、作者及版本

　　司马迁的《史记》是我国史学上一个划时代的标志，是一部"究天人之际，通古今之变，成一家之言"的伟大著作。全书包括十二本纪、十表、八书、三十世家和七十列传，共130篇，52万多字。它的记事，上自黄帝，下至武帝太初（前104—前101）年间，全面地叙述了我国上古至汉初三千年来的政治、经济、文化多方面的历史发展，是我国古代历史的伟大总结。

　　《史记》作者司马迁，字子长，汉左冯翊夏阳（今陕西韩城县）人，生于汉景帝五年（前145）或者更后些。他的父亲司马谈，熟悉史事，懂天文地理。汉武帝建元（前140—前135）初年，做了太史令。他早就有意于"天下之史文"，但始终未能如愿。司马谈死后，司马迁继任太史令，开始收集史料。汉兴以来的"百年之间，天下遗闻古事靡不毕集太史公"，他又能读到皇家所藏的古籍，即所谓的"石室金匮之书"，所以掌握的史料相当丰富。他到处游历，结交的朋友也很多，实地调查得来的，向师友采访得来的，都可以用作补充。经过了一个准备阶段，到武帝太初元年（前104），他跟公孙卿、壶遂等人共同修订的有名的《太初历》已经正式颁布，

就着手编写《史记》。过了 5 年，他因为给投降匈奴的李陵辩护，被处腐刑。武帝太始元年（前 96）他被赦出狱，做中书令。在他做中书令期间，著书的工作一直没有停止，到武帝征和二年（前 91），他在写给他的朋友任少卿的信里开列了全书的篇数，可见那时候基本上完成了。从此以后，他的事迹就不可考，大概卒于武帝末年。

《史记》是我国第一部通史，开纪传体之先河。从此以后，历代的所谓"正史"，从《汉书》到《明史》，尽管名目有改变（例如《汉书》改"书"为"志"，《晋书》改"世家"为"载记"），门类有短缺（例如《汉书》无"世家"，《后汉书》、《三国志》等都无"表"、"志"及"世家"），但都有"纪"有"传"，绝无例外地沿袭了《史记》的体例。

据司马迁自序，《史记》全书本纪 12 篇，表 10 篇，书 8 篇，世家 30 篇，列传 70 篇（包括《太史公自序》），共 130 篇。今本《史记》130 卷，篇数跟司马迁自序所说的相符。但《汉书·司马迁传》说其中"十篇缺，有录无书"。三国·魏·张晏注："迁没之后，亡《景纪》、《武纪》、《礼书》、《乐书》、《兵书》、《汉兴以来将相年表》、《日者传》、《三王世家》、《龟策列传》、《傅靳列传》。元成之间，褚先生补缺，作《武帝纪》、《三王世家》、《龟策》、《日者列传》，言辞鄙陋，非迁本意也。"可见司马迁编写《史记》，只能说是基本上完成，其中有若干篇，或者没有写定，或者已经定稿而后来散失了。

补《史记》的褚先生名少孙，是汉朝元成间的一个博士。今本《史记》中凡是褚少孙所补的大都标明"褚先生曰"，极容易辨识。张晏所认为褚少孙补的《武帝本纪》没标明"褚先生曰"，全篇又是从《封禅书》里截取的，褚少孙也不至于低能到那个样子。清人钱大昕在他写的《廿二史考异》中说："少孙补史皆取史公所缺，意虽浅近，词无雷同，未有移甲以当乙者也。或晋以后少孙补篇亦亡，乡里妄人取此以足其数耳。"《傅靳蒯成列传》所叙三侯立国的年代都跟《高祖功臣侯者年表》相符，文章格调又很像司马迁，褚少孙补作不会那样完密，他也未必写得出那样的文章，所以张晏的话也未可全信。总之，今本《史记》中确有后人补缀的文字，但不尽是褚少孙的手笔。褚少孙在他所补的《三王世家》中说："臣幸得以文学为侍郎，好览观太史公之列传。列传中称《三王世家》文辞可观，求其世家终不可得。窃从长老好故事者取其封策书，编列其事而传之，令后世得观贤主之指意。"这里他说明了补《史记》的动机和材料的来源。他所补的如《外戚世家》、《三王世家》、《日者列传》、《龟策列传》等篇，都保存了一手材料，对我们研究汉代社会还有一定的用处。总之，为保持语料的单纯，我们将后人增补的内容排除在我们考察的范围之外。

现存《史记》旧注有三家，就是刘宋·裴骃的《史记集解》、唐司马贞的《史记索隐》和张守节的《史记正义》。据清《四库全书·总目提要》载，把三家注散列在正文下，合为一编，始于北宋，但旧本已失传。现存最早的本子有南宋黄善夫刻本，经商务印书馆影印，收入《百衲本二十四史》中。此外，有明嘉靖、万历间南北监刻的《二十一史》本，有毛氏汲古阁刻的《十七史》本和清乾隆时候武英殿刻的《二十四史》本。其中，武英殿本最为通行，有各种翻刻或影印的本子。清朝同治年间，金陵书局刊行《史记集解索隐正义合刻本》一百三十卷（以下简称"金陵局本"）。这个本子经张文虎根据钱泰吉的校本和他自己所见到的各种旧刻古本、时本加以考订，择善而从，是清朝后期较好的本子。

笔者选取的《史记》版本为中华书局 1982 年标点本，本书所有例句均以此为据。

1.3.2 《史记》的语言特点

《史记》的语言主要有以下四个特点：

首先，句子成分完备[1]。句子成分完备是语言发展的必然趋势。句子的主要成分有主、谓、宾、定、状、补。这六种成分，最基本的是主语、动词谓语、宾语。《史记》的句子，主语、宾语都比较齐备，虽然有不少承上省略了主语或宾语，但一读上下文便知省略的是什么，不像《左传》等古籍有时让人摸不着头脑，注释家还须专门为此作注。

其次，句子结构的扩展与简缩。如果说并列式、联动式的发展，兼语式的滋生，"介宾"作状补句式增加等现象反映了句子结构的扩展，而由连动、并列结构变化为动补式，则表现了句子结构的简缩。这种简缩，表面上看是简化，实际上是把动作行为及其结果在一个简短的动词结构中体现出来，其中包含着复杂的语法关系，是在高一级水平上的简化。由此可见，语法结构的发展并不仅仅表现在句子结构的扩展，它是在扩展与简缩的交替作用中向前发展的。这可能是由于人们在交际过程中既要求表达的准确，又要求语言的精练。如果一味扩展，语言就会成为交际中的负担；如果一味压缩，语言又会显得单调划一。因此，它总是处在扩展、简缩的不断矛盾与变化之中。比如由"连动"、"并列"变化为"动补"，这是一种简缩，但"由于带了补语，比较适宜于宾语提前"，又为处置式的产生创造了条件。而处

---

[1]　参见何乐士：《〈史记〉语法特点研究》，商务印书馆 2005 年版。

置式又是汉语语法走向完善的标志之一，因为"由于宾语的提前，显示这是一种处置，一种达到目的的行为，语言就更有力量"[1]。可见，语法格式在发展中的简缩不是简单的重复，更不是退化，而是向新的水平的跃进，有时甚至是一种质变——变成了新的语法格式，而在这新的水平之上又孕育着新的发展。

再次，虚词的分工趋于明确、用法也逐步规范。如先秦古籍里的虚词"之"、"以"、"而"、"于"均一身多任。特别是"以"、"于"两个介词，用法十分灵活，有时实在难以掌握它的确切含义。随着语言的发展，《史记》中这些介词的多种用法和含义分别由其他介词或新的介词所分担。其他虚词也具备同样的发展特点。总之，先秦古籍中少数虚词"包揽一切"的现象逐步为科学的分工和规范所代替。

最后，单音词的并列使用与词的双音化。单音词的并列使用是汉语发展的必然趋势，它在词汇、语法诸方面都明显表现出来。这可能是由于单音词的多义现象容易引起歧义造成交际上的困难，于是要求用并列的单音词来限制其含义，使词义的表达更为明确。同时可能也由于汉语在语音上要求音节的成双对偶以使语言的节奏清晰、响亮动听。总之，单音词的并列使用促进双音词的形成；而双音词的发展又影响着更多的单音词并列使用，这样互相促进就形成了不可抗拒的发展趋势。《史记》好像正处于单音词的并列使用与双音词大量形成两种现象互相促进的高潮期中，有时竟很难判定某某二字是单音词并列使用的词组还是已经形成为一个双音词。

1.3.3 《史记》的语料说明

《史记》是我国古代的一部经典巨著，它不仅有很高的史学价值、文学价值，而且有很高的语言学价值。正如许国璋先生所说："他（司马迁）扩展了汉语的句法，使表达受限制的纪录体语言成为流畅丰满的描写体。这位大文学家对汉语所做的贡献是巨大的，也是值得一切语言学工作者努力认知的。"[2]

我国语言学史的研究，尤其是汉语语法史的研究，其目光多专注于先秦时期，取得的成果也较多。比较之下，对两汉时期的语法史研究还嫌不够。《史记》产生于西汉，是西汉汉语语法的典型代表。因此，对《史记》进行专门语法分析，对于认识汉语语法在汉代的语法状况，对于深化汉语史研究必有裨益。本书以《史记》文本为基础，在前人研究的基础上，对《史记》的副词进行了比较系统的描写，希

---

[1]　参见王力：《汉语史稿》中册，中华书局 1980 年版。

[2]　参见许国璋：《中国计量语言学的尝试》，载《外语教学与研究》1987 年第 1 期。

望以此来考察先秦至汉代副词发展的概貌和整体趋势。

为了能从共时与历时的角度说明问题，本书所考察的语料除《史记》以外，还有自先秦到现代的一些有代表性的文献，如：①先秦：《诗经》、《左传》、《论语》、《孟子》、《荀子》、《庄子》、《吕氏春秋》；②两汉：《汉书》、《论衡》、《中本起经》、《杂譬喻经》；③魏晋六朝：《世说新语》、《搜神记》、《先秦汉魏晋南北朝诗》、《齐民要术》、《水经注》、《洛阳伽蓝记》、《颜氏家训》、《三国志》、《后汉书》、《南齐书》、《宋书》，佛经主要有《六度集经》、《菩萨本缘经》、《撰集百缘经》、《生经》、《法句譬喻经》、《百喻经》、《杂宝藏经》、《贤愚经》等；④唐：《全唐诗》、《全唐文》、《敦煌变文集》、《朝野金载》、《游仙窟》、《大唐新语》、《柳宗元集》、《韩昌黎集》、《神会语录》、《六祖坛经》、《祖唐集》；⑤宋：《全宋词》、《苏轼集》、《欧阳修集》、《五灯会元》、《景德传灯录》、《古尊宿语录》、《大金吊伐诏录》、《张载集》、《朱子语类》；⑥元：《大宋宣和遗事》、《西厢记》、《全元散曲》、《宋史》、《元朝秘史》、《南村辍耕录》、《新编五代史平话》；⑦明：《西游记》、《水浒传》、《三国演义》、《金瓶梅》、"三言"、"二拍"、《清平山堂话本》、《琵琶记》、《王阳明集》、《朴通事》；⑧清：《红楼梦》、《儒林外史》、《醒世姻缘传》、《儿女英雄传》；⑨现代：《围城》、《骆驼祥子》、《茶馆》、《阿 Q 正传》、《野草》、《家》、《青春之歌》、《子夜》、《红岩》、《倾城之恋》、《雪山飞狐》、《连城诀》。

1.4 研究目标和方法

在汉语史研究中，我们需要不断地追问某一语言现象在何时、如何产生的，在什么时期、什么情况下、凭借什么样的历史契机而出现的，其样态因为什么而具有特色，还有，在历史的发展中经历了什么样的过程，其演变的机制是什么（志村良治，1995：1）。如果我们把上述问题解释清楚了，那么一部成熟的汉语史就建立起来了，这应该是我们研究的长期目标。在本书中，笔者的近期目标是：①在前人时贤研究的基础上，进一步探讨汉语副词研究中的一些重要理论问题，如副词的定义、副词的功能特征、副词的分类原则等。并根据语义特征和功能特征相结合的分类原则，对《史记》副词作穷尽性的分类。②通过对《史记》中副词的穷尽性调查，再参考其他相关资料，比较全面地描写出《史记》副词的体系，为汉语副词的历史研究建立一个基本的框架。③对若干常用副词的源流演变进行历时考察，并从中总结汉语副词形成和发展的基本规律。④描写、分析常用副词在《史记》中新旧成员的兴替过程。

本书在研究过程中，将贯彻以下研究方法：

（1）共时描写与历时比较相结合。语言是历史的产物，它的演变是绝对的、无休止的，共时历时二分法来自于我们研究和观察语言研究的视角而不是来自于被观察的语言事实。语言的共时研究只能回答"语言当时是什么样的"，对于"语言为什么如此"这个问题只能回答其中的一小部分，所以共时与历时相结合，对于认清某些语言现象是非常必要的。

（2）定量统计与定性分析相结合。语言成分的演变大凡都有一个由量变到质变的过程，就副词的形成和新旧副词的兴替来说，要做到分析准确，对语言事实的定量统计是很有必要的。本书借鉴语料库语言学的一些方法，把传统的定性分析与定量分析相结合，用定量分析的结果来验证定性分析的结论。文章以近2 000万字的现代汉语语料和近4 000万字的古代、近代汉语语料为考察基础，在副词的考察过程中主要依靠从实际语料中检索出的实例来总结规律。

（3）副词的历史演变与句法的历史演变相结合，单个副词的演变与整个副词体系的演变相结合。任何语言成分的演变都不是孤立的现象，只有从语法现象的相互关系出发，从整个语法系统演变出发，才可能对汉语副词的历史演变做出深入的描写分析。

（4）描写与解释相结合。描写和解释是语言研究的两个基本层次，二者是互相补充的：前者负责展示语法系统的具体细节，而后者则探究使语法系统成型并确立其典型构造的许多互相作用的因素，如篇章、语言习得、象似性、认知处理、语言演变等因素。后者对前者有很强的依赖性，即正确的解释是建立在充分的描写基础上的。Chomsky曾经把合理的个别语法看成有描写上的充分性，把合理的普遍语法看成有解释上的充分性，并强调了后者对前者的依存性。

描写和解释是不可偏废的，正确的分析、描写是前提，是基础，解释、综合必须是建立在分析的基础上的。传统的结构主义侧重于对语言事实的描写，当今的形式主义和功能主义都立足于对语言事实的解释，而语义功能语法既注重描写，也注重解释。[1] 在描写方面，语义功能语法以分类为重点，最大限度地总结语法规律，概括语法范畴，同时重视类别的有序性。在解释方面，既注重语法系统内部的相互验证，也注重从语法外部寻找语义、功能、认知方面的动因，尤其是在寻找语法的语义基础方面成果更为显著。[2] 在描写与解释之间，本书与语义功能语法的其他研究一样，更侧重于对语言事实的分析，深入挖掘每个副词小类的组合聚合特点，并力图从语义、语用、认知等方面做出合理的解释。在研究中，我们区别语法形成中，可能是"认知→语用→语义→语法"这样的顺序；而在语法研究中我们则遵循"语法→语义→语用→认知"这样的顺序。因为认知是最高层次上的，因而也是最抽象的，它的解释只能建立在对语言系统内部的观察和分析基础之上；语用是反映说话者个人对语言单位的具体运用和处理的态度，是比较主观和临时性的；语义是社会群体对客观世界的共同认识在语言上的体现，是比较客观和稳定的，所以语义是基础，是语法研究中首先应该重视的。

（5）注意对副词的语义指向研究，副词的语义指向实质上反映了句子的"焦点"，和语境中的"预设"有着密不可分的关系，跳出语法框架的束缚，把语言放到一定的语境中去考察，将会使我们对这种语言的本质有更深入的理解。

（6）将《史记》的副词同汉语方言以及其他相关语言的副词进行比较研究。

1.5 相关的几个概念

本书用到副词的选择性（selectional feature）这一概念，这里理解的选择性与生成语法的选择限制（selectional restriction）或选择规则（selectional rule）不完全相同，生成语法中的选择限制指一类上下文特征，即一类句法特征，它规定一个词项在深层结构中可以出现在哪些位置的条件。而这里理解的选择性要宽泛得多，既指语汇上的选择性，也指语义甚至是语篇中的选择限制；既指直接组合的相互选择，也指间接配合中的相互选择。并且认为，语义语篇的选择是产生语法结构关系的基础。

---

[1]　英国哲学家怀海德曾把现代科学的特点描述为"对细节事实充满激情的兴趣与对抽象概括同样的热诚之间的结合（the union of passionate interest in the detai led facts with equal devotion to abstract general ization）"（程工，1999：110）。当然，这只是现代科学的重要特点之一，语义功能语法以这样的特点为追求的一个目标。

[2]　语法学首先要对语法形式进行描写，然后不妨从各个角度去解释，解释的角度不影响它作为一门学科的基本性质。正如 Comrie 所说："大部分语法现象只可能通过语义和语用的联系去理解。更具体地说，语法关系只有同语义、语用联系起来才能得到完整的解释。"

选择性与次范畴有密切的关系，通过对选择特征的考察，可以发现次范畴。

本书还用到共现、连用、搭配、配合、呼应等概念，这些都是指词语在语符序列中的具体的相互联系的方式。词语通过这些方式体现出其选择性。

在本书中，共现（co-occur）是指两个语法单位在同一个句子中同时出现，它们之间既可以有直接组合关系，也可以没有直接组合关系。连用是指具有相同语法属性的语法单位连续使用的情况，可以是连续连用，也可以是间隔连用。搭配（colloction）多指有直接组合关系的词语在句子内部的语义协同关系，配合呼应多指词语在非连续位置上（句首和句末或两个小句中）使用并且在语义上有协同关系。

有序性是指语法单位在配列（arrangement）中位置固定，不能任意颠倒顺序，是语法单位组合特征的一种表现。

2 导　论

　　副词是汉语虚词中非常重要的一个词类，也是汉语虚词中非常活跃和能产的一个词类。20世纪80年代以来，副词的研究引起了学者们的重视，并成为语法研究的热点。大量语法专著及论文对副词的定义、性质、功能、内部分类以及副词与相关词类的区分标准等问题进行了广泛深入的讨论，也取得了一些共识，但是迄今为止，学者们对汉语副词的一些基本问题的认识仍然存在着较大的差异。基于此，本书就有关的几个重要问题进行一些讨论。

2.1　汉语副词的定义

　　"副词"这一名称是杨树达（1947）在《中国语法纲要》中最先提出来的。关于副词的定义，张静（1961）说："副词，这一术语译自英语的advrb，即附于动词、形容词及其他副词的词类，马建忠仿效西洋语法所写的《马氏文通》，立'状字'一类，'凡实字以貌动静之容者'曰'状字'，相当于英语的advrb。《马氏文通》以后的语法著作里，改状字为副词，一直沿用到现在。"[1]

　　马建忠在《文通》（1899）中对"状字"所下的定义，是副词定义中最早的一个，他说"凡实字以貌动静之容者曰状字"[2]。后来陈承泽在《国文法草创》（1922）中称"副字"，"字之专以限制或修饰象字或动字者为副字"，"质言之，副字乃限制或修饰动字、象字或其它副字之字也"。[3] 金兆梓在《国文法之研究》（1922）中使用了"副词"这一术语，认为是"状动静词用的"。[4] 真正的现代意义上的汉语副

---

[1]　张静：《论现代汉语副词的范围》，商务印书馆1983年版，第10页。

[2]　马建忠：《马氏文通》，商务印书馆1983年版，第21页。

[3]　陈承泽：《国文法草创》，商务印书馆1982年版，第43页。

[4]　金兆梓：《国文法之研究》，商务印书馆1983年版，第24页。

词研究始自黎锦熙的《新著国语文法》（1924），该书不但使用了"副词"这一术语，而且给出了明确的定义和详细的分类描述。他说："副词是就事物的动作、形态、性质等，再加以区别或限制的；所以必附加于动词、形容词或旁的副词等。"[1]

关于副词的定义，自《新著国语文法》以后，由于理论背景的差异，各家的说法不尽相同，但大多大同小异，往往在副词的意义和功能方面各有侧重。根据笔者的考察，现例举几家如下。

王力（1943）："另有一些词，它们能表示程度、范围、时间、可能性、否定作用等，然而它们并不能单独指称一种实物，一种实情，或一件实事。它们必须附加于形容词或动词，方能表示一种理解。这样，可以说是比形容词或动词更次一等，所以我们把它们叫做副词。""凡词，仅能表示程度、范围、时间、可能性、否定作用等，不能单独地指称实物实情或实事者，叫做副词。"[2]

吕叔湘、朱德熙（1952）："副词，能限制或修饰动词（如'不去'）、形容词（如'很好'），但是不能限制或修饰名词（不能说'不人''很人'）。"[3]

张志公等（1959）："用在动词或者形容词前边，表示动作、行为、发展、变化、性质、状态的程度、范围、时间等的词叫做副词。"[4]

丁声树等（1961）："副词通常修饰动词、助动词、次动词、形容词，……也可以修饰另外一个副词，如'并不很大'。"[5]

胡裕树主编的《现代汉语》（1962）："副词的基本用途是修饰动词或形容词，但不能修饰名词（这一点区别于形容词）。"[6]

吕叔湘主编的《现代汉语八百词》（1980）："副词的主要用途是作状语，修饰动词、形容词或者修饰整个句子。"[7]

朱德熙（1982）："我们把副词定义为只能充任状语的虚词。"[8]

黄伯荣、廖序东（1991）："副词限制、修饰动词、形容词，表示程度、范围、

[1] 黎锦熙：《新著国语文法》，商务印书馆 1924 年版，第 20 页。
[2] 王力：《中国现代语法》，商务印书馆 1934 年版 /1985 年第 2 版。
[3] 吕叔湘、朱德熙：《语法修辞讲话》，中国青年出版社 1952 年版 /1979 年第 2 版。
[4] 张志公等：《汉语知识》，人民教育出版社 1959 年版 /1979 年第 2 版。
[5] 丁声树等：《现代汉语语法讲话》，商务印书馆 1961 年版 /1980 年第 2 版。
[6] 胡裕树主编：《现代汉语》，上海教育出版社 1962 年版 /1981 年第 3 版。
[7] 吕叔湘主编：《现代汉语八百词》，商务印书馆 1980 年版。
[8] 朱德熙：《语法讲义》，商务印书馆 1982 年版。

时间等意义。"[1]

邢福义（1998）："副词是专门充当谓词修饰成分的词。作为成分词，就能否充当多种成分而言，副词的能力弱于名词、动词和形容词。"[2]

以上各家的论述有些差异，主要表现在着眼点有所不同，以黎锦熙、王力和张志公为代表，主要从意义出发给副词下定义。根据意义来划分词类很难避免主观性，因此，各家确定的副词范围也就宽窄不一。

丁声树、胡裕树、吕叔湘、朱德熙、邢福义等，着眼于短语或句子，从副词的修饰功能或者说从句法功能的角度来定义或描写副词。用句法功能标准确认副词，把副词定义为"主要用途是作状语"，或干脆说成"只能充任状语的虚词"，不仅找到了划分词类的根本依据，而且抓住了副词的本质特征——充当状语。

以上是讲现代汉语语法的，讲古代汉语的，笔者现举三家：

周秉钧（1981）："副词是修饰动词、形容词或其它副词的词。"[3] 这是着眼于短语，从副词的修饰功能来定义或描写副词的。

郭锡良等（1991）："副词是一种半实半虚的词。它们能表示行为、动作、性质、状态的程度、范围、时间、可能性、情态和否定作用等，有一定的词汇意义，能独立作句子中的次要成分……不能作句子的主要成分：主语、谓语，也不能作宾语、定语……"[4] 杨伯峻、何乐士（1992）："副词表示行为或状态的各种特征，主要对谓语起修饰作用。副词一般不能直接修饰名词，但却可以直接修饰名词谓语。副词在一般情况下不能独立存在更不能脱离谓语，它总是依附于谓语。从这个意义上说，副词是谓语的重要标志，在句中大都作状语，一般不作主语、宾语、定语或谓语中心。"[5] 这两家着眼于句子，从句法功能的角度来定义副词。

以上各家的论述，应该说已经抓住了汉语副词的基本特征，包括意义方面的特征和功能方面的特征。各家对这两方面特征的认识有些差异，主要表现在侧重点有所不同：1949 年以前侧重意义方面的特征；1949 年以后则侧重于功能方面的特征。当然，一般也都注意到了二者的结合。这种侧重点不同，是与语法研究的理论背景有关的。可以说，从意义出发来认识副词，与传统训诂学和逻辑学的理论影响有很

[1] 黄伯荣、廖序东：《现代汉语》，高等教育出版社 1991 年版。

[2] 邢福义：《汉语语法学》，东北师范大学出版社 1998 年版。

[3] 周秉钧：《古汉语纲要》，湖南教育出版社 1981 年版。

[4] 郭锡良等：《古代汉语》（修订本），天津教育出版社 1991 年版。

[5] 杨伯峻、何乐士：《古汉语语法及其发展》，语文出版社 1992 年版。

大关系；从功能出发认识副词，与结构主义语言理论的影响有很大的关系。笔者认为，词类是根据词的语法属性做出的分类，认识一个词类，语法功能方面的特征才是本质的、最重要的。从这点来说，吕叔湘、朱德熙先生的定义基本上突出了副词作为一个词类的最本质的语法特征，是比较科学的。

结合前人的这些研究成果，将功能和意义两项标准互为参照，认为副词是在句中充当状语，对谓词起修饰限制或补充说明作用，表示动作行为或状态性质的各种特征、方式、范围等的一类词。

2.2　汉语副词的特点和功能

"副词虽然只是状语的一种，却是其中最重要的。古汉语句子中动词谓语占压倒优势，因而副词也特别发达。"[1]"在所有虚词中，副词数量最多，分类最为复杂。"[2] 汉语中的大部分副词都是由实词虚化而来的，由于各类副词虚化的先后不一，而且虚化又是一个漫长的过程，这就必然造成不同的副词次类在虚化程度上的差异。不仅如此，这种虚化还是一种不断发展的过程，它不仅表现为实词向副词的虚化，也表现为副词内部由较虚的次类向更虚的次类发展的趋势。从理论上讲，虚化的脚步永不会停止，即便发展到今天，这种进程仍在进行着，只是短时间内难以察觉而已。当然，伴随着虚化的进行，也必然会有旧词消亡，从而使虚词的总量得以保持相对稳定。副词的数量在目前虽然可以逐一列举，但仍在不断增加，所以一般看作是半开放类词。

张谊生（2000a）的《现代汉语副词研究》从一个全新的角度——"虚化"来看副词。他根据现代汉语副词在虚化程度等方面的差异，把现代汉语副词一分为二，把那些表示词汇意义为主的描摹性副词归入概念词，把表示功能意义为主的限制性副词和表示情态意义为主的评注性副词归入功能词，而不再纠缠于虚实两分。张谊生的这种认识，使得共时副词研究的不少疑难问题，诸如副词的虚实归属，副词的性质、功能和定义，副词与相关词类的划界，副词的多义和兼类等问题，都可以通过历时与共时相结合的原则得到很好的诠释。

当然，张谊生（2000a）对副词的基本看法只是针对于现代汉语而言的，有些并不适合于古代汉语。从历时演变的观点看，汉语副词具有以下特点：副词是一个兼

---

[1]　杨伯峻、何乐士：《古代汉语语法及其发展》，语文出版社 1992 年版，第 233 页。

[2]　吴庆峰：《〈论衡〉虚词与〈史记〉虚词之比较研究》，载《山东师范大学学报》2011 年第 6 期。

有虚实词性的词类；在功能上一般只能修饰、限制动词与形容词；每一个时代的副词面貌迥异，它是一个动态范畴。因此，我们应该以历史的眼光去审视汉语副词的基本问题：性质、功能、分类、定义等，对这些问题的看法应与时俱进，不但现代汉语副词的性质、范围、功能、分类异于古代汉语，即使在古代汉语内部，近代汉语副词亦异于中古汉语副词，中古汉语副词亦异于上古汉语副词。尽管不同历史时期的汉语副词皆有其共性，但不同时期的副词的个性更值得我们关注，譬如古代汉语里的"颇"，从造字的角度看，"颇"是一个形声字；许慎的分析是："颇，头偏也。"[1]（《说文解字·页部》）段玉裁注："引申为凡偏之称。"《广雅·释诂二》："颇，邪也。"《玉篇·页部》："颇，不平也，偏也。"《集韵·果韵》："颇，不正也。""颇"在先秦汉语中主要做谓语，从功能分布上来看，应看作形容词。先秦汉语中，主要做谓语，为形容词。如《尚书·洪范》："无偏无颇，遵王之义。"孔安国传曰："偏，不平；颇，不正。"又如《左传·昭公二年》："君刑已颇，何以为盟主？"杜预注："颇，不平。"

　　由于紧邻句法环境（adjacent context）[2]的作用以及词义的泛化（generaralization），"颇"的具体词意的进一步抽象化和扩大化，进而在西汉时程度副词"颇"形成，表示程度偏低[3]。如：

　　（1）往冬时，为王使于楚，至莒县阳周水，而莒桥梁颇坏，信则揽车辕未欲渡也。（《扁鹊仓公列传》[4]）

　　（2）陈皇后挟妇人媚道，其事颇觉，於是废陈皇后，而立卫子夫为皇后。（《外戚世家》）

　　（3）乃遂称病不行。其左右皆亡匿。语颇泄，辟阳侯闻之，归具报上，上益怒。（《韩信卢绾列传》）

　　（4）及诛诸吕，立孝文帝，陆生颇有力焉。（《郦生陆贾列传》）

　　词义的演变引发了组合关系的改变（刘坚，1995），"颇"在先秦主要是单独做谓语，

---

[1]　文献中未找到具体用例。

[2]　参见张谊生：《现代汉语副词分析》，上海三联书店2010年版。

[3]　"颇"用在动词和形容词之前，表示程度偏高，和"非常"、"很"等接近。对于此种用法，学术界向来是有分歧的。周秉钧（1981）、杨伯峻（1992）、吕雅贤（1992）等人认为"颇"字表示程度偏高的用法始见于《史记》，向熹（1993）、高育花（2001）等人认为始见于东汉，洪成玉（1997）认为唐代以后才出现。笔者赞成前者，具体将另文论述。

[4]　《扁鹊仓公列传》此处简称为《李斯列传》。以下《史记》□的文献统一用简称。

如上述两个例句；而到了西汉"颇"的组合功能发生变化，其限定功能不断拓展，即同是"颇＋谓语"结构，但其中的"谓语"已不限于"形容词"，例（2）、（3）的"颇"分别位于单音节动词"觉"、"泄"的前面，例（4）的"颇"则位于动宾短语"有力"的前面。形容词"坏"、心理动词"觉、泄"以及"有"字短语都表示性质状态的变化，当"颇"直接修饰它们时，"颇"便直接表示这些谓词性成分的程度，就完全具备了程度副词的基本功能。

"颇"在西汉还出现了范围副词的用法，如：

（5）郡国颇被菑害，贫民无产业者，募徙广饶之地。（《平准书》）

（6）其后岁余，骞所遣使通大夏之属者皆颇与其人俱来，于是西北国始通于汉矣。（《大宛列传》）

东汉时出现表示程度偏高的用法，如：

（7）且订葬疑之说，秋夏之际，阳气尚盛，未尝无雷雨也，顾其拔木偃禾，颇为（壮）耳。（《论衡·感类》）

（8）斯则坐守何言师法，不颇博览之咎也。（《论衡·谢短》）

（9）草木之中，有巴豆、野葛，食之凑懑，颇多杀人。（《论衡·言毒》）

（10）廷尉乃言廷尉乃言贾生年少，颇通诸子百家之书，文帝召以为博士。（《汉书·贾谊传》）

范围副词"颇"形成之后，必然可以用来对否定性命题进行全称量化，因而经常会出现在"不"、"未"、"非"等否定词的前面，构成"颇＋VP＋不（否、未）"等的句式，其中用"不"最多。然而随着否定句中量化对象 NP 频繁地隐含于深层，"颇"的全称量化功能就开始逐渐退化，而主观性情态功能则相应地得到了加强，于是加强否定的语气副词"颇"也就渐渐形成了。日本汉学家吉川幸次郎先生较早谈及了这一用法，见《中国散文论》（筑摩书房 1966 再版）。

"颇"的作用与"竟"、"定"、"终"等疑问语气副词正好相反，不是加强语气，而是使语气变得比较缓和，略等于现代汉语疑问句中的"可"字。慧琳《一切经音义》卷十八就说："颇，犹可也。"这种用法最早出现在东汉《中本起经》[1]，魏晋南北朝时期用例较多，特别是在佛经语料中，一直延续至唐，乃至宋代文献中仍时或

---

[1]　段改英：《对"颇……不"疑问句的历史考察——兼论〈撰集百缘经〉的翻译年代》，载《西南科技大学学报》2001 年第 4 期。

可见。例如：《金刚经》中的例子 [1]：

（11）（秦译）须菩提白佛言、世尊颇有众生得闻如是言说章句生实信不？佛告须菩提、莫作是说。（《正信希有分》）

（12）（玄奘译）佛告善现、于汝意云何、诸豫流者颇作是念我能证得豫流果不？善现答言、不也世尊。（《能断金刚分》）

清代，"颇"由于在口语中使用频率大大降低，呈现出衰落趋势，其表示程度低的用法消失，表示程度高的频率逐渐增高；表示范围副词用法全部消失，表示疑问语气的副词"颇"更少，但不曾绝迹。

现代，副词"颇"仅存表示程度高的义项，其他用法基本消失。

至于现代汉语，张振羽（2010）认为，部分语气副词可以单独成句或独立回答问题，甚至可以充当谓语，在句法分布上具有所谓的述谓性和灵活性。张谊生（2000a）认为，现代汉语语气副词的主要功能不是充当状语和表示语气，而是充当高层谓语进行主观评注，因而他把语气副词称为评注性副词。张振羽（2010）认为，语气副词充当高层谓语的功能并不是从来就有的，而是在汉语的长期历史发展过程中衍化出来的，更确切地说，应该是在现代汉语阶段才出现的，我们在古汉语里几乎看不到这类语言现象。

再譬如副词是否可以作补语，针对于此，语言学界曾进行过激烈的讨论。朱德熙（1982）很肯定地说："副词只能作状语，不能作定语、谓语和补语。"但朱书在讲"程度补语"时，承认"好极了"、"好得很"是述补短语，这表示朱先生不承认这里的"极"和"很"是副词，朱先生也还明确说过："补语只能是谓词性成分。"那么，怎样认识作补语的"极"和"很"呢？

绝大多数学者认为汉语中副词"很"、"极"可以作补语。杨荣祥（2005）认为，在近代汉语阶段，副词是不能充当补语的。笔者认为，汉语中的副词一般情况下不作补语，但有一些程度副词，由于虚化之前常位于补语位置，所以虚化之后有时也可充当补语，例如现代汉语中的"很"、"极"等。古代汉语也是如此，援引杨伯峻、何乐士（2001）的两个例证 [2]：

（13）戊寅，风甚。壬午，大甚。宋、卫、陈、郑皆火。梓慎登大庭氏之库以望之，

---

[1] （日）水谷真成：《"颇"字训诂小考》，载《中国语史研究》，三省堂 1994 年版。

[2] 为更好地说明问题，我们的引文多引了上下文。

曰："宋、卫、陈、郑也。"数日，皆来告火。（《左传·昭公十八年》）

（14）于是百姓悲痛相思，欲为乱者十家而六。又使尉佗逾五岭攻百越。尉佗知中国劳极，止王不来，使人上书，求女无夫家者三万人，以为士卒衣补。秦皇帝可其万五千人。于是百姓离心瓦解，欲为乱者十家而七。（《淮南衡山列传》）

例（13）的"甚"分别用在动词"风"与形容词"大"后作补语。例（14）的"极"置于"劳"字后作补语。

可见，在探讨副词基本问题时，应从当时副词本身系统的实际情况出发，做出有针对性的诠释，而不可简单轻易地贴标签。

2.3　汉语副词的分类

2.3.1　历史回顾

在对副词进行再分类之前，有必要先回顾一下前人对副词的再分类情况。自《文通》以来，语法著作在论述副词时，一般都要给副词划分出次类。《文通》在"状字别义"一节中将"状字"分为六类，后来的陈承泽（1922）分限制副字、修饰副字、疑问副字三大类，其中"限制副字"又分十个小类。后代影响较大的主要有以下几种：

（1）黎锦熙（1924）分六类：时间、地位、性态、数量、否定、疑问。

（2）杨树达（1930）分十类：表态、表数、表时、表地、否定、询问、传疑、应对、命令、表敬。

（3）王力（1943）分八类：程度、范围、时间、方式、可能性和必要性、否定、语气、关系。

（4）张志公（1959）分六类：时间、频率，程度，范围，重复、连续、并行，语气，否定、可能。

（5）丁声树等（1961）分六组：很、极、太、最、更、比较、稍、略、多、多么；必、一定、不定、也许、或者、大约、大概；都、只；又、再；还、也；就、才。

（6）胡裕树（1962）分六类：程度、情状、时间和频率、范围、否定、语气。

（7）赵元任（1979）分九类：范围和数量、估价、肯定否定、时间、可能与必然、程度、处所、方式、疑问。

（8）吕叔湘（1980）分八类：范围、语气、否定、时间、情态、程度、处所、疑问。

（9）朱德熙（1982）分四类：程度、范围、时间、否定，另有一类"重叠式副词"。

（10）张静（1987）分五类：程度、时间、范围、估量、语气。

（11）赵克诚（1987）分为五类：时间、范围、程度、肯定否定、重复连续。

（12）杨伯峻、何乐士（1992）分十一类：时间、程度、状态、范围、否定、疑问、推度、判断、连接、劝令、谦敬。

（13）柳士镇（1992）《魏晋南北朝历史语法》分六类：程度、范围、时间、语气、情态、指代。

（14）蒋冀骋、吴福祥（1997）分五类：时间、程度、范围、语气、情态。

（15）邢福义（1998）分三大类：一般副词（指表示程度、时间、否定、范围、频率等意义的副词），语气副词，关联副词。

各家所分次类中，大体都有"程度副词"、"范围副词"、"时间副词"、"否定副词"这些次类。此外还有一些次类，各家多寡不一，名目亦复不同，同一个副词，不同的人往往归入了不同的次类。从这些次类的名目可以看出，次类主要是根据语义来划分的；从意义上对副词进行再分类的做法由来已久，影响也较大，但这种分类难于避免主观，使人难以明白汉语副词究竟可以分出多少次类，各次类之间的差距究竟在哪些方面。亦有不少人从意义上进行再分类，但一定程度涉及了副词的语法功能，如前文胡裕树、邢福义的分类。

2.3.2 目的、原则、范围以及副词的次类

对一种语言做出词类的划分，这是语法研究所必需的。吕叔湘（1979）早就指出："区分词类，是为的讲语法的方便。"[1] 陈望道（1978）亦曾说过，划分词类是"为了研究语文的组织，为了把文法体系化，为了找出语文组织跟词类的经常而确切的联系来"[2]。而对各词类再作次类的划分，同样应该是为了讲语法的方便。因为各个词类所包括的词在语法特征和语义特征上并非完全相同，同一词类内部存在着各种差异，特别是像副词这个词类，各别副词都有很强的语法个性。划分副词次类，目的就是要更好地认识副词内部所具有的不同现象，更好地阐述这个词类的共性和内部相互之间的差异及其对有关语法现象的影响，从而更好地论证各副词的特征，以有助于全面深入地阐述语言结构的有关规律。

出于这样的目的，笔者认为，副词的次类划分，仅仅以语义为标准是不够的。如果仅仅根据语义范畴，就难免带有一定的主观性，因为这种"语义范畴"的范围

---

[1] 吕叔湘、朱德熙：《语法修辞讲话》，中国青年出版社 1979 年版。

[2] 陈望道：《文法简论》，上海教育出版社 1978 年版。

是难以划定的。吕叔湘（1984）曾强调："语言是形式（语音形式和语法形式）和意义的结合，没有法子撇开意义，专讲形式。"为此，笔者认为，确定副词次类，要结合语义和功能两方面的特点，互相渗透，互为印证，以确定各个副词应归入哪个次类。即要在以语义为标准分类的基础上，找出各次类在功能特征方面的共性以及它们对有关语法格式的制约作用，从而证明所作分类的合理性。

朱德熙（1982）说："根据语法功能分出的类，在意义上也有一定的共同点。可见词的语法功能和意义之间有密切的联系。"[1]吕叔湘（1984）再次强调："不拿词的意义做划分词类的正式标准，也不是说在一定的条件下从词的意义推定它所属的次类是不可能。这是完全可能的，而且在汉语这种词无变形的语言，恐怕也是实际上难于避免的。所说一定的条件就是要这个词的态度明朗；遇到态度暧昧的词，那就得赶快拿出标尺来量一下。"据此，笔者认为，划分副词次类，在没有找到单纯依据语法功能特征作为分类标准的条件下，可以根据语义特征来分类，但是，这样分出的次类一定要能从功能方面得到验证，即每个次类都要有自己内部大致一致的语法功能特征，这就是笔者划分副词次类的原则。

关于副词的范围，何乐士（2005）指出，首先是指经常用作副词的那些词，它们很少单独使用，总是对谓语中心成分起修饰作用。其次是一些虽然用作动词、形容词或名词，但也常常用作副词的词。至于一些主要用作动词、形容词、名词，偶尔用作副词的词，我们还把它归入动词、形容词、名词项下，免得忽略了词类活用或由实词变为虚词的过渡现象。本书遵循何乐士先生的观点。

斟酌各家之说，根据上述语义特征和功能特征相结合划分副词次类的原则，本书把汉语的副词分为八大类：程度副词、时间副词、范围副词、否定副词、情状方式副词、语气副词、关联副词、谦敬副词。各次类的小类以及各自的语义特征和功能特征将在下一章具体论述。

---

[1] 朱德熙：《语法讲义》，商务印书馆 1982 年版。

3 本　论

《史记》的副词共分为八类：即程度副词、范围副词、时间副词、情状方式副词、否定副词、关联副词、语气副词、谦敬副词。下面分别加以讨论。

3.1　程度副词

程度副词是表示性质状态或某些动作行为所达到的各种程度的副词，其语义特征就是表示性质状态的程度或某些动作行为的程度。汉语中的程度副词是一个相对封闭的类，内部成员不多，主要用来表达语法意义。

现代汉语中程度副词最明显的特点是大都可以比较自由地修饰单个形容词，修饰动词要受到很多限制，一般只能修饰助动词、表心理活动的动词和某些特定的动词性短语。[1] 所以朱德熙（1982）说："程度副词的语法功能是修饰形容词以及少数动词和述宾短语（很有本事，非常听话，太不懂事）。"而在西汉汉语语中，程度副词则可以比较自由地修饰动词或者动词性短语，少数还能修饰充当谓语的名词或名词性短语。如果就单个程度副词而言，《史记》汉语中很多程度副词的用法与现代汉语有所不同。朱德熙（1982）说："不同的程度副词，除了语义上表示的程度有差别外，语法功能也不完全一样。"这是我们在研究程度副词时尤其要注意的。

3.1.1　程度副词分类

汉语的程度副词虽然数量不多，但使用频率比较高，其内部成员在意义、用法上有许多区别。王力（1985）曾从意义上把程度副词分为绝对和相对两大类。王力

---

[1]　参见唐贤清：《〈朱子语类〉副词研究》，湖南人民出版社 2003 年版。

先生指出："凡无所比较，但泛言程度者，叫做绝对的程度副词"，"凡有所比较者，叫做相对的程度副词"。[1] 马真（1988）曾经结合比较句式进行考察，从形式上证实了王力分类的合理性。韩陈其（1988）根据程度副词所表意义的差异，把程度副词分为十大类 [2]；张桂宾（1997）也设计了五个比较句式分别对这两类程度副词进行了归类判断；张亚军（2003）根据对"比"字句及特指问句的适应能力，把现代汉语程度副词分为三类：主要用于程度比较的"更"类、程度确认的"很"类以及兼具二者特点的"最"类。《史记》中程度副词共有 48 项，单音词 43 项，双音词 5 项。笔者根据前贤的研究和副词所表程度的不同，将《史记》中的程度副词分为三类：表强度，表比较度，表弱度。

3.1.1.1 表强度

这类副词在语义上表示程度很高、至极或过甚，在句法结构中修饰形容词和动词，《史记》中共有 26 项，单音节词 25 项，双音节词 1 项。根据出现时代的先后分别论述如下：

1. 先秦已经产生的副词（20 项）

大$_1$（254）[3]、太（22）、泰（1）、已$_1$（1）、以$_1$（1）、至（43）、最（40）、孔（2）、甚（247）、万（5）、几$_1$（29）、痛（4）、厚（51）、极（23）、犹$_1$（6）、尽$_1$（33）、重$_1$（2）、奇（1）、稍$_1$（1）、何其[4]（15）

现将以上副词一一进行平面描写。

【尽】共 481 例。范围副词 161 例（见 3.2.1 节），时间介词 118 例，动词 169 例，程度副词 33 例。程度副词"尽"用于动词或形容词谓语之前，表示状态或动作行为程度极深。可译为"极"、"极其"、"极度"等。如：

（1）余睹李将军悛悛如鄙人，口不能道辞。及死之日，天下知与不知，皆为尽哀。（《李将军列传》）

（2）尝从武安侯饮，坐中有年九十余老人，少君乃言与其大父游射处，老人为儿时从其大父行，识其处，一坐尽惊。（《孝武本纪》）

【犹】用于动词、形容词谓语之前，表示状态或动作行为的程度较高。可译为"很"、

---

[1] 王力：《中国现代语法》，商务印书馆 1985 年版。

[2] 韩陈其：《古汉语单音程度副词之间的音义关系——文言虚词音义关系综合研究之二》，载《徐州师范学院学报》1988 年第 4 期，第 68—75 页。

[3] 括号里的数字表示此副词在《史记》中的出现频次。

[4] 李海霞（2007）认为，"何其"作为程度副词专用于感叹句，用于疑问句的不是程度副词。

"非常"等。共6例，修饰动词4例，修饰形容词2例。

（1）高归报吴王，吴王犹恐其不与，乃身自为使，使于胶西，面结之。（《吴王濞列传》）

（2）而夷狄殊俗之国，辽绝异党之地，舟舆不通，人迹罕至，政教未加，流风犹微。（《司马相如列传》）

【重】用于动词词谓语之前，表示动作行为的程度深。可译为"很"、"非常"等。共2例。

（1）于是为秦钱重难用，更令民铸钱，一黄金一斤，约法省禁。而不轨逐利之民，蓄积余业以稽市物，物踊腾粜，米至石万钱，马一匹则百金。（《平准书》）

（2）故病有六不治：骄恣不论于理，一不治也；轻身重财，二不治也；衣食不能适，三不治也；阴阳并，藏气不定，四不治也；形羸不能服药，五不治也；信巫不信医，六不治也。有此一者，则重难治也。（《扁鹊仓公列传》）

有时在表程度深的同时还表状态之多，可译"重重地"、"厚"、"多么"等。共1例。如：

（3）既罢，相如乃使人重赐文君侍者通殷勤。文君夜亡奔相如，相如乃与驰归成都。（《司马相如列传》）

【大】既可修饰形容词谓语又可修饰动词谓语，但在《史记》中，只修饰形容词谓语，可译为"大大地"、"非常"、"十分"等。共254例。

（1）人有言上曰："丞相何亡。"上大怒，如失左右手。（《淮阴侯列传》）

（2）楚兵惧，自秦归。而齐竟怒不救楚，楚大困。（《屈原贾生列传》）

用于"上"前，表示程度最高，可译为"最"。共2例。

（3）河鱼大上，轻车重马东就食。（《秦始皇本纪》，司马贞《史记索隐》谓："河水溢，鱼大上平地，亦言遭水害也。一云，河鱼大上为灾，人遂东就食，皆轻车重马而去。"）

（4）其大上计，破秦；其次，必长宾之。（《苏秦列传》）

叶玉英（2009）据传世典籍研究认为，"大"在商代甲骨文中有不少作为程度副词的用法。如：

（5）（王）大令众人曰：协田，其受年，十一月。[1]（《甲骨文合集》，1）

---

[1] 张玉金先生认为，"大令"的"大"是情态副词，应译为"大规模，大举"（参见《甲骨文语法学》，学林出版社2001年版），叶玉英认为张玉金先生的说法读不通，应是程度副词。笔者赞成叶玉英的说法。

（6）乙酉卜，宾贞：……秋大冉。（《甲骨文合集》，13538）

（7）丙午，王卜：大延。（《甲骨文合集》，23667）

可见，"大"是最古老的程度副词，在产生之初，有四种构式，即"大＋动词"，如例（1）、（2）；"大＋形容词"如甲骨文中兆记辞常用"大吉"；"大＋不＋形容词"，如《甲骨文合集》23651片中"大不若"；"大＋形容词＋名词"，如《甲骨文合集》13359中"大骤风"等。而在《史记》中见"大＋形容词"的程度副词组合方式252例，程度副词"大"已发展得极为成熟。

【太】用于形容词前作状语，表示事物或状态的程度太过，带有较强的主观色彩，可译为"过"、"过于"、"特别"等，或仍作"太"。共22例。

（1）臣愚，以为陛下法太明，赏太轻，罚太重。（《张释之冯唐列传》）

（2）新垣衍快然不悦，曰："噫嘻，亦太甚矣先生之言也！先生又恶能使秦王烹醢梁王？"（《鲁仲连邹阳列传》）

用于"上"前，表示程度最高，可译为"最"。共16例。

（3）太上修德，其次修政，其次修救，其次修禳，正下无之。（《天官书》）

（4）太上皇以为言，高祖曰："某非忘封之也，为其母不长者耳。"（《楚元王世家》）

据叶玉英（2009）考察，程度副词"太"首见于西周时期，是由程度副词"大"引申而来的。在东汉中期以前，在出土文献资料中多作"大"，或假借"泰"为之。虽然"太"出现年代较早，但其使用频率一直很低，《史记》中亦如此，只有唐宋以后诗词中较多见。

【泰】在古书中，"泰"、"太"、"大"经常通用。例如《诗经·小雅·巧言》："昊天泰忧"也作"昊天大忧。"《诗经·云汉》："旱既太甚"也作"旱既大甚"。《史记》仅1例。

（1）于是酒中乐酣，天子芒然而思，似若有亡，曰："嗟乎，此泰奢侈！"（《司马相如列传》）

据叶玉英（2009）研究，典籍中"泰"作程度副词属于假借现象，即"大"、"太"假借"泰"为之，认为这种现象集中在两汉时期，但《史记》中仅此一例。

【已】见后文"汉代以后不再使用的程度副词"部分。

【以】同"已" [1]，用在形容词前，此用法早已见于《诗经》、《左传》、《论语》

---

[1] 韩峥嵘：《古汉语虚词手册》，吉林人民出版社1984年版。

诸书,《史记》仅 1 例。

（1）申包胥亡于山中,使人谓子胥曰:"子之报雠,其以甚乎!"(《伍子胥列传》)

【至】[1] 用在动词或形容词前,表最高程度。可译为"极"、"最"等,共 43 例。其中,34 例修饰形容词,9 例修饰动词。如:

（1）余以所闻由、光义至高,其文辞不少概见,何哉？（《伯夷列传》）

（2）周最于齐,至厚也,而齐王逐之,而听亲弗相吕礼者,欲取秦也。（《孟尝君列传》）

（3）宛贵人怒曰:"汉使至轻我!"遣汉使去,令其东边郁成遮攻杀汉使,取其财物。（《大宛传》）

【极】只修饰形容词谓语,到了汉代,"极"的修饰对象有所扩大,可译为"很"、"最"、"非常"、"极其"等。吕雅贤（1992）认为,"极"程度副词用法首见于《史记》,在《史记》中语义发生变化,由"极尽"义引申出"最"义,"极"虚化为程度副词。笔者不赞同上述说法。五代徐锴《说文解字系传·木部》:"极,屋脊之栋也,今人谓高及甚为极,义出于此。"何乐士（2006）《古代汉语虚词词典》中程度副词"极"举的最早的两个例子是《庄子·盗跖》:"子之罪大极重。"和《战国策·燕策三》:"太子闻之,驰往,扶尸而哭,极哀。"杨伯峻、何乐士（1989）《古汉语语法及其发展》中程度副词"极"举的最早例子是《韩非子·外储说右上》:"行极贤而不用于君,此非明主之所臣也。"可见,程度副词"极"形成于战国,兴盛于汉代。[2]

经统计,在《史记》中"极"总数 152 次,做名词 76 次,动词 42 次,形容词 11 次,其中做补语 9 次,如"罢极"等。做定语 2 次,如"非极音"、"非极味"。副词用法 23 次,远高于形容词用法。《史记》中修饰动词的用法有 15 例,修饰形容词用法 8 例,可见,当时修饰动词用法较为常见。举例如下:

（1）其称文小而其指极大,举类迩而见义远。（《屈原贾生列传》）

（2）当今人臣之位无居臣上者,可谓富贵极矣。（《李斯列传》）

（3）谓郭隗曰:"齐因孤之国乱而袭破燕,孤极知燕小力少,不足以报。"（《燕召公世家》）

（4）高祖曰:"丰吾所生长,极不忘耳,吾特为其以雍齿故反我为魏。"（《高祖本纪》）

---

[1]　韩陈其（1988）认为,依据黄侃十九组说"至"与"致"同纽,故可通用。

[2]　朱文静:《程度副词"极"句法功能的发展演变》,载《淮北煤炭师范学院学报》2008 年第 8 期。

上述列句除了例（2）的"极"是作形容词"富贵"的补语，其余的都用作状语。

【孔】见后文"汉代以后不再用作程度副词"部分。

【甚】《说文解字》："甚，尤安乐也。"虚词"甚"与本义无关，是假借字。段注："引申凡殊、尤皆曰甚。""甚"在先秦的词性以及它是否是兼类词有争议。[1]"甚"最初一向被看成是副词，如马建忠（1983：237）认为是状字，用在动字或静字的前面，"以状其所至之深浅也！"[2]杨树达认为是表态副词。[3]吕叔湘认为是表示程度很高的副词。[4]另外，还有很多学者也认为如此（李杰群，1986）。但王力（1984：177）指出"甚"在"汉代以后，似乎就只有末品的用途，也就是由形容词演变为真正的副词"；李杰群（1986）通过对"甚"的词性演变进行定量统计和考察，得出"甚"原本是形容词，在先秦更多的是作谓语，直到六朝后才演变为副词；杨荣祥（2005：197）也认为"甚"最初是形容词，后来才演变为副词。何金松的观点逐渐为学界所认可。

《史记》中的"甚"，用于动词、形容词之前或之后，可译为"很"、"非常"等，共306例。其中，"甚"用于动词或形容词之前作状语，表示程度深的，有247例。如：

（1）秦王甚爱张仪而不欲出之。（《张仪列传》）

（2）上哭甚悲，谓袁盎曰："吾不听公言，卒亡淮南王。"（《淮南衡山列传》）

（3）庄公曰："我甚思母，恶负盟，奈何？"（《郑世家》）

（4）六府甚修。（《夏本纪》）

例（4）引用《尚书·禹贡》，在中《尚书·禹贡》为"六府孔修"，蔡沈注："孔，大也。"《史记》此句副词有改动。

"甚"用于动词或形容词之后，表示程度深的，有59例。如：

（5）及宪王病甚，诸幸姬常侍病，故王后亦以妒媚不常侍病，辄归舍。（《五宗世家》）

（6）布兵精甚，上乃壁庸城，望布军置陈如项籍军，上恶之。（《黥布列传》）

《史记》中的"甚"，除了副词用法，还有形容词的用法，可译为"严重"、"厉害"等，共13例。如：

（7）太史公曰：余闻孔子称曰："甚矣鲁道之衰也！"（《鲁周公世家》）

[1]　殷国光：《说"甚"》，载《语文教学之友》1983年第8期。
[2]　马建忠：《马氏文通》，商务印书馆1983年版，第237页。
[3]　杨树达：《词诠》，中华书局1979年版，第236页。
[4]　吕叔湘：《中国文法要略》，商务印书馆1982年版，第146页。

（8）太史公曰：怨毒之于人甚矣哉！王者尚不能行之于臣下，况同列乎！（《伍子胥列传》）

总之，在《史记》中，"甚"有副词与形容词两种用法，副词用法高于形容词用法；副词用法又分为两种，有"VP＋甚"与"甚＋VP"两种用法，其中前者占副词总数的80.7%，后者占副词总数的19.3%。

【万】《说文解字》："万，虫也。从厹，象形。"段玉裁注："与《虫部》蛋同，象形。"虚词"万"与本义无关。关于虚词"万"的来源，至今没找到相关研究文献。《汉语大字典》（3462页）："万，极；绝对。"是副词，举的古代例子为：

（1）我之取天下，可以万全。（《汉书·黥布传》）

（2）且万无母子俱往理。（唐·韩愈《柳子厚墓志铭》）

何金松《虚词历时词典》（1994：6）提出："万，极。"《老残游记》第十六回："这是同裕的票子，是敝县第一个大钱庄，万靠得住。"何乐士《古代汉语虚词词典》（2006）中未见副词"万"，易孟醇统计先秦表示程度高的副词共21个，但未见"万"[1]，李杰群统计上古汉语程度副词共23个，也未见"万"。[2]

《史记》中副词"万"共5例，如：

（3）将军瞋目张胆，出万死不顾一生之计，为天下除残也。（《张耳陈馀列传》）

（4）臣闻聪者听于无声，明者见于未形，故圣人万举万全。（《淮南衡山列传》）

【几】用于谓语前，表示几乎达到某种程度。可译为"几乎"、"差点儿"等，共29例。

（1）单于顾谓左右曰："几为汉所卖！"（《韩长孺列传》）

（2）马惊，即堕，（齐中御府长）信身入水中，几死，吏即来救信，出之水中。（《扁鹊仓公列传》）

【痛】由动词演变成副词，用在动词谓语前做状语，表示动作行为程度深，可译为"大"、"尽情地"、"彻底地"、"非常"等。共4例，如：

（1）若汤之治淮南、江都，以深文痛诋诸侯，别疏骨肉，使蕃臣不自安。（《酷吏列传》）

（2）又以为诸侯王多长，上初即位，富于春秋，蚡以肺腑为京师相，非痛折节以礼诎之，天下不肃。（《魏其武安传》，司马贞《史记索隐》云："痛，甚也。"）

---

[1] 易孟醇：《先秦语法》，湖南教育出版社1989年版，第334页。

[2] 李杰群：《上古汉语程度副词考辨》，载《王力先生九十诞辰文集》，山东教育出版社1992年版，第326页。

【厚】《说文解字》："厚，山陵之厚也。从旱，从厂。垕，古文厚，从后、土。"《广韵·厚韵》："厚，广也。"常用在动词谓语前做状语，表示动作行为的程度超过一般，也兼表示动作行为的状态。可根据文义酌情译为"隆重而丰厚地"、"多多地"、"重重地"、"过分地"等，共51例。

（1）秦王因曰："今杀相如，终不能得璧也，而绝秦赵之驩，不如因而厚遇之，使归赵，赵王岂以一璧之故欺秦邪！"（《廉颇蔺相如列传》）

（2）公子闻之，往请，欲厚遗之。（《平原君虞卿列传》）

前句"厚遇之"，可译为"隆重而丰厚地接待他；后句"厚遗之"，可译为"多多地送他一些礼物"。

《史记》中"厚"还有形容词用法，可译为"厚的"（与"薄"相对）、"深厚"、"宽厚"、"丰厚"等。共10例，如：

（3）汉与匈奴约为兄弟，所以遗单于甚厚。（《匈奴列传》）

（4）于故人子弟为吏及贫昆弟，调护之尤厚。（《酷吏列传》）

（5）周勃重厚少文，然安刘氏者必勃也，可令为太尉。（《高祖本纪》）

"厚"在《史记》中除了副词、形容词，还有动词的用法，可译为"看重"、"优待"、"重视"等，共4例。

（6）大将军谢曰："自魏其、武安之厚宾客，天子常切齿。"（《卫将军骠骑列传》

（7）遂复三人官秩如故，愈益厚之。（《秦本纪》）

【奇】由形容词演变成副词，用于动词谓语前做状语，表示程度极深，可译为"出奇地"、"非常"、"极其"、"特别"等，仅1例。如：

（1）少君资好方，善为巧发奇中。（《封禅书》）

《史记》中"奇"还可用如形容词，译为"奇特"、"美好"、"适宜"等，共32例，如：

（2）少暤氏有不才子，毁信恶忠，崇饰恶言，天下谓之穷奇。（《五帝本纪》）

（3）吾有所善者皆疏，同产处临菑，善为方，吾不若，其方甚奇，非世之所闻也。（《扁鹊仓公列传》）

《史记》中"奇"还可用如动词，译为"看重"、"珍爱"、"以……为杰出（或奇特）"等，共18例。如：

（4）滕公奇其言，壮其貌，释而不斩。（《淮阴侯列传》）

（5）信数与萧何语，何奇之。（《淮阴侯列传》）

《史记》中"奇"为名词，指杰出（或特异）的人物，出人意外的策略或计谋等。

共 6 例，如：

（6）乃为帛书以饭牛，详弗知也，言此牛腹中有奇。（《孝武本纪》）

（7）齐使者如梁，孙膑以刑徒阴见，说齐使。齐使以为奇，窃载与之齐。（《孙子吴起列传》）

【何其】用于形容词谓语之前，表示程度深。可译为"多么"等。共 15 例。

（1）越虽蛮夷，其先岂尝有大功德于民哉，何其久也！（《东越列传》）

（2）（樊）哙等见上流涕曰："始陛下与臣等起丰沛，定天下，何其壮也！今天下已定，又何惫也！"（《樊郦滕灌列传》）

【稍】表示程度高，仅 1 例。见 3.1.1.3 节。

【最】《说文解字》："最，犯而取者。"最初为动词。首见于《许国襄简王公神道碑铭》："公暨诸将一禀睿算，与贼遇，最，遂下之。"[1]武荣强、赵军（2006）认为，"最"由动词"犯而取者"引申为"军功第一"，如战国末年秦代文物《睡虎地秦墓竹简〈厩苑律〉》："有里课之，最者，赐田典曰旬。"词义进一步泛化，进而副词"最"形成。

《广韵·泰韵》："最，极也。"《汉语大词典·曰部》："表示某种属性超过所有同类的人或事物。"《汉语大字典·曰部》："表示程度，相当于'极''尤'。"《古代汉语虚词词典》："最，多用于形容词谓语前作状语，也有用于动词谓语前的，表示程度达到最高点。"可见，"最"处于最高层级，是相对客观的程度副词。汉语里的"最"比较特别，引起了大家的广泛关注。据统计，知网上从 1980 年至今，有关"最"的文章达 120 余篇，角度各异，有从语义指向上谈的，有从话语链上谈的，有从系统上谈的，有从特殊位置上谈的，等等。那么，《史记》里"最"的用法怎么样？

宋洪民（2002）对此有深入研究，他主要对位于谓语动词前的"最"的特殊句法位置进行了剖析，发现该用法的"最"正处于实词虚化的中间环节。

（1）杜主，故周之右将军，其在秦中，最小鬼之神者。（《封禅书》）

（2）成山斗之入海，最居齐东北隅，以迎日出云。（《封禅书》）

（3）最其后，郎中骑杨喜，骑司马吕马童，郎中吕胜、杨武各得其一体。（《项羽本纪》）

（4）身与士卒平分粮食，最比其羸弱者。（《司马穰苴传》）

上面4例"最"，按现代汉语语序，当与后一小句中的"赢弱者"相连，对其直接进行修饰，而且古汉语中，甚至《史记》本书也多如此。如：

（5）子某最长，纯厚慈仁，请建以为太子。（《孝文本纪》）

（6）元王之时，卫平相宋，宋国最疆，龟之力也。（《龟策列传》）

（7）匈奴日已骄，岁入边，杀略人民畜产甚多，云中、辽东最甚，至代郡万馀人。（《匈奴列传》）

（8）诸子中胜最贤，喜宾客，宾客盖至者数千人。（《平原君虞卿列传》）

为何前4例"最"的句法位置如此特殊呢？宋洪民（2002）认为，这与副词本身的性质有关。人们常说副词是一个半实半虚的词类。判断其虚实程度，一般认为，其广义的形态即分布环境是一个重要依据。语法位置的变化亦即新的语意组合关系的影响是实词语法化的重要因素之一。基于此，宋洪民（2002）认为，前4例中的"最"处在实词虚化的中间环节。

同时，"最"除了用作动词或形容词修饰语外，还可以单独成句，表示"功劳最高（或最大）"之意。[1] 据统计，《史记》中单独成句的共有4例。如：

（9）"攻槐里、好畤，最。击赵贲、内史保于咸阳，最。"（《绛侯周勃世家》）其下注曰："此皆殿最之最。张晏曰：'最，功第一也。'如淳曰：'于将帅之中，功为最也。'"

（10）攻曲逆，最。（《绛侯周勃世家》）

以上两例，"最"都是形容词作谓语，而在例（1）至例（4）中，由于"最"不再位于谓位，而是处于原先作主语的主谓短语之间，这一新的句法位置即分布环境促使其开始虚化。但它在语义上与其实词义是相通的，如例（1）"最小鬼之神者"意即在"小鬼之神者"中为"最"；而且它仍保留了一部分实义性，即虚化过程未完成。它现在居于主谓之间，而较之其他成分间的结合，主语和谓语的结合比较松散[2]，所以"最"插在这儿可以保持较大的自由度，因为它并未进入谓语部分的层层嵌套中，它不是去修饰、限制某个词，而是对整个句子进行评注，即它在逻辑上是与整个句子发生关系的，所以称为高谓语。[3] 尽管在句法形式上它失去了作谓语的重要地位，但它在意念上仍是起着评注作用的，所以这两种形式之间意义是非常接近的甚或是等值的。

综上所述，我们知道"最"正处在实词虚化的中间环节，在意义上与实词用法

---

[1]　何乐士：《古代汉语虚词词典》，语文出版社2006年版。

[2]　沈家煊：《不对称和标记论》，江西教育出版社2004年版，第225页。

[3]　张谊生：《现代汉语副词研究》，学林出版社2000年版，第47页。

有着密切的联系，充当句子的高层谓语。语言永远处于变动不居的状态中，充当高层谓语的词要进一步虚化。这首先是因为这些词的语义指句一般是谓语中心语或宾语中心语，这种向心力迫使它向中心趋近，去直接修饰、限制中心。只有它真正进入谓语的层层嵌套中，才会在真正意义上完成虚化过程，变为典型的副词。如例（4）就变为"比其最羸弱者"，由原先充当高谓语时对全句的评注变为对某一特定词的限制，辖域大大减小了，处于这一句法位置便彻底虚化了，如例（5）至例（8）。

由此我们可以进一步明确，"最"在《史记》一书中是三种用法并存：①做谓语的实词用法，即尚未虚化的阶段，如例（9）、（10）；②作高谓语的半虚化阶段，如例（1）至例（4）；典型的副词，即虚化完成的阶段，如例（5）至例（8）。这充分体现了语言发展的复杂性和不平衡性，即语言发展的不同阶段上的各种历时表现形态可以在其时态中出现。但它们以后走上了不同的发展道路，其实词用法最终归于消亡，而作高谓语的也越来越少，不过仍有一定存留，如《汉书·霍光传》中有"长主大以是怨光"，"大"与"最"的高谓语用法是相同的。颜注中也有"最"的这种用法，如《汉书·郑吉传》"'中西域'者，言最处诸国之中，近远均也。"现代汉语中也有这种说法，如"某地最处边远地区"，只不过有书面语体色彩罢了。而典型的副词用法则成了主流，一直延续到现代汉语中，古今通用。

2. 西汉新产生的副词（6项）

殊（11）、绝（12）、尤（36）、倍（1）、良₁（21）、雅₁（1）

【殊】《说文》："殊，死也。从歹，朱声。蓬令曰：'蛮夷长有罪，当殊之。'""殊"在先秦有两个词性：一是动词，可译为"死"、"断绝"、"受到致命的创伤"等；二是形容词，可译为"差异"、"不同"、"特出"、"与众不同"等。一般是作谓语，少数情况下作定语。如：

（1）武城人塞其前，断其后之木而中殊。（《左传·昭公二十三年》）

（2）殊异乎公路。（《诗经·汾沮洳》）

（3）言殊器也。（《庄子·秋水》）

西汉时开始用作状语，《史记》是最早文献。用于动词或形容词之前，可译为"很"、"极"、"非常"等。共11例。

其中，修饰形容词的共3例，如：

（4）今君与廉颇同列，廉君宣恶言而君畏匿之，恐惧殊甚。（《廉颇蔺相如列传》）

（5）执卤获五七万有四百四十三级，师率减什三，取食于敌，阔行殊远而粮不绝，

以五千八百户益封骠骑将军。(《卫将军骠骑列传》)

修饰动词的共 8 例,如:

(6)于是尉他乃蹶然起坐,谢陆生曰:"居蛮夷中久,殊失礼义。"(《郦生陆贾列传》)

(7)韩信、张耳已入水上军,军皆殊死战,不可败。(《淮阴侯列传》)

(8)(张)良殊大惊,随目之。(《留侯世家》)

用于否定句的共 5 例,即"殊"与"不"、"无"等结合,组成"殊不"(1 例)、"殊无"(4 例)等,表示否定的程度极高。可译为"一点也不"、"完全没有"、"绝不"等。如:

(9)(触龙)曰:"老臣闲者殊不欲食,乃强步,日三四里,少益嗜食,和于身也。"(《赵世家》)

(10)既臣大夏而居,地肥饶,少寇,志安乐,又自以远汉,殊无报胡之心。(《大宛列传》)

(11)丞相特前戏许灌夫,殊无意往。(《魏其武安侯列传》)

关于副词"殊"的演变时代,李杰群(1992)认为,可以有两种处理办法:一是认为西汉起"殊"已经从形容词中分化出副词来;二是认为汉代"殊"仍是形容词可以做状语,到六朝才虚化成副词。笔者赞成前者,认为是西汉时发展成副词的。何乐士的《古代汉语虚词词典》的程度副词"殊"举的第一个例子就来自于《史记》。

《史记》中"殊"除了用作副词,还有动词及形容词的用法,如:

(12)而使人刺苏秦,不死,殊而走。(《苏秦列传》)

(13)而夷狄殊俗之国,辽绝异党之地,舟舆不通,人迹罕至,政教未加,流风犹微。(《司马相如列传》)

表 3-1 西汉以后"殊"的用例

	谓语	宾语	定语	状语	合计
《史记》	26	0	12	11	49
《论衡》	92	4	10	4	110
《法显传》	1	0	0	0	1
《世说新语》	2	0	1	31	34
《百喻经》	1	0	0	0	1

【倍】西汉才产生，《史记》是比较早的文献。如：

（1）且夫秦以牛田之水通粮蚕食，上乘倍战[1]者，裂上国之地，其政行，不可与为难，必勿受也。（《赵世家》）

《史记》的"倍"尽管只有1例，但是用法明确，作程度副词没有疑问。本义动词义背反、被叛，《说文解字·人部》："倍，反也。"如：

（2）信以结之，则民不倍。（《礼记·缁衣》）

引申为动词义背对，如：

（3）"管仲反，入倍屏而立。"（《管子·中匡》）

因为"反者，覆之，覆之则有二面，故二之曰倍"[2]，故引申为动词义数目加倍，《正字通·人部》："物财人事加等曰倍。"如：

（4）劓辟疑赦，其罚惟倍。（《尚书·吕刑》，孔传："倍百为二百锾。"）

后意义抽象，凡"增益"皆可曰倍。如："焉用亡郑而倍郑。"（《左传·公元三十年》，杜预注："倍，益也。"）在此基础上，意义进一步抽象，虚化为副词竭力义。

【良】《说文解字·部》："良，善也。"本义形容词义善良。《诗经·小雅·角弓》："民之无良，相怨一方。"引申为形容词义美好、良好，《左传·襄公三年》："吴人伐楚、取驾。驾，良邑也。"汉语中"超越常度"义的形容词往往虚化为程度副词，"良"本指事物性质在一般之上，引申出"很，非常"义，一般修饰形容词，表示程度之甚，共21例。其中21例皆与形容词"久"结合，形成一个固定词组。"良久"[3]即"很久"。在句中做状语或补语，如：

（1）韩御史良久谓丞相曰："君何不自喜？夫魏其毁君，君当免冠解印绶归。"（《魏其武安侯列传》）

（2）魏其良久乃闻，闻即恚，病痱，不食欲死。（《魏其武安侯列传》）

（3）天子以为老，弗许；良久乃许之，以为前将军。（《李将军列传》）

用于动词前时，随着搭配对象的改变，功能上也就由表程度之甚转而表肯定或强调语气，《史记》仅见3例，如：

（4）诸将以为赵氏孤儿良已死，皆喜。（《赵世家》）

---

[1] 《史记正义》："倍战，力攻也。"

[2] 参见段玉裁：《说文解字注》，上海古籍出版社1981年版。

[3] 李杰群（1992）认为，"良久"应视为一个词，相当于现在所说的"很"。

（5）余视其母冢，良然。（《淮阴侯传》）

（6）上既闻廉颇、李牧为人，良说，而搏髀曰："嗟乎！吾独不得廉颇、李牧时为吾将，吾岂忧匈奴哉！"（《张释之冯唐列传》）

"良"表示程度副词之甚时，语义上指向事物的性质或状态，在否定句中与否定词并不构成直接的修饰关系。当它强调句中某种语气时，语义辖域更宽，在否定句中，有时就能直接修饰否定词，从而表示语气上的彻底否定，如：

（7）仙羽诚不退，蓬襟良未整。（齐·王融《星名诗》）

（8）语默良未寻，得丧云谁辩。（齐·谢朓《游山诗》）

（9）写怀良未远，感赠以书绅。（梁·江淹《杂体诗·嵇中散康言志》）

《史记》"良"的使用范围不如"甚"广，程度副词的用法处于萌芽阶段；后世汉语"良"作为程度副词一直有沿用，现代汉语保留了它的这种用法，但书面语色彩重。

【绝】《史记》"绝"共349例。动词238例，形容词99例，程度副词12例。程度副词如：

（1）平王使无忌为太子取妇于秦，秦女好，无忌驰归报平王曰："秦女绝美，王可自取，而更为太子取妇。"（《伍子胥列传》）

（2）人以为然，承太子闲，从容言子楚质于赵者绝贤，来往者皆称誉之。（《吕不韦列传》）

（3）又灸其少阴脉，是坏肝刚绝深，如是重损病者气，以故加寒热。（《扁鹊仓公传》）

（4）不韦取邯郸诸姬绝好善舞者与居，知有身。（《吕不韦列传》）

（5）闻而欲得罍樽。平王大母李太后曰："先王有命，无得以罍樽与人。他物虽百巨万，犹自恣也。"任王后绝欲得之。（《梁孝王世家》）

（6）于通，绝爱之。（《吕不韦列传》）

从语义和语法功能上看，《史记》副词"绝"有两种情况：一是在AP前表示事物的状态或性质到了极点，相当于"最"[1]，共6例，如例（1）、（2）；二是在VP前表示程度之甚，相当于"很，十分"，共6例，如例（4）至例（6）。

《说文解字·系部》："绝，断丝也。"段注："断之则为二，是曰绝。"引申

---

[1] 韩陈其（1988）认为，"最"与"绝"二字通用。理由为：最——精母、月部，绝——从母、月部，二字叠韵，旁纽双声，故可通用。

为一般的断绝。例如：《左传·文公十年》："子西缢而悬绝。"《韩非子·内储说上》："临战而使人绝头刳腹而无顾心者，赏在兵也。""绝"在先秦基本上是"断绝"义，一般作谓语，没有作状语的，所以"绝"在先秦是动词或者形容词。

《史记》中"断绝"义的动词，共32例，如：

（7）读《易》韦编三绝。（《孔子世家》）

（8）秦王惊，自引而起，袖绝。（《刺客列传》）

由"断绝"引申出"独一无二"的意思，共13例。如：

（9）至今上即位，博开艺能之路，悉延百端之学，通一伎之士咸得自效，绝伦超奇者为右，无所阿私，数年之闲，太卜大集。（《龟策传》）

由此意进一步虚化为"最"、"极"等意思，在句中做状语。如上述例（1）至（6）。也就是"绝"从西汉开始用如程度副词。

表3-2 西汉以后"绝"的用例[1]

	修饰形容词	修饰动词	合计
《史记》	6	6	12
《论衡》	0	0	0
《法显传》	0	0	0
《世说新语》	3	3	6
《百喻经》	0	0	0

由表3-2可知，《论衡》、《法显传》、《百喻经》中的"绝"没有做状语的，所以可以认为"绝"在汉代开始虚化为副词。

实际上，由本义出发，"绝"还可以表示彻底否定的语气。

"绝"本为"断丝"，广而言之，可泛指"断，断绝"。这一意义用在动词后，则表示事态的结果，如《高祖本纪》："去辄烧绝栈道。"（367）一般而言，"断，断绝"这一动作行为可能导致一种"终止，穷尽"的结果，含有较强的否定意义，其后也就往往以否定词与之相承，有"……断绝（或穷尽），不（或无法）……"意思。以《焦氏易林》为例：

（10）师，龙入天关，经历九山。登高上下，道里险难；日晏不食，绝无甘酸。

---

[1] 表中数据参见李杰群：《上古汉语程度副词考辨》，载《纪念王力先生九十诞辰文集》，山东教育出版社1991年版。

（《焦氏易林·噬嗑之第二十一》）

（11）师，梁破桥坏，水深多畏，陈郑之间，绝不得前。（《焦氏易林·咸之第三十一》）

（12）损，五胜相贼，火得水息，精光消灭，绝不长续。（《焦氏易林·恒之第三十二》）

上引例中，"绝"与前面的逻辑主语、后面的否定项大致构成了"S＋绝＋NP"的格式，其中"绝"可以理解为句中某一主语"S""断绝，穷尽"的性状，后面的否定短语与之相承，加以语义上的同一复述。比如，例（10）"食绝"则"无甘酸"，例（11）"陈郑绝"则"不得前"，例（12）"精光绝"则"不长续"。

然而，当"S＋绝＋NP"格式中的"S"、"NP"在语义上不再与"绝"前后相承时，"绝"失去了谓语资格，在线性序列中也就自然后附，转而与否定词结合较为紧密，表示一种彻底否定的语气。仍以《焦氏易林》为例：

（13）讼，疲马上山，绝无水泉。喉焦唇干，舌不能言。（《焦氏易林·乾之第一》）

（14）师，皇陛九重，绝不可登。未见王公，谓天盖高。（《焦氏易林·坤之第二》）

上例中的"绝"，基于"断绝，穷尽"的语义基础，又出现于否定短语前，也就渐渐虚化为"完全，根本"义了。"绝"的这一意义和用法也见于其他文献，多与"不"、"无"连用，如：

（15）寸口脉微，尺脉紧，其人虚损多汗，知阴常在，绝不见阳也。（《伤寒论》卷一，31）

（16）我乐使作是行，不使远行绝无处于中也。（《道行般若经》）

"绝"由本义出发，或表程度高或至极，或表语气彻底否定，二者也是相属相通的。"绝"虚化为程度副词，可用于消极性的谓语动词前，极言事物性质或状态甚高而到了极点，如《诗经·小雅·正月》："终逾绝险，曾是不意。"（297）《汉书·西南夷传》："今以长沙预章往，水道多，绝难行。"（3839）当它与"不""无"等否定词连用时，也就可以转而表示一种彻底否定的语气了。

"绝"由"断，断绝"义引申出表彻底否定的"完全，根本"义，有一个渐进过程，自然不乏由实而虚的过渡阶段。对处于虚化中的"绝"，往往就可依违两解。如以下3例：

（17）封禅用希旷绝，莫知其仪礼。（《封禅书》）

（18）杀者亦竟绝，莫知为谁。（《游侠列传》）

（19）天子已业诛宛，宛小国而不能下，则大夏之属轻汉，而宛善马绝不来，乌孙、仑头易苦汉使矣，为外国笑。（《大宛列传》）

例（17）、（18），中华书局标点本"绝"、"莫"分读，"绝"为谓语动词，"莫"为不定代词；《助字辨略》卷五"绝，殊也，了也"下引此2例，"绝"、"莫"连读，"绝"为否定性的语气副词，"莫"为否定副词；《词诠》卷六"绝"，表态副词，《后汉书·吴良传注》云："绝，犹极也。"上引例（17），"绝"属下与"莫"连读。由这一分歧，我们不难看出，"绝"表程度至极与表语气否定是相通的，"S＋绝＋NP"格式可能是"绝"虚化为语气副词的一个重要组合形式。当然，具体就例（17）、（18）中的"绝"而言，综观共时文献中"绝"的虚化进程极其意义用法，本书倾向于中华书局"绝"、"莫"分读的处理，"绝"断上，与"希旷"、"竟"一起构成谓语，同书有"绝"单独充当谓语中心的例子，可为佐证，如《封禅书》："齐所以为齐，以天齐也。其祀绝，莫知起时。"（1366）至于例（19），语言所（1999：323）引为"根本，绝对"义的较早用例，在笔者看来，此例中"绝"尚未虚化，"绝"言宛进贡"善马"的断绝，而"不来"则是承上的语义复述。

【尤】《说文解字·乙部》："尤，异也。从乙，又声。"《释名》："异者，异于常也。"本义为"与众不同，特异"，由此引申为程度副词，相当于"特别，尤其"。《字汇》："尤，最也。"清刘淇《助字辨略》："尤，益甚之辞也。"据李杰群（1996）研究认为，"尤"在先秦多用作"过错、责怪"义，用作"与众不同，特异"义的较少，而且只做谓语和定语。如：

（1）庶民罢弊，宫室滋侈，道瑾相望，而女富溢尤。（《左传·昭公三年》）

（2）夫有尤物，足以移人。（《左传·昭公二十八年》）

西汉以后，"尤"用作"特别，尤其"义增多，一般多用作状语。此种"尤"《史记》共出现36例，修饰形容词的23例，修饰动词的13例。如：

（3）始大臣诛吕氏时，朱虚侯功尤大，许尽以赵地王朱虚侯，尽以梁地王东牟侯。（《齐悼惠王世家》）

（4）（张）苍本好书，无所不观，无所不通，而尤善律历。（《张丞相列传》）

（5）于故人子弟为吏及贫昆弟，调护之尤厚。（《酷吏列传》）

（6）及猛将推锋执节，获胜于彼，而著龟时日亦有力于此。上尤加意，赏赐至或数千万。（《龟策列传》）

"尤"从语义上看，表示程度之甚，相当于"尤其、更加、特别"，从语法功能看，这一用法的"尤"只能作状语,不过,它的修饰对象既可以是AP,如例(3)、(4)、(5),也可以是VP,如例(6)。

《史记》中还出现了1例复音副词"尤益",如:

(7)诸士在己之左,愈贫贱,尤益敬,与钧。稠人广众,荐宠下辈。(《魏其武安侯列传》)

除副词的"尤",《史记》中"尤"还出现了22例,如:

(8)黔首改化,远迩同度,临古绝尤。(《秦始皇本纪》)

(9)子曰:"不怨天,不尤人,下学而上达,知我者其天乎!"(《孔子世家》)

(10)子张问干禄,孔子曰:"多闻阙疑,慎言其余,则寡尤;多见阙殆,慎行其余,则寡悔。言寡尤,行寡悔,禄在其中矣。"(《仲尼弟子列传》)

(11)揆厥所元,终都攸卒,未有殊尤绝迹可考于今者也。(《司马相如传》)

从上下文语境看,"尤"不是副词,其中例(8)的"尤"为形容词作谓语,有"特异,突出"之义;例(9)的"尤"为动词作谓语,有"怨恨,怪罪"之义;例(10)的"尤"为名词作宾语,有"罪过,过失"之义;例(11)的"尤"为名词作定语,有"特异,突出"之义。

可见,"尤"在《史记》中主要用来作状语,已有形容词演变为副词,表示程度深。其他用法,可看作是先秦用法的残留。

汉代以来"尤"沿用不衰,据李杰群统计,《论衡》中"尤"共出现19例,副词"尤"共16例,修饰形容词13例,修饰动词5例;表"责怪"义的有3例。如:

(12)公冶长尤贤。(《论衡·问孔》)

(13)所以未论列者,长生尤逾出也。(《论衡·超奇》)

(14)今《易》宜言"阒其少人",《尚书》宜言"无少众官"。以"少"言之,可也;言空而无人,亦尤[1]甚焉。(《论衡·艺增》)

《世说新语》中"尤"共6例,其中修饰形容词的有3例,修饰动词的有2例,表"责怪"义的有1例,如:

(15)周处年少时,凶强侠气,为乡里所患。又义兴水中有遭迹虎,并皆暴犯百姓,义兴人谓为"三横",而处尤剧。(《世说新语·自新》)

(16)广性清淳,爱毫之有神检,谓准曰:"乔自及卿,然毫尤精出。"(《世说新语·品藻》)

(17)阎曰:"方问国士,而及诸兄,是以尤之耳。"(《世说新语·言语》)

---

[1] 刘盼遂案:"'尤',训过,训非。"

现代汉语书面语保留了"尤"的这一用法。

表3-3 西汉以后"尤"的用例

	谓语	状语		定语	合计
		修饰形容词	修饰动词		
《史记》	8	23	13	1	45
《论衡》	3	11	5	0	19
《法显传》	0	0	0	0	0
《世说新语》	1	2	3	31	37
《百喻经》	0	0	0	0	0

【雅】与"尤"、"良"产生途径类似的还有"雅"等,《说文解字》:"雅,楚乌也。"本为鸟名。文献则多以"正"释"雅"字。《诗·小雅·鼓钟》:"以雅以南,以仑不僭。"郑玄笺:"雅,正也。"引申为"规范的"、"正统的"。如《论语·述而》:"子所雅言?《诗》、《书》、执礼,皆雅言也。"进一步引申为"高雅"、"文雅"。如《楚辞·大招》:"容则秀雅,稺朱颜只。"王逸注:"言美女仪容闲雅,动有法则,秀异于人。"由此引申出"很,十分"义,一般修饰形容词,表示动作行为或性质的程度之甚,用于汉魏。在《史记》中作为程度副词,处于萌芽状态,仅见1例,如:

(1)雍齿雅不欲属沛公,及魏招之,即反为魏守丰。(《高祖本纪》)

此外,"雅"在《史记》中还可以指过去某一时间点到当前的一个时间段,表示动作行为或事物的状态、性质向来如此。共有6例,相当于"一向"、"向来"、"素来"等。如:

(2)今吕氏雅故本推毂高帝就天下,功至大,又亲戚太后之重。(《荆燕世家》)

(3)(刘)孝以为陈喜雅数与王计谋反,恐其发之,……又疑太子使白嬴上书发其事,即先自告,告所与谋反者救赫、陈喜等。(《淮南衡山列传》)

(4)高雅得幸于胡亥,欲立之,又怨蒙毅法治之而不为己也。(《蒙恬列传》)

与否定词连用,直接否定过去到现在的一个时间段,同时也传达了一种否定语气,如:

(5)宪王雅不以长子棁为人数,及薨,又不分与财物。(《五宗世家》)

(6)灵寿娶太宰、顿丘李峻女,与妇父雅不相善,每见抑退,故位不大至。(《魏书》)

（7）武帝雅不好焉，尝问周舍曰："何谓四声？"舍曰："'天子圣哲'是也。"（《南史》）

3. 汉代以后不再用作程度副词（2项）

孔（2）、已（1）

【孔】《说文解字》："孔，通也。""孔"的实词义是"通"、"窟窿"；做状语用于形容词之前，表示程度之甚，可译为"很"、"甚"、"非常"等，与实词义无关，只是用的假借义。依据李杰群（1991）考察，"孔"在春秋之前用法很单纯，全部用作副词，表示程度深。例如：

（1）九江孔殷。（《尚书·禹贡》）

（2）嘉言孔彰。（《尚书·伊训》）

（3）父母孔迩。（《诗经·周南·汝坟》，毛亨传："孔，甚也。"）

表3-4　先秦至西汉"孔"的用例 [1]

	《尚书》	《诗经》[2]	《论语》	《孟子》	《左传》	《墨子》	《荀子》	《庄子》	《韩非子》	《史记》[3]	使用频率		副词与作其他词类之比	
											先秦	《史记》	先秦	《史记》
孔	4/4	60/60	0	0	0/7	0/4	0/1	1/1	0/5	0/2	100%	0	61：17	0：2

说明："孔"，《墨子》有引《尚书》1例，《荀子》、《左传》有引《诗经》例，《史记》有引《楚辞》及《诗经》2例，均不计入表中。

据表3-4统计，《尚书》共用4次，《诗经》68次，全部用作状语，表示程度之深。所以，"孔"在春秋之前即是程度副词。可见，"孔"是最古老的程度副词了。

到了春秋战国之际，副词用例大大减少。《论语》、《孟子》均无例，《墨子》、《荀子》、《左传》均有"孔"例，但是副词"孔"分别引用《尚书》及《诗经》，到了汉代，副词"孔"的用例更少，《史记》仅2例，分别引自《诗经·小雅·都人士之什》、《楚辞·怀沙赋》，如：

（4）诗曰："诱民孔易"，此之谓也。（《乐书》）

（5）眴兮窈窈，孔静幽墨。（《屈原贾生列传》，《史记正义》："孔，甚；墨，

[1]　表中数据参照吕雅贤（1992）统计的有关结论。

[2]　李杰群（1991）统计《诗经》"孔"为68例，吕雅贤（1992）统计为60例，经笔者查考以吕雅贤为准。

[3]　李杰群（1991）统计《史记》"孔"为2例，吕雅贤（1992）统计为4例，经笔者考查以李杰群为准。

无声。"）

有的引文用法甚至被改了,例如《尚书·禹贡》中的"六府孔修"和"九江孔殷","孔"字在《史记·夏本纪》中均改为"甚",即"九江甚中"和"六府甚修"。吕雅贤（1992）认为,"孔"先秦有,《史记》无。笔者认为此种说法是正确的。可见,"孔"作程度副词用法,到《史记》之后的正统文言文中已经消亡。自是而后,虚化的"孔"又复实义"穴"也（《尔雅·释诂》注语）,不再虚用,但在汉赋及其他文学作品中偶有所见,恐为作者有意仿古的缘故。

【已】"已"的基本意思是动词"止",另外还可做句尾语气词、时间副词、程度副词、连词。例如:

（1）轮已崇,则人不能登也。轮已庳,则於马终古登阤也。（《周礼·考工记·轮人》,郑注:"已,太也,甚也。"）

（2）伯高死于卫,赴于孔子。孔子曰:吾恶乎哭诸? 兄弟,吾哭诸庙;父之友,吾哭诸庙门之外;师,吾哭诸寝;朋友,吾哭诸寝门之外;所知,吾哭诸野。于野则已疏,于寝则已重。（《礼记·檀弓上》,郑注:"已,犹太也。"）

（3）孟子曰:"仲尼不为已甚者。"（《孟子·离娄下》,赵注:"已甚,泰过也。"朱熹:"已,犹太也。"）

（4）君欲已甚,何以堪之!（《左传·僖公二十一年》）

据李杰群（1991）文献统计,"已"用作程度副词的情况为《左传》17例,《公羊传》2例,《谷梁传》8例,《论语》2例,《孟子》2例,均修饰形容词。

西汉以后,程度副词"已"除《史记》中例（4）一例引月《左传·僖公二十一年》的例子外,在《论衡》、《法显传》、《世说新语》、《百喻经》等书中,均未发现。

3.1.1.2 表比较度

这类副词在语义上表示程度的加深,在句法结构中既可以修饰形容词,也可以修饰动词谓语。《史记》中这类副词共有13项,单音节词9项,双音节词4项。根据出现时代的先后分别论述如下:

1. 先秦已经产生的副词（11项）

更$_1$（4）、愈（41）、弥（14）、俞（1）、益$_1$（215）、滋（10）、兹（4）、重$_2$（6）、兹益（1）、愈益（10）、加（6）

【更】用在动词或形容词谓语前,可译为"更（加）"、"尤其"、"越发"等,共4例。

（1）吾尝为鲍叔谋事而更穷困,鲍叔不以我为愚,知时有利不利也。（《管晏列传》）

（2）求蓬莱安期生莫能得，而海上燕齐怪迂之方士多更来言神事矣。（《封禅书》）

（3）天子既已封泰山，无风雨灾，而方士更言蓬莱诸神若将可得，于是上欣然庶几遇之，乃复东至海上望，冀遇蓬莱焉。（《孝武本纪》）

上述例（1）"更"修饰形容词"穷困"，例（2）修饰动词短语"来言神事"，例（3）修饰动词"言"。

【加】[1]《尔雅·释诂》："加，重也。"《玉篇》："加，益也。"《词诠》："加，表度副词，益也。"形成于先秦，由动词发展而来。从上古音来看，"加"是见母、歌部，"更"是见母、阳部。"加"与"更"同属"见"母，"歌"部与"阳"部邻类通转，故"加"与"更"韵亦通，故二字可相通借。用于形容词、动词谓语之前，可译为"更"、"更加"、"越发"等，共6例。如：

（1）比如顺风而呼，声非加疾，其势激也。（《游侠列传》）

（2）秦王竟酒，终不能加胜于赵。（《廉颇蔺相如列传》）

程度副词之前不出现否定副词，唯"加"一词例外。"加"前有4次皆有否定副词（"非"1例，"不"3例），其中还有1例是后加否定词"不"，如：

（3）易王母，文侯夫人也，与苏秦私通。燕王知之，而事之加厚。（《苏秦列传》）

《史记》中"加"除了程度副词用法，还有连词用法，用于复句的后一分句，表示递进关系，可译为"加以"、"加上"、"再加上"等。如：

（4）于戏！荤粥氏虐老兽心，侵犯寇盗，加以奸巧边萌。（《三王世家》）

（5）夏，遂还泰山，修五年之礼如前，而加以禅祠石闾。（《封禅书》）

【愈、俞】《小尔雅·广诂》："愈，益也。""俞"、"愈"声韵全同，皆是喻母、侯部，二字声韵皆同，故可相通。《广雅·释诂》："俞，益也。""愈"与"俞"均常用于形容词或动词谓语前，可译为"更加"、"越发"等，《史记》中"愈"41例，"俞"仅1例。其中，"愈"11例修饰形容词，30例修饰动词；"俞"修饰动词。如：

（1）栗姬愈恚恨，不得见，以忧死。（《外戚世家》）

（2）以益强之秦而割愈弱之赵，其计故不止矣。（《平原君虞卿列传》）

（3）赵高乃言曰："臣闻先帝欲举贤立太子久矣，而毅谏曰'不可'。若知贤而俞[2]弗立，则是不忠而惑主也。以臣愚意，不若诛之。"（《蒙恬列传》）

【愈益】用于谓语前，二字同义，均表达"更加"、"越发"之意，杨树达《词

---

[1]　杨树达《高等国文法》："加，表态副词。"李杰群：《上古汉语程度副词考辨》，载《纪念王力先生九十诞辰文集》，山东教育出版社1992年版，第327页，认为"加"不是副词，为动词，可商榷。

[2]　"俞"意义、用法同"愈"。《索隐》："俞即踰也，音臾。谓知太子贤而踰久不立，是不忠也。"

诠》："愈，弥也，益也。较前加甚之词。""益，愈也，更也。刘淇云：加甚之词。"
共 10 例。

（1）上愈益贵弘、汤，弘、汤深心疾黯，唯天子亦不说也，欲诛之以事。（《汲
郑列传》）

（2）今王始诈病，及觉，见责急，愈益闭，恐上诛之，计乃无聊。（《吴王濞列传》）

"愈益"作为双音节副词除了表达程度之深之意，而且还表达强烈而舒缓的时
间推进感，单个"愈"或"益"都不能替代。

【弥】用于形容词前，可译为"更（加）"、"越（发）"等，共 14 例。

（1）自此之后，方士言祠神者弥众，然其效可睹矣。（《封禅书》）

（2）孔子循道弥久，温温无所试，莫能己用。（《孔子世家》）

"弥"的上文往往还有其他谓语，如例（1）的"言"，例（2）的"循"。

《史记》中还存在"弥……弥……"、"弥……愈……"固定格式，见 3.1.2 节。

《史记》中的"弥"除了副词用法，还有动词用法，可译为"遍布"、"满"、
"尽"等，如：

（3）列卒满泽，罘罔弥山，揜兔辚鹿，射麋脚麟。[1]（《司马相如列传》）

【益】"益"与"弥"通用互借。从上古音来看，"弥"属于明母、支部，"益"
属于影母、锡部。"明"母与"影"母可相通转（《古今声类通转表》卷五《喉唇
通转》中列有"影明"两母通转一节），且"支"、"锡"阴入对转，二字声通韵通，
故而通用互借。"益"用在形容词或动词谓语前，可译为"更加"、"越加"、"越
来越"等，共 215 例。其中，89 例修饰动词，126 例修饰形容词。如：

（1）为君计，莫若遣君子孙昆弟能胜兵者悉诣军所，上必益信君。（《萧相国世家》）

（2）今汉兵众强，今即幸胜之，后来益多，终灭国而止。（《东越列传》）

上述两例中的"上必益信君"与"后来益多"，均和上文形成因果关系，由于
上文的条件或原因，造成"益"句所表示的结果。

《史记》中还出现了"益……益……"、"益……益……益"搭配的句子，见
3.1.2 节。

【重】由动词发展而来，多用于动词谓语前，可译为"尽全力"、"非常"、"很"、
"更加"等，共 6 例。如：

（1）诊法曰："二阴应外，一阳接内者，不可以刚药。"刚药入则动阳，阴病益衰，
阳病益著，邪气流行，为重困于俞，忿发为疽。（《扁鹊仓公列传》）

---

[1] 此例引自司马相如的《子虚赋》。

（2）故病有六不治：骄恣不论于理，一不治也；轻身重财，二不治也；衣食不能适，三不治也；阴阳并，藏气不定，四不治也；形羸不能服药，五不治也；信巫不信医，六不治也。有此一者，则重难治也。（《扁鹊仓公列传》）

【兹、滋】《说文解字》："兹，草木多益。"《说文》："滋，益也。从水，兹声。"《小尔雅·广诂》也云："滋，益也。"从上古音来看，"兹"与"滋"皆属精母、之部。清朱骏声《说文通训定声·颐部》："滋，假借为兹，实为兹之误字。"《古代汉语虚词词典》："兹"与"滋"通。均用于动词或形容词谓语前，可译为"更"、"更加"等。"兹"4例，"滋"10例。如：

（1）且夫邛、莋、西僰之与中国并也，历年兹多，不可记已。（《司马相如列传》）

（2）刑罚罕用，罪人是希。民务稼穑，衣食滋殖。（《孝文本纪》）

《史记》中"兹"还可用于近指代词，可作主语、宾语、定语。译为"此"、"这个"、"这里"等。如：

（3）大王事秦，秦必求宜阳、成皋。今兹效之，明年又复求割地。（《苏秦列传》）

（4）今罢三郡之士，通夜郎之涂，三年于兹，而功不竟。（《司马相如列传》）

有关"滋"更详细用法见后文"汉代以后不再用作程度副词"部分。

【兹益】始见于春秋战国，用于动词谓语之前，可译为"更加"，仅1例。如：

（1）及正考父佐戴、武、宣公，三命兹益恭。（《孔子世家》）

2. 西汉新产生的副词（2项）

滋益（1）、尤益（1）

【滋益】具体参见4.3节"更"类副词的讨论。

【尤益】具体参见3.1.1.1节西汉新产生的副词"尤"。

3. 汉代以后不再用作程度副词（1项）

滋（10）

【滋】据李杰群（1991）的研究成果，"滋"在先秦有两个意思：一为滋长、增多，这是动词，一般作谓语。例如：

（1）树德务滋，除恶务本。（《尚书·泰誓》）

（2）何故使吾水滋。（《左传·哀公八年》）

另一意是"更加"，这是从"增多"义引申出来的，做状语，先秦就已虚化为副词，与"孔"一样，也是较古老的程度副词。如：

（3）所丧滋多。（《左传·昭公十五年》）

（4）法令滋彰，盗贼多有。（《老子·五十七章》）

（5）位滋尊而礼愈恭。（《荀子·尧问》）

（6）滋欲杀之甚。（《公羊传·宣公六年》）

（7）人多伎巧，奇物滋起。（《老子·五十七章》）

上述前4例修饰形容词，后2例修饰动词。《史记》中程度副词"滋"有10例，如：

（8）传子至孙右渠，所诱汉亡人滋多，又未尝入见；真番旁众国欲上书见天子，又拥阏不通。（《朝鲜列传》）

（9）武安由此滋骄，治宅甲诸第。（《魏其武安侯列传》）

（10）刑罚罕用，罪人是希。民务稼穑，衣食滋殖。（《孝文本纪》）

（11）自温舒等以恶为治，而郡守、都尉、诸侯二千石欲为治者，其治大抵尽放温舒，而吏民益轻犯法，盗贼滋起。（《酷吏列传》）

《史记》中"滋"还有名词用法，译为"滋味"等。如：

（12）未者，言万物皆成，有滋味也。（《律书》）

《史记》中"滋"除了副词与名词用法，还有动词用法，译为"滋生"、"滋长"等。如：

（13）子者，滋也；滋者，言万物滋于下也。（《律书》）

表3-5　先秦至东汉程度副词"滋"的用例

	修饰形容词	修饰动词	合计
《左传》	8	3	11
《老子》	2	1	3
《庄子》	2	0	2
《孟子》	2	0	2
《荀子》	1	1	2
《公羊传》	0	1	1
《史记》	7	3	10
《论衡》	1	0	1
《法显传》	0	0	0

说明：《尚书》、《诗经》、《论语》、《墨子》、《韩非子》、《谷梁传》等无程度副词"滋"。

由表3-5可知，《论衡》中程度副词"滋"仅1例，《法显传》等无，可见，东汉以后程度副词"滋"消失了。

3.1.1.3 表弱度

这类副词语义上表示程度轻微,在句法结构中一般修饰形容词、动词谓语。《史记》共有9项,均为单音词。根据出现时代的先后分别论述如下::

1. 先秦已经产生的副词(6项)

粗$_1$(1)、略$_1$[1](2)、少$_1$(17)、小(6)、浅(10)、微$_1$(7)

【粗】用在动词谓语前,可译为"大体上"、"大致"等,仅1例。如:

(1)陆生乃粗述存亡之征,凡着十二篇。(《郦生陆贾列传》)

【略】用于动词谓语前,可译为"大略"、"稍微"等,仅2例。具体详见4.4.1.3节"略"的副词化。

【少(shāo)】用于动词前,可译为"稍微"、"略微"等。共17例。如:

(1)神君言曰:"天子毋忧病。病少愈,强与我会甘泉。"(《封禅书》)

(2)良医知病人之死生,而圣主明于成败之事,利则行之,害则舍之,疑则少尝之,虽舜禹复生,弗能改已。(《范雎蔡泽列传》)

【小】用于动词、形容词前,可译为"稍微"、"稍稍地"等。共6例。如:

(1)高祖时天下新定,人民小安,未可复兴兵。(《律书》)

(2)夫天运,三十岁一小变,百年中变,五百载大变;三大变一纪,三纪而大备:此其大数也。(《天官书》)

【浅】用于动词谓语前,可译为"微"、"少"、"薄"等,共10例。如:

(1)小吏浅闻,不能究宣,无以明布谕下。(《儒林列传》)

(2)非好学深思,心知其意,固难为浅见寡闻道也。(《五帝本纪》)

【微】用于动词谓语前,可译为"稍微"、"略微"等,共7例。具体详见4.4.1.2节"微"的副词化。

2. 西汉新产生的副词(3项)

颇(72)、差(1)、稍(4)

【颇】"颇"与"薄"[2]、"略"可相通互用。从上古音来看,"颇"属滂母、

---

[1] 李杰群(1991)认为,"略"在先秦两汉是形容词,不是副词。

[2] 副词"薄"《史记》未见。

歌部，"薄"属并母、铎部，"略"属来母、铎部。三字或叠韵或韵近（"歌"、"铎"对转），且"颇"与"薄"又为旁纽双声，依上古有复辅音说，则与"略"又当为双声，故此可相通互用。

《史记》"颇"共 166 例，用作人名 91 例，用作"偏颇"义 3 例，用作程度副词 72 例，如：

（1）最以父死颇有功，为温阳侯。（《朝鲜列传》）

（2）平阳侯颇闻其语，乃驰告丞相、太尉。（《吕太后本纪》）

（3）神未至而百鬼集矣，然颇能使之。（《孝武本纪》）

（4）韩生推诗之意而为内外传数万言，其语颇与齐鲁间殊，然其归一也。（《儒林列传》）

（5）是时财匮，战士颇不得禄矣。（《平准书》）

（6）自大宛以西至安息，国虽颇异言，然大同俗，相知言。（《大宛列传》）

以上"颇"都用作程度副词，从"颇"所修饰的词语来看，不但有动词、形容词，而且还有助动词、介词、副词。据统计，"颇"在《史记》中所修饰的动词有"有（13次）"、"采（7次）"、"闻（3次）"、"受（3次）"、"通（2次）"、"得（2次）"，其中"见"、"能"、"著"、"言"、"连"、"遁"、"用"、"败"、"忘"、"予"、"中"、"泄"、"及"、"食"、"置"、"被"、"觉"、"知"、"秘"、"恐"、"起"、"推"、"征用"、"捕斩"等各 1 次；所修饰的助动词有"能（3次）"、"可（2次）"得以（1次）等；所修饰的介词有"与（3次）"、"以（2次）"、"用（1次）"等；所修饰的副词有"不（3次）"；所修饰的形容词有"坏（1次）"、"异（1次）"等。这是"颇"区别于《史记》中其他程度副词的很大一个特点。"当一个普通词汇变成一个语法标记时，它们的使用范围和搭配能力几乎毫无例外地会扩大。"[1] 其他程度副词如"至"，所修饰的"大"、"尊"、"高"、"盛"、"厚"、"富贵"、"贵倨"、"困约"、"浅鲜"、"紧小"等，都是形容词或形容词性词组。再如"极"，所修饰的"难"、"幽"、"忠"、"烦"、"大"、"博"、"愚"、"贵"、"短"、"惨"、"罢（疲）"、"哀"、"简易"、"知"等，其中绝大多数是形容词，只有个别是动词，而且是认知方面的动词。又如"绝"、

[1] 石毓智、李讷：《汉语语法化的历程》，北京大学出版社 2000 年版，第 396 页。

"甚"、"良"、"殊"、"尤"、"最"等程度副词，也都主要是修饰形容词。"颇"虽然是一个副词，但是从它所修饰的词来看，并不是一个典型的程度副词。

《说文解字·页部》："颇，头偏也。"段注："引申为凡偏之称。……俗语曰颇多颇久颇有，犹言偏多偏久偏有也。"本义是"头偏"，引申后，泛指"偏"、"倾斜"、"不正"。如：

（7）君刑已颇，何以为盟主？（《左传·昭公二年》，杜预注："颇，不平。"）

（8）昭子朝而命吏曰："婼将与季氏讼，书辞无颇。"（《左传·昭公十二年》，杜预注："颇，偏也。"）

（9）正义之臣设，则朝廷不颇。（《荀子·臣道》）

此外，《史记》的"颇"还有90例用作人名，这里不予细述。另外，还有3例用作形容词，如：

（10）朕闻天不颇覆，地不偏载。（《匈奴列传》）

（11）毋偏毋颇，遵王之义。（《宋微子世家》）

（12）人用侧颇辟，民用僭忒。（《宋微子世家》）

上述前两例引自《尚书》，都做谓语。最后一例"颇"、"偏"互文对举，"颇"、"偏"显然同义。《汉书·匈奴传上》有此句，颜师古曰："颇，亦偏也。"《词诠》卷一解释"偏"字时引此句，且认为"偏，副词"。笔者认为此处的"颇"虽做状语，但更多保留了"偏"字的基本义。由此虚化为副词，表示动作行为、性状的程度轻或数量少，相当于"稍微"、"略微"等。

"颇"在用作副词时，它的语义一直是一个有待深入研究的问题。一般的语法著作、辞书以及古汉语教科书，在谈及"颇"的用法时，都认为"颇"同时具有表示程度深或浅两种用法，而且还举《史记》中的用法为例。洪成玉（1997）参考了魏晋时期的工具书和唐人对《史记》、《汉书》和《昭明文选》的注释，明确提出，至少在唐代以前，"颇"只有表示程度少一种语义。笔者同意此说，因为一种语法现象在产生之初，用法不稳定是可能的，但绝不可能在同一作者笔下出现截然相反的两种用法。

表 3-6 汉以后程度副词"颇"的用例

	偏颇义		比较义状语	合计
	谓语	状语		
《史记》	2	1	72	75
《论衡》	0	0	24	24
《法显传》	0	0	0	0
《世说新语》	0	0	14	14
《百喻经》	0	0	0	0

由表 3-6 可知，到了东汉，"颇"的语法功能已有扩大，如《论衡》中一共用了 24 个"颇"，全部用作副词。《史记》中的"颇"修饰形容词仅 2 例，而《论衡》中则 6 例。所修饰的形容词有"博"、"多"、"难"、"深"、"文"、"久"等。不仅绝对数量多，而且比例也更大。《史记》中"颇"修饰形容词的比例仅占 2% 强，而《论衡》中占 25%。但是"颇"的语义仍然是偏或稍，或表示保留、有分寸地肯定或否定。

据考察，唐宋以后"颇"的词义才开始发生变化。变化的主要表现为表示程度的幅度逐渐加深，相当于"很、甚"之义。如：

（12）太祖之破袁术，仁所斩获颇多。（《三国志·魏志·曹仁传》）

（13）宋江见说这段情由，颇觉凄惨。（《水浒传》第九十八回）

现代汉语中"颇"只表示程度深或数量多，其他意义则消失了。

【差】程度副词"差"《史记》只出现 1 例，如下：

（1）故白金三品：其一曰重八两，圜之，其文龙，名曰"白选"，直三千；二曰以重差小，方之，其文马，直五百；三曰复小，撱之，其文龟，直三百。（《平准书》）

可见"差"为程度副词，先秦已经萌芽，不过很少见，下面我们就探讨一下"差"的各种用法，及其这些用法的来源和发展。

A. 副词"差"的语法意义及其特点

"差"用于动词或形容词前，可表程度高，也可表程度轻微，汉代已见，如：

（2）广汉叹曰："乱吾治者，常二辅也！诚令广汉得兼治之，直差易耳。"（《汉书·赵广汉传》）

（3）从塞以南，径深山谷，往来差难。（《汉书·匈奴传下》）

（4）桓谭以不善谶流亡，郑兴以逊辞仅免，贾逵能附会文致，最差贵显。（《后

汉书·假遂传》）

"最"、"差"同义复用，"差"即"最"。

（5）济北李登，为从事吏，病，得假归家，复移刺延期，后被召，登自嫌不甚羸瘦，谓双生第宁曰："我兄弟相似，人不能到，汝差类病者，代我至府。"（《风俗通义·佚文》）

以上"差"表程度高，相当于"很，特别"。有关"差"字用法，高育花（1999）、葛佳才（2005）都有所论述，其中高育花认为"差"表示程度高的用法，中古时期开始出现并流行起来；而葛佳才认为汉代已见。据考察，表程度高的"差"出现在汉代，流行于中古，近代汉语中还可见到，发展到现代汉语中则完全消失。

此外，"差"也可表程度轻微，可译为"略，稍微"，如：

（6）广汉奏请，令长安游徼狱吏秩百石，其后百石吏皆差自重，不敢枉法妄系留人。（《汉书·赵广汉传》）

（7）帝时遣人观大司马何为，还言方修战攻之具，乃叹曰："吴公差强人意，隐若一敌国矣！"（《后汉书·吴汉传》）

（8）今耳目闻见，与人无别；遭事睹物，与人无异，差贤一等耳，何以谓神而卓绝？（《论衡·知实》）

副词"差"字表程度轻微的用法始见于汉代，中古时期比较常见，近代汉语中比较少见，发展到现代汉语已完全消失。

当"差"与否定词连用时，可以加强否定语气。据葛佳才（2005）考证，此种用法约始见于魏晋六朝，如：

（9）魏讽、曹伟，事陷恶逆，著以为诚，差无可尤。（《三国志·魏志·王昶传》）

（10）河北悉是旧户，差无杂人，连岭判阻，三关作隘。（《宋书·谢灵运列传》）

（11）丞言曰："一日有期，差不为疑。"（《周氏冥通记》卷二）

董志翘、蔡镜浩（1994）认为"差"在否定句中表示对情况的全面否定，是由表示程度最高的用法发展而来的。高育花（1999）则认为"差"表示否定，是由表示程度偏低的用法发展而来的。"差"既可表程度高，也可表程度低，与"无"、"不"、"未"、"非"等连用，都可能表示彻底否定的用法。此种用法发展到现代汉语已完全消失。

"差"字作为副词，语义指向比较复杂。作为程度副词，表示程度高时，"差"的语义均指向它所修饰的谓语部分，表示程度低微时，"差"在语义上同时联系着两个或两个以上的对象；表示否定时，"差"的语义均指向主语。

B. 副词"差"的来源及其发展

《说文解字·左部》："差，贰也，差不相值也。"段玉裁改为"差，贰也，左不相值也。"注云："贰，各本作贰；左，各本作差。今正。贰者，忒之假借字。《心部》曰：忒，失当也。失当即所谓不相值也。……云左不相值也者，左之而不相当则差矣，今俗语所谓左也。"本义为"失当，差错"，引申为"歪斜"，所以《广雅·释诂二》曰："差，衺也。"如《淮南子·本经训》："衣无隅差之削。"高诱注："差，邪也。""邪"即不正，不居中，所以"差"字又由此虚化为副词，表示程度的高或低，与"无"、"不"、"未"、"非"等连用，都可能表示彻底否定的用法。

整理副词"差"的虚化过程，可以图示如下：

差（失当、差错）→歪斜、不正 ⟨ 表程度低
表程度高→表示彻底否定

"差"字作为一个副词，它的使用频率一直比较低，特别是在口语性比较强的一些作品中，如在本书所检阅的 10 部佛经语料中，均未发现"差"做副词的用法。本书对《史记》至魏晋南北朝时期比较有代表性的文献中副词"差"的用法进行了统计，具体情况见表 3-7。

表 3-7 《史记》至魏晋南北朝副词"差"的用例

	表示程度低		表示程度很高		表示彻底否定		总计
《史记》	1	100%	0	0	0	0	1
《论衡》	1	100%	0	0	0	0	1
《搜神记》	2	100%	0	0	0	0	2
《世说新语》	2	40%	3	60%	0	0	5
《三国志》	0	0	1	100%	0	0	1
《后汉书》	1	100%	1	100%	0	0	2
《宋书》	0	0	3	75%	1	25%	4
《洛阳伽蓝记》	0	0	0	0	0	0	0
《颜氏家训》	0	0	0	0	0	0	0
总计	7	43.75%	8	50%	1	6.25%	16

从表 3-7 中我们可以看出，副词"差"从总体上来看使用较少，其中表示程度高

的用法稍多，特别是在史书中；表示程度低的用法相对来说要少些；表示彻底否定的用法最少，在本书所检阅的9部作品中仅有1例。之所以出现这种情况，除了由于文体不同、作者的习惯用语不同等外部原因外，还与整个系统的发展演变有关。

从表3-7中我们还可以看出，副词"差"字表示程度偏低的用法呈明显下降趋势，究其根由，除了由于副词"差"字本身语义过于虚灵，从而增加了理解难度这一内部原因外，同时也与西汉以来表示程度低的整个副词系统有关。西汉时期表示程度低的副词主要有"差、粗、略、颇、稍、少、微"等，其中"略、颇、稍、少、微"是上古汉语中就已经使用的，副词"差"字作为一种新兴的语法现象，不仅语义模糊，句法功能方面也没有什么优势，所以使用频率始终较低，加之中古时期双音节"粗略"、"多少"的出现，更促成了副词"差"表程度低用法的进一步衰退。

副词"差"表示否定的用法一直很少见，一方面由于它本身的组合功能不强，而且语义指向单一，均指向主语部分；另一方面，组合能力强、语义指向宽泛的副词"都"的兴起，也在很大程度上限制了"差"字的发展。

副词"差"的用法和副词"颇"的部分用法重合，都可表示程度的高或低。但是从总的使用频率上看，"颇"要高出"差"。笔者对《史记》至魏晋南北朝时期的五部作品中副词"差"和"颇"的这两种用法进行统计，具体情况见下表：

表3-8　《史记》至魏晋南北朝副词"差"、"颇"的用例

	表示程度低		表示程度高		总计
	差		颇		
《史记》	1	1.47%	67	98.5%	68
《论衡》	1	4.16%	17	70.83%	18
《搜神记》	2	33.3%	1	16.7%	3
《世说新语》	2	10.5%	5	26.3%	7
《颜氏家训》	0	0	2	18.2%	2

从表3-8我们可以看出同一部作品中，副词"颇"字的使用频率明显高于"差"字。这是由于"颇"字在表示程度时语义的丰富性是一个很重要的原因。在表示程度时，副词"颇"比"差"应用范围更广一些，它不仅可以表示基准与最低度、最高度之间各种具体的或含糊的程度，还具有委婉的用法，从而使一些不好的、事态严重的事情的程度显得比实际情况要低浅一些。所以在表示程度时，副词"颇"比"差"

更常见。同时，这也是副词"差"字比较少见的一个重要原因。

【稍】具体详见 4.4.1.1 节"稍"的副词化。

3.1.2 程度副词的搭配使用

《史记》程度副词的搭配使用有 4 对："弥……弥……"、"弥……愈……"、"益……益……"（3 例）、"益……益……益"，一例引自《论语·子罕》，一例引自司马相如赋。例如：

（1）颜渊喟然叹曰："仰之弥高，钻之弥坚。"（《孔子世家》）

（2）夐邈绝而不齐兮，弥久远而愈昧。（《司马相如列传》）

（3）刚药入则动阳，阴病益衰，阳病益著，邪气流行，为重困于俞，忿发为疽。（《扁鹊仓公列传》）

（4）海内人道益深，其德益至，所乐者益异。（《乐书》）

（5）后朝，上益庄，丞相益畏。（《袁盎晁错列传》）

（6）居三日，宋忠见贾谊于殿门外，乃相引屏语相谓自叹曰："道高益安，势高益危。居赫赫之势，失身且有日矣。"（《日者列传》）

两个程度副词前后呼应可以构成复句框架，表示并列或递进关系，即后项的程度随前项的增加而增加。[1] 如例（1）、例（2），前后两项为因果关系，前句表原因，后句表结果。译时前句的"益"可译为"越"，后句的"益"可译为"越加"或"越来越"，如例（3）至例（6）。

据黄珊（2005）统计，《荀子》一书搭配使用的副词有 4 对，而《史记》程度副词搭配使用则只能算 2 对，引用不算。这可能与双音节词副词的连用有必然关系，如："滋益、兹益、愈益。"

3.1.3 程度副词的语法功能及其特点

表 3-9 《史记》程度副词语法功能

类别	副词	动谓	形谓	名谓	介宾	合计
表强度 （26 项）	大₁	0	252	2	0	254
	太	0	6	16	0	22
	泰	0	1	0	0	1

---

[1] 参见殷国光：《吕氏春秋词类研究》，华夏出版社 1997 年第 1 版. 第 284 页。

续表 3-9

类别	副词	动谓	形谓	名谓	介宾	合计
表强度 （26项）	已₁	0	1	0	0	1
	以₁	0	1	0	0	1
	至	9	34	0	0	43
	最	13	27	0	0	40
	孔	0	2	0	0	2
	甚	67	180	0	0	247
	万	1	4	0	0	5
	几₁	23	6	0	0	29
	痛	4	0	0	0	4
	稍₁	0	1	0	0	1
	厚	51	0	0	0	51
	极	15	8	0	0	23
	犹₁	4	2	0	0	6
	绝	6	6	0	0	12
	尽₁	28	5	0	0	33
	重₁	2	0	0	0	2
	奇	1	0	0	0	1
	何其	0	15	0	0	15
	殊	8	3	0	0	12
	尤	13	23	0	0	36
	倍	1	0	0	0	1
	良₁	3	20	0	0	23
	雅₁	1	0	0	0	1

类别	副词	动谓	形谓	名谓	介宾	合计
表比较度 （13 项）	更₁	2	1	1	0	4
	愈	11	18	0	0	29
	俞	1	0	0	0	1
	益₁	56	66	0	0	122
	愈益	9	1	0	0	10
	弥	0	14	0	0	14
	重₂	6	0	0	0	6
	加	1	5	0	0	6
	兹	1	3	0	0	4
	滋	3	7	0	0	10
	兹益	1	0	0	0	1
	滋益	0	1	0	0	1
	尤益	1	0	0	0	1
表示弱度 （9 项）	粗	1	0	0	0	1
	略₁	2	0	0	0	2
	少₁	17	0	0	0	17
	小	5	1	0	0	6
	浅	10	0	0	0	10
	微₁	7	0	0	0	7
	颇	62	4	0	6	72
	差	0	1	0	0	1
	稍₂	4	0	0	0	4
总数（次）		453	717	19	6	1 195
百分率（%）		37.91	60.00	1.59	0.50	100

表 3-10　先秦至西汉程度副词简况

	表强度	表比较度	表弱度	总计	百分率
先秦产生	20	11	6	37	77.08%
西汉产生	6	2	3	11	22.92%
合计	26	13	9	48	100%

由表 3-9、表 3-10 可知，程度副词在《史记》中具有以下特点：

首先，据韩陈其（1988）统计，古代汉语单音程度副词大约有 91 个，而《史记》的单音程度副词共有 43 个，占古汉语单音程度副词总数的 47.25%。[1] 单音程度副词中使用频率最高的为"大（254）"、"甚（247）"、"益（122）"、"颇（72）"、"厚（51）"、"至（43）"、"最（40）"7 个，凡 829 次，据李波（2006）研究，这些词为《史记》的核心词；余下 41 个仅出现 366 次，其中仅出现 1 次的有 12 个。可见，其出现频率极不平衡。

其次，《史记》的 48 项程度副词中，有 77.08% 是先秦产生的，占 37 项，先秦产生的副词是西汉新产生的副词的近 4 倍。由此可见，《史记》又是极为不平衡的。表弱度的副词先秦产生的与西汉产生的分别为 6 项与 3 项，大体持平，而表强度与表比较度的副词先秦产生的比西汉出现的要少得多。

再次，表弱度的程度副词出现较晚，尚处在未完全发育阶段，多数处在萌芽状态。据统计，《周易》、《诗经》、《论语》、《孟子》、《墨子》5 部书中没有此类副词。而且每个词的使用频率都不高，相比之下，先秦多用"少"，《史记》多用"颇"，《史记》"颇"多达 72 例；程度副词以表程度高为主，表比较度和表弱度的副词不但词的数量少，而且各词的使用频率也低，这与先秦汉语程度副词的使用情况基本一致。

最后，此期使用的复音副词有"何其"、"滋益"、"兹益"、"愈益"、"尤益"5 个，其中"滋益"与"尤益"是新产生的，系同义连用而成（"尤"也有表示程度深的用法）；可修饰单音词（16 次），也可修饰复音词或短语形式（17 次），这是前期没有的现象。

---

[1]　吴庆峰（2011）认为，这可能与《史记》的篇幅大（约 52 万字）有关，篇幅大的书可能使用的副词就多些。

3.2 范围副词

关于范围副词，各家的定义都不尽相同，其中尤以何乐士（2000）对范围副词的界定最具代表性："范围副词是对主语或宾语与谓语发生关系时的范围或谓语本身的范围表示总括或限定等的副词。"综合学者们的研究成果，本书给范围副词下的定义是：范围副词是在句法结构中主要修饰谓词性成分（少数修饰体词性谓语），表示主语或宾语与谓语发生关系时的范围、数量，或者谓语本身的范围、数量的副词。它可以位于主谓之间，也可以位于句首。

范围副词在以往的语法论著中名称各异。《文通》将其归入"度事成之如许"的"状字"，但却将"皆、尽、具、悉、遍、都、咸"等具有总括作用的副词归入代词一类中的"约指代词"；黎锦熙《新著国语文法》将其归入"数量副词"；杨树达《高等国文法》将其归入"表数副词"；王力《中国现代语法》称"数量修饰"；赵元任《汉语口语语法》称"范围和数量副词"。

不仅如此，范围副词内部也存在着相当大的差异，有的立足于某一范围内的全体对象，显示这一范围内全体成员所具有的同质性；有的侧重于某一范围个别成员，突出其不同于其他成员的异质性。从所出现的句法环境来看，有的范围副词只能出现于谓词性成分前，不能出现于体词性成分前；有的既可以出现于谓词性成分前，也可以出现于体词性成分前。

3.2.1 范围副词分类

范围副词内部的划分不同，朱德熙（1982）将现代汉语的范围副词分为两类：一类标举它前边的词语的范围，另一类标举它后面词语的范围。李运熙（1993）、钱兢（1999）等将范围副词分为总括类、限制类、外加类三类。张谊生（2001a）根据不同的标准对现代汉语范围副词进行了多角度的分类：根据表义功能，分为统括性范围副词、唯一性范围副词以及限制型范围副词三类；根据句法功能，分为附体性范围副词与附谓性范围副词；根据语义指向，分为前指范围副词与后指范围副词、单指范围副词与多指范围副词、实指范围副词与虚指范围副词等。

《史记》范围副词共 77 个，单音词 55 个，复音词 22 个。本研究按照语义、语义指向和语法功能的不同，把范围副词分为两类：表总括、表限定。

3.2.1.1　表总括

这类副词的语义特征是表示总括无例外，大多数情况下，总括对象位于总括副词之前。

总括副词的语义大多指向主语，但也有指向其他对象的，如宾语、状语、兼语或谓语所表示的性质状态本身等。现代汉语中，总括副词的语义指向为宾语时很受限制，只有在某些特定的句式中才能指向宾语（参见马真，1983），但上古汉语中却没有这种限制，如《史记》中的"都"就能自由地总括句子中的宾语。

总括副词的功能特征是可以修饰动词或动词性短语、形容词或形容词性短语，有时也能修饰名词或名词性短语、数量名短语以及句子形式。

《史记》中，表示总括的范围副词共有 48 项，单音词 32 项，双音词 16 项。

1. 先秦已经产生的副词（43 项）

皆（1408）、皆各（6）、胥皆（1）、尽$_2$（161）、类（1）、悉（109）、咸（24）、凡（136）、毕（9）、偕（10）、遍（13）、徧（4）、率（1）、俱（105）、具（37）、全（22）、索（1）、殚（3）、胜（30）、举（1）、亦$_1$（5）、共（58）、兼（7）、备（1）、相$_1$（6）、交（4）、同（48）、并（48）、並（6）、大氐（1）、大抵（13）、大底（1）、大凡（1）、大率（2）、大体（1）、各（275）、各自（18）、专（5）、无虑（1）、一体（1）、一切（1）、与皆（2）、与偕（1）

【皆】《说文解字》："皆，俱词也。"《史记》中"皆"出现 1 408 例，全部用作副词，其使用频率居总括范围副词的首位，使用面最广。就其作用而言，"皆"都充当状语，用来修饰充当谓语中心语的动词、形容词，还有 278 例用在名词性成分前，它可以总括人（1 302 次），也可以总括事物（106 次）。总括人的如：

（1）申骆重婚，西戎皆服，所以为王。（《秦本纪》）

（2）三河太守皆内倚中贵人，与三公有亲属，无所畏惮，宜先正三河以警天下奸吏。（《田叔列传》）

（3）尧知契、稷皆贤人，天之所生，故封之契七十里，后十余世至汤，王天下。（《三代世表》）

（4）伍奢有二子，皆贤，不诛且为楚忧。（《伍子胥列传》）

总括事物的如：

（5）以为汉皆已得赵王将矣，兵遂乱，遁走，赵将虽斩之，不能禁也。（《淮阴侯列传》）

（6）如是，则天下事皆可图也。（《淮阴侯列传》）

（7）赵军已不胜，不能得信等，欲还归壁，壁皆汉赤帜，而大惊。（《淮阴侯列传》）

（8）乃立子恒为代王，都中都，代、雁门皆属代。（《韩信卢绾列传》）

"皆"同时还可以与否定副词"不"、"无"、"非"连用，例如：

（9）刺者至关中，问袁盎，诸君誉之皆不容口。（《袁盎晁错列传》）

（10）寡人素事南越三十余年，其王君皆不辞分其卒以随寡人，又可得三十余万。（《吴王濞列传》）

（11）王恢等兵三万，闻单于不与汉合，度往击辎重，必与单于精兵战，汉兵势必败，则以便宜罢兵，皆无功。（《韩长孺列传》）

（12）然皆非公侯之后，非长官之吏也。（《平津侯主父列传》）

《史记》中的"皆"全部位于否定词的前面，表示完全否定。东汉时出现用在否定词后面的例子。

"皆"在大多数句子中语义前指，指向句子的主语；在有的句子中"皆"也指向句子的宾语，李杰群（1996）总结出"皆"语义指向宾语时，其格式是："皆＋动词＋之（指代复数）"。例如：

（13）当是时，诏捕诸时在旁者，皆杀之。（《秦始皇本纪》）

（14）寿宫神君最贵者太一，其佐曰大禁、司命之属，皆从之。（《封禅书》）

例（13）句中"皆"范围指向动词"杀"的宾语"之"，即当时在旁边的人；例（14）句中"皆"范围指向"从"的宾语"之"，即"大禁、司命之属"。

据易孟醇（1989）研究，《史记》在引用《尚书·尧典》时，有用"皆"取代"佥"、"咸"的现象，如：帝曰："咨！四岳！汤汤洪水方割，荡荡怀山襄陵，浩浩滔天。下民其咨，有能俾乂？"佥曰："於！鲧哉！"《五帝本纪》引作"皆曰鲧可。"又如"允厘百工，庶绩咸熙。"《五帝本纪》引作"信饬百官，众功皆兴"。

【皆各】《虚词历时词典》："皆，都。二字同义。"共6例。

（1）此三君者，皆各以变古者失其国而殃及其身。（《蒙恬列传》）

（2）而山川园池市井租税之入，自天子以至于封君汤沐邑，皆各为私奉养焉，不领于天下之经费。（《平准书》）

（3）出骁，出冉，出徙，出邛、僰，皆各行一二千里。（《大宛列传》）

【胥皆】《虚词历时词典》："胥皆，都。二字同义。"仅1例。

（1）殷民咨胥皆怨，不欲徙。（《殷本纪》）

【类】《虚词历时词典》：“类，犹‘虑’。都。”仅1例。

（1）岩穴之士，趣舍有时若此，类名堙灭而不称，悲夫！（《伯夷列传》）

【尽】《说文解字》：“尽，器中空也。”本义是倒空，引申为全部用出。李杰群（1996）认为，是由动词“全部用出”之意虚化范围副词的，虚化后有“全”、“都”之意。在《史记》中出现161例，其中修饰形容词的23例，修饰充当谓语中心语的名词的10例，其余全部修饰动词，“尽”和它所修饰的词语结合紧密，中间不能插入别的词语，例如：

（1）（颜）回年二十九，发尽白，蚤死。（《仲尼弟子列传》）

（2）尝从武安侯饮，坐中有年九十余老人，少君乃言与其大父游射处，老人为儿时从其大父行，识其处，一坐尽惊。少君见上，上有故铜器，问少君。少君曰：“此器齐桓公十年陈于柏寝。”已而案其刻，果齐桓公器。一宫尽骇，以少君为神，数百岁人也。（《孝武本纪》）

（3）而豪杰金玉尽归任氏，任氏以此起富。（《货殖列传》）

（4）匈奴骑，其西方尽白马，东方尽青駹马，北方尽乌骊马，南方尽骍马。（《匈奴列传》）

《史记》中“尽”与否定副词合用的情况共出现了32例。其中，“否定词＋尽”的共29例，表示部分否定；“尽＋否定词”的仅3例，表示全部否定。如：

（5）广之将兵，乏绝之处，见水，士卒不尽饮，广不近水，士卒不尽食，广不尝食。（《李将军列传》）

（6）高帝先至平城，步兵未尽到，冒顿纵精兵四十万骑围高帝于白登，七日，汉兵中外不得相救饷。（《匈奴列传》）

（7）见人不见。言语定。百事尽不吉。（《龟策列传》）

“尽”和“皆”相似之处是：可以修饰名词谓语；总括的对象包括人、事、物；总括的对象可以在前，也可以在后。差异之处是：语义后指时不是“之”，而是名词或名词短语，如：

（8）沛公左司马曹无伤使人言于项羽曰：“沛公欲王关中，使子婴为相，珍宝尽有之。”（《项羽本纪》）

（9）八年，士蒍说公曰：“故晋之群公子多，不诛，乱且起。”乃使尽杀诸公子，而城聚都之，命曰绛，始都绛。（《晋世家》）

（10）种顿首言曰：“愿大王赦勾践之罪，尽入其宝器。”（《越王勾践世家》）

也就是说，"尽"的语义指向在后而还没有形成固定的格式，判断的方法是看句中的主语，例（6）、（7）、（8）的主语都是单数，例（8）主语是"沛公"，例（9）主语是"公"，例（10）主语是"大王勾践"。可见，"尽"比"皆"好判断。

另外，《史记》中"尽"还有动词用法，可译为"完"、"终止"、"竭尽"等，如：

（11）并阴者，脉顺清而愈，其热虽未尽，犹活也。（《扁鹊仓公列传》）

（12）寡人金钱在天下者往往而有，非必取于吴，诸王日夜用之弗能尽。（《吴王濞列传》）

《史记》中的"尽"还有时间介词用法，常带宾语用于谓语前作状语，表示动作行为截止的时间。可译为"到"等。如：

（13）尽十二月，郡中毋声，毋敢夜行，野无犬吠之盗。（《酷吏列传》）

【悉】《尔雅·释诂》："悉，尽也。"副词为其引申义。常用于动词谓语前，可译为"全部"、"全都"、"都是"等，共109例。如：

（1）诸侯悉至，至而无寇，褒姒乃大笑。（《周本纪》）

（2）非博士官所职，天下敢有藏诗、书、百家语者，悉诣守、尉杂烧之。（《秦始皇本纪》）

（3）斯长男由为三川守，诸男皆尚秦公主，女悉嫁秦诸公子。（《李斯列传》）

（4）阎乐归报赵高，赵高乃悉召诸大臣公子，告以诛二世之状。（《秦始皇本纪》）

（5）赵王悉召群臣议。（《廉颇蔺相如列传》）

（6）于是齐王以驷钧为相，魏勃为将军，祝午为内史，悉发国中兵。（《齐悼惠王世家》）

"悉"的语义指向，既可指向前面的主语，如例（1）、（2）、（3）；也可指向宾语，如例（4）、（5）的"悉"表示动词"召"这一动作施及"大臣公子"、"群臣"的全部，例（6）的"悉"表示"发"这一动作施及"国中兵"的全部。其中，语义指向主语的20例，指向宾语的89例。

"悉"产生于春秋战国，是较为古老的范围副词，但是"悉"的使用频率一直不高。据回敬娴（2006）统计，《诗经》1例，《左传》4例，只有《史记》使用频率激增，达109例，且语义绝大多数指向宾语。

《史记》范围副词"悉"还征引了《尚书》一个句子，如：

（7）尧曰："悉举贵戚及疏远隐匿者。"（《五帝本纪》）

曰："明明扬侧陋。"（《尚书·尧典》）

与《尚书》相比，《史记》增加了范围副词"悉"，此处的"悉"强调了尧时推举贵戚出身卑贱者的普遍性。

《史记》中的"悉"还有动词用法，可译为"尽其全部"、"归总"等。如：

（8）料大王之卒，悉之不过三十万，而厮徒负养在其中矣。（《张仪列传》）

《史记》中的"悉"还有形容词用法，可译为"详尽"、"详细"等。如：

（9）虎圈啬夫从旁代尉对上所问禽兽簿甚悉，欲以观其能口对响应无穷者。（《张释之冯唐列传》）

【咸】《说文解字·口部》："咸，皆也，悉也。从口，从戌。戌，悉也。"《尔雅·释诂三》："咸，皆也。"用于动词谓语、形容词谓语前，表示主语的全部都发出谓语所代表的动作行为，或具有谓语所描述的特点。可译为"全都"、"都"等，《虚词历时词典》："咸，今湘方言仍用。"共24例。

一是用于动词谓语前，共22例。如：

（1）于诸侯之约，大王当王关中，关中民咸知之。（《淮阴侯列传》）

（2）于威、宣之际，孟子、荀卿之列，咸遵夫子之业而润色之，以学显于当世。（《儒林列传》）

二是用于动词谓语前，共2例。如：

（3）武丁修政行德，天下咸驩，殷道复兴。（《殷本纪》）

（4）地维咸光，亦出四隅，去地可三丈，若月始出。（《天官书》）

"咸"和"尽"、"皆"相似，总括对象包括人、事、物，语义指向可前，也可后。李杰群（1996）认为，"咸"的总括范围较窄，猜测可能是谈论古代明君时才用。笔者认为，也许在《孟子》一书，其有此特征，但《史记》中的"咸"使用范围较广，如例（1）指"关中民"，例（2）指"学者"，例（3）指"天下百姓"，例（4）指"地维"。

【凡】《广雅·释诂三》："凡、总、同，皆也。"《说文解字》："凡，最括也。"段注："聚括之谓，举其凡，则若网在纲。"本是"所有、凡是"的意思。用于名词或名词性短语前面，表示概括所述事物的全部。"凡"的这种用法是它在先秦文献中的主要用法。在《史记》总括范围副词中，"凡"的用法最为复杂，也最为特殊。共136例。

一是用于数词、数量词组前，概括事物的数量，表示"共"、"总共"，共96例。如：

（1）尧辟位凡二十八年而崩。（《五帝本纪》）

（2）陈胜入王，凡六月。（《陈涉世家》）

二是用于动词谓语前，仍表示对事物的数量或者动作次数的总和，表示"共"、"总共"等。共 17 例。如：

（3）其后常以护军中尉从攻陈豨及黥布。凡六出奇计，辄益邑，凡六益封。（《陈丞相世家》）

（4）凡斩首九十级，虏百三十二人。（《傅靳蒯成列传》）

三是用于动词谓语前，表示对情况或原因的概括，可译为"都是"、"全都"等。共 1 例。如：

（5）寡人节衣食之用，积金钱，强兵革，聚谷食，夜以继日，三十余年矣。凡为此，愿诸王勉用之。（《吴王濞列传》）

四是用在主语前，表示主语的全部都具有所评论或描述的特点。这类句子常用以总结经验、概括规律，或描述情况、景色等，可译为"凡是"、"所有"等，共 22 例。如：

（6）凡礼始乎脱，成乎文，终乎税。（《礼书》）

（7）凡古之所为尊贤者，为其贵也；而所为恶不肖者，为其贱也。（《李斯列传》）

表总括的范围副词只指向主语、宾语[1]，唯"凡"一词例外，还可以指向充当主题的谓词语，偶尔还指向补语。例如：

（8）凡有天下治为万民命者，盖之如天，容之如地。（《吕太后本纪》）

（9）凡作乐者，所以节乐。（《乐书》）

上述例句"凡"出现在谓语前，标志这一部分是全句的主题，同时也是对同类行为的总括，意谓凡属此类动作行为全都与谓语相关。

（10）凡别破军三。（《樊郦滕灌列传》）

"凡"为"总共"之义，意义指向补语"三"。

【大率】用于动词前，表示对事实的叙述是约略的。2 例。可译为"大致"、"大概"等。

（1）于是商贾中家以上大率破，民偷甘食好衣，不事畜藏之产业。（《平准书》）

（2）斩首虏三万二百级，获五王，五王母，单于阏氏、王子五十九人，相国、将军、

---

[1]　考先秦他书，"皆"有时也可指向谓语，表示对谓语的总括。如《左传·定公四年》："左司马戌……三战皆伤。"参见何乐士：《左传范围副词》，岳麓书社 1994 年版，第 303 页。

当户、都尉六十三人，师大率减什三，益封去病五千户。（《卫将军骠骑列传》）

【大凡】用法与"大率"同。可译为"大体上"。仅1例。

（1）中国之虞灭二世，而夷蛮之吴兴，大凡从太伯至寿梦十九世。（《吴太伯世家》）

【同】用于动词或形容词谓语前，表示不同对象同时发出某一动作行为，或都具有谓语所显示的特征。《古代汉语虚词词典》认为，"同"所表示的复数范围大多向前指向主语，少数向前指向主语和介词的宾语，很少向后指向动词或介词宾语的。共48例。

一是用于动词谓语之前，表示不同主体共同发出某一动作或处在同一情况。可译为"一同"、"共同"等。共45例。

（1）六年春，齐伐宋，以其不同盟于齐也。（《齐太公世家》）

（2）张廷尉释之者，堵阳人也，字季。有兄仲同居。（《张释之冯唐列传》）

二是用于形容词谓语之前，表示不同的主体处于相同的情态中，可译为"一样"、"同样"等。共3例。

（3）燕王吊死问孤，与百姓同甘苦。（《燕召公世家》）

郑笺云："同，犹俱也。"

（4）（白圭）能薄饮食，忍嗜欲，节衣服，与用事僮仆同苦乐，趋时若猛兽挚鸟之发。（《货殖列传》）

【毕】《说文解字》："毕，田网也。"朱骏声《说文通训定声》："毕，假借为。"即完毕、结束的意思，引申为用尽，用于动词谓语前，表示范围的总括。《虚词历时词典》："毕，同'并'。都。"可译为"全部"、"全都"等。共9例。

（1）明道德之广崇，治乱之条贯，靡不毕见。（《屈原贾生列传》）

（2）天子致伯，诸侯毕贺，为后世开业，甚光美。（《秦本纪》）

何乐士《古代汉语虚词词典》认为，"毕"作为范围副词的特点，是它表示的复数范围总是指向主语。不像有的范围副词意义指向主要是朝着宾语，如"尽"。

【偕】《说文解字》："偕，俱也。""偕"、"皆"通假。《史记》中"偕"共10例。

（1）乃以郦食其为广野君，郦商为将，将陈留兵，与偕攻开封，开封未拔。（《高祖本纪》）

（2）襄公七年，宋地陨星如雨，与雨偕下；六鹢退蜚，风疾也。（《宋微子世家》）

【全】《说文解字》："全，完也。"《玉篇》："全，具也。"用于动词谓语之前，表示动作行为范围。可译为"完全"、"全部"等。共 22 例。

（1）以刀剥之，身全不伤。（《龟策列传》）

（2）淳于髡曰："得全全昌，失全全亡。"（《天敬仲完世家》）

范围副词"全"后面的动词谓语均为消极动词。

【俱】《说文解字》："俱，偕也。"用在谓语前，可译为"都"、"一起"等。共 105 例。

一是用于动词谓语前，表示两个或更多的主体全都发出同样的动作行为。可译为"全都"、"一起"等。共 98 例。

（1）于是孔甲为陈涉博士，卒与涉俱死。（《儒林列传》）

（2）二人俱病，此言，乃怨。（《齐太公世家》）

二是用于形容词谓语前，表示不同的主体都具有同样的状态。可译为"全部"、"全都"等。仅 3 例。如：

（3）夫人之立功，岂不期于成全邪？身与名俱全者，上也。（《范雎蔡泽列传》）

（4）是时，赤泉侯为骑将，追项王，项王瞋目而叱之，赤泉侯人马俱惊，辟易数里与其骑会为三处。（《项羽本纪》）

三是用于名词谓语前，表示不同主体都具有同样的属性或特点。可译为"都是"等。仅 4 例。如：

（5）武安谓灌夫曰："程李俱东西宫卫尉，今众辱程将军，仲孺独不为李将军地乎？"（《魏其武安侯列传》）

（6）上谢曰："俱宗室外家，故廷辩之。不然，此一狱吏所决耳。"（《魏其武安侯列传》）

《史记》中的"俱"还有动词用法，可译为"在一起"、"相同"、"一起去"等。如：

（7）太史公曰：曹相国参攻城野战之功所以能多若此者，以与淮阴侯俱。（《曹相国世家》）

（8）夫以千人与父俱。（《魏其武安侯列传》）

【具】"具"与"俱"的意义原可相通。[1]《同源词典》："作动词用时，只能用'俱'不能用'具'；作副词用时，'俱'、'具'可通用。""具"可用在动词谓语前，

---

[1] 易孟醇认为"具"与"俱"是古今字。

表示动作行为遍及宾语全体；或遍及受事主语的全体；或者是全体主语发出的行为或具备的状态。可译为"都"、"全"、"全都"等。共 37 例。

一是语义指向主语的，可译为"全部"。共 8 例。

（1）于是代王乃遣太后弟薄昭往见绛侯，绛侯等具为昭言所以迎立王意。（《孝文本纪》）

（2）汉王闻之，问其故，两人具以实告汉王。《外戚世家》）

二是语义指向宾语的，可译为"都"、"全"。共 31 例。

（3）汉王所以具知天下阸塞，户口多少，强弱之处，民所疾苦者，以何具得秦图书也。（《萧相国世家》）

（4）既见盖公，盖公为言治道贵清静而民自定，推此类具言之。（《曹相国世家》）

有时"具"后动词的宾语承上文省略，共 10 例。如：

（5）良乃入，具告沛公。（《项羽本纪》）

此例中"告"的直接宾语，即"告"的内容承上文省略了。

另外，《史记》中的"具"还有动词用法，可译为"具备"、"置办"、"陈述"等。如：

（6）且秦以任刀笔之吏，吏争以亟疾苛察相高，然其敝徒文具耳，无恻隐之实。（《张释之冯唐列传》）

《史记》中的"具"除了副词、动词用法，还有名词用法，可译为"饭食"、"器具"等。如：

（7）两人对曰："家贫无用具也。"（《田叔列传》）

【并】《说文解字》："并，相从也。"本义是并行、并列，用如动词。意义虚化，形成副词。用于谓语前，表示对有关对象范围的总括。共 48 例。

一是语义指向主语。表示不同主体都发出同一动作行为或具有同样状态。可译为"同时"、"一起"、"全都"等。共 16 例。

（1）与魏将皇欣、魏申徒武蒲之军并攻昌邑，昌邑未拔。（《高祖本纪》）

（2）及周之盛时，天下和洽，四夷乡风，慕义怀德，附离而并事天子。（《刘敬叔孙通列传》）

二是语义指向宾语。表示同一动作行为施及宾语的全体。可译为"一起"、"同时"、"一共"等。共 32 例。

（3）苏秦为从约长，并相六国。（《苏秦列传》）

（4）公平生数言魏其、武安长短，今日廷论，局趣效辕下驹，吾并斩若属矣。（《魏其武安侯列传》）

《史记》中的"并"还可以用为连词，表示有更近一层的意思，可译为"并且"，或仍为"并"。如：

（5）乃髡钳季布，衣褐衣，置广柳车中，并与其家僮数十人，之鲁朱家所卖之。（《季布栾布列传》）

《史记》中的"并"还可用为介词，带宾语用于动词谓语前，表示引进动作行为经过或依傍的处所。可译为"沿着"、"顺着"等。如：

（6）上乃遂去，并海上，北至碣石，巡自辽西，历北边至九原。（《孝武本纪》）

《史记》中的"并"除了副词、连词、介词用法，还有动词用法，表示"合并"、"兼并"等。如：

（7）衡山王闻淮南王作为畔逆反具，亦心结宾客以应之，恐为所并。（《淮南衡山列传》）

【並】"並"在《史记》中作为范围副词时，其意义与"并"的用法大致相同，但是使用频率却却少很多，在书中总共出现6例。与"并"一样，全部修饰动词，且与所修饰的动词衔接紧密。如：

（1）斩木为兵，揭竿为旗，天下云集响应，赢粮而景从，山东豪俊遂並起而亡秦族矣。（《陈涉世家》）

（2）献子与赵简子、中行文子、范献子並为晋卿。（《魏世家》）

《史记》中"並"还有介词用法，表示动作行为所依傍的处所。可译为"沿着"、"傍着"等。如：

（3）（赵武灵王）筑长城，自代並阴山下，至高阙为塞。（《匈奴列传》）

"並"的语义指向更加单一，全部指向主语。根据武振玉（2002）统计，《史记》中"並"还有连词用法。用于复句中后一个分句，表示有更近一层的意思。可译为"并且"，或仍译为"并"。如：

（4）昔下宫之难，屠岸贾为之，矫以君命，并命群臣。非然，孰敢作难！（《赵世家》）

【举】《说文解字》："举，对举也。"《广韵》："举，擎也。"即举起双手。引申为全、全部。《经典释文》："举，皆也。"仅1例。如：

（1）事末利及怠而贫者，举以为收孥。（《商君列传》）

【亦】《虚词历时词典》："亦，同'一'。都。"5例。

（1）合己者善待之，不合己者不能忍见，士亦以此不附焉。（《汲黯列传》）

（2）于梁举壶遂、臧固、郅他，皆天下名士，士亦以此称慕之，唯天子以为国器。（《韩长孺列传》）

【备】《虚词历时词典》："备，同'并'。都。"常用语动词前，表宾语的全体，表示"全部"、"尽"等意。仅1例。

（1）独乐其志，不厌其道；备举其道，不私其欲。（《乐书》）

《史记》"备"还有动词的用法。可译为"具备"、"准备"等。如：

（2）是故审声以知音，审音以知乐，审乐以知政，而治道备矣。（《乐书》）

《史记》"备"还有名词的用法。可译为"装备"、"条件"等。如：

（3）夫武之备戒之已久，何也？（《乐书》）

【相】《古书虚字集释》："相，犹胥也。"用于动词前，表示两个或几个主体共同发出同一动作。可译为"共同"、"一起"等。共6例。语义全部指向主语。如：

（1）遂父子相哭，而夷三族。（《李斯列传》）

（2）高渐离击筑，荆轲和而歌于市中，相乐也，已而相泣，旁若无人者。（《刺客列传》）

（3）丈夫相聚游戏，悲歌慷慨，起则相随椎剽，休则掘冢作巧奸冶，多美物，为倡优。（《货殖列传》）

【交】用于动词谓语前，表示动作行为是由两个或两个以上施动者同时发出的，语义全部指向主语。可译为"都"。仅4例。如：

（1）今楚魏交退于齐，而燕救不至。（《鲁仲连列传》，司马贞《史记索隐》："今二国之兵俱退。"）

（2）且礼义之敝，上下交怨望，而室屋之极，生力必屈。（《匈奴列传》）

《史记》中"交"动词用法，可译为"交错"、"交往"、"交换"等。如：

（3）夫天下以市道交，君有势，我则从君，君无势则去，此固其理也，有何怨乎？（《廉颇蔺相如列传》）

（4）太子曰："愿因太傅而得交于田先生，可乎？"（《刺客列传》）

《史记》中"交"名词用法，可译为"交情"、"交往"等。如：

（5）卒相与驩，为刎颈之交。（《廉颇蔺相如列传》）

（6）臣以为布衣之交尚不相欺，况大国乎！（《廉颇蔺相如列传》）

【遍】用于动词谓语前，表示动作行为遍及某一范围，可译为"普遍"、"全都"。共 13 例。如：

一是语义指向主语的，仅 1 例。如：

（1）方今田时，重烦百姓，已亲见近县，恐远所溪谷山泽之民不遍闻，檄到，亟下县道，使咸知陛下之意，唯毋忽也。（《司马相如列传》）

二是语义指向宾语的，共 12 例。如：

（2）至家，公子引侯生坐上坐，遍赞宾客，宾客皆惊。（《魏公子列传》）

（3）魏安厘王三十年，公子使使遍告诸侯。诸侯闻公子将，各遣将将兵救魏。（《魏公子列传》）

《史记》中"遍"还可以用作形容词，可译为"全部"。如：

（4）数人饮此，不足以遍，请遂画地为蛇，蛇先成者独饮之。

《史记》中"遍"还可以用如量词。一个动作从头到尾经历一次为一遍。如：

（5）因言子楚贤智，结诸侯宾客遍天下。（《吕不韦列传》）

《史记》"遍"的特点是，所表示的范围大都指向宾语的全部。如例（2）、（3）。

【徧】"徧"同"遍"，共 4 例。如：

（1）苏秦闻之而惭，自伤，乃闭室不出，出其书遍观之。（《苏秦列传》，司马贞《史记索隐》："徧观，音遍观。谓尽观览其书。"）

（2）左右谏曰："从入蜀、汉，伐楚，功未遍行，今比何功而封？"（《韩信卢绾列传》）

【索】《虚词历时词典》："索，都、尽。"仅 1 例。

（1）淳于髡仰天大笑，冠缨索绝。（《淳于髡传》，司马贞《史记索隐》："索训尽，言冠缨尽绝也。孔衍《春秋后语》亦作'冠缨尽绝'也。"）

【殚】用于动词谓语前，仅 3 例。

一是表示主语所代表的人或事物都进行某一动作行为或具有某种情况。可译为"全部"、"都"、"尽"等。仅 1 例。

（1）天子既临河决，悼功之不成，乃作歌曰："瓠子决兮将奈何？皓皓旰旰兮闾殚为河！殚为河兮地不得宁，功无已时兮吾山平。"（《河渠书》，《史记集解》曰："如淳曰：'殚，尽也。'"）

二是表示宾语所代表的人或事物都是某一动作行为所涉及的对象。可译为"全部"、"全"、"都"等。共 2 例。

（2）览乎阴林，观壮士之暴怒，与猛兽之恐惧，徼郄受诎，殚睹众物之变态。（《司马相如列传》）

（3）今孔子盛容饰，繁登降之礼，趋详之节，累世不能殚其学，当年不能究其礼。（《孔子世家》）

【共】《说文解字》："共，同也。从廿、廾。凡共之属皆从共。"段注："廿，二十并也。二十人皆竦手是为同也。"《徐曰》："廿音入，二十共也，会意。"《玉篇》："共，同也，众也。"《广韵》："皆也。"《增韵》："合也，公也。"由动词发展而来，表示发出动作行为的主语范围。主要特点是：它所表示的动复数范围总是指向动作的主体。共58例。

（1）今如此不取，恐为大害，非独楼船，又且与朝鲜共灭吾军。（《朝鲜列传》）

（2）其后诸侯共击楚，大破之，杀其将唐眜。（《屈原贾生列传》）

【无虑】用在动词谓语之前，表示大致的情况。可译为"大约"、"大概"等。仅1例。

（1）然不能半自出，天下大抵无虑皆铸金钱矣。（《平准书》）

【兼】用于动词谓语前，表示实施者同时实施某种行为，或实施者的行为遍及受事者。语义全部指向宾语，共7例。如：

（1）困则使太后弟穰侯为和，赢则兼欺舅与母。（《苏秦列传》）

（2）维秦王兼有天下，立名为皇帝，乃抚东土，至于琅邪。（《秦始皇列传》）

有时"兼"的语义虽然指向宾语，但宾语可以不出现。《史记》仅1例。如：

（3）故驰骛乎兼容并包，而勤思乎参天贰地。（《司马相如列传》）

上例"兼容并包"的宾语并没有出现，因语义已十分清楚，故不必说出。

《史记》中"兼"还有连词用法。用于复句中的下一分句，表示并列关系。可译为"又"、"并且"等。如：

（4）而后因杂荐绅先生之略术，使获耀日月之末光绝炎，以展采错事，犹兼正列其义，校饬厥文，作春秋一艺，将袭旧六为七。（《司马相如列传》）

《史记》中"兼"还有动词用法。表示同时具有或得到，可译为"加倍"、"兼并"等。如：

（5）自获麟以来四百有余岁，而诸侯相兼，史记放绝。（《太史公自序》）

【各】见后文"西汉新产生的范围副词"部分。

【各自】用于动词谓语之前，表示整体中的每个成员都分别做出同样的动作行为。

可译为"各自都"或仍作"各自"等。共18例。

（1）十一年，齐秦各自称为帝；月余，复归帝为王。（《楚世家》）

（2）秦日夜攻三晋、燕、楚，五国各自救于秦，以故王建立四十余年不受兵。（《田敬仲完世家》）

【大氐、大抵、大底】"大氐"1例，"大底"1例，"大抵"13例。

（1）自关以东，大氐尽畔秦吏应诸侯，诸侯咸率其众西乡。（《秦始皇本纪》）

（2）自是之后，内宠嬖臣大底外戚之家，然不足数也。（《佞幸列传》）

（3）故其著书十余万言，大抵率寓言也。（《老子韩非列传》，2145）[1]

【率】《虚词历时词典》："率，都。"仅1例。

（1）众有率怠不和，曰："是日何时丧？予与女皆亡！"（《殷本纪》）

【大体】用法与"大率"同。用于谓语前，表示所述事实是约略的情况。可译为"大致"。仅1例。

（1）夫天下物所鲜所多，人民谣俗，山东食海盐，山西食盐卤，领南、沙北固往往出盐，大体如此矣。（《货殖列传》）

【一体】用于谓语前，表示对范围的总括。可译为"都"等。仅1例。

（1）陈馀客多说项羽曰："陈馀、张耳一体有功于赵。"（《张耳陈馀列传》）

其他3例为体词性词语。如：

（2）往年杀彭越，前年杀韩信，此三人者，同功一体之人也。自疑祸及身，故反耳。（《黥布列传》）

（3）遐迩一体，中外提福，不亦康乎？（《李将军列传》）

（4）最其后，郎中骑杨喜，骑司马吕马童，郎中吕胜、杨武各得其一体。（《项羽本纪》）

【一切】用于动词谓语前，表示有关对象的全体。可译为"全部"、"一律"等。仅1例。

（1）诸侯人来事秦者，大抵为其主游闲于秦耳，请一切逐客。（《李斯列传》，司马贞《史记索隐》："一切犹一例，言尽逐之也。"）

【与皆】用于动词谓语前，表示有关对象的全体。可译为"全都"、"都"等。仅2例。

（1）数日，号令召三老、豪杰与皆来会计事。（《陈涉世家》）

（2）还攻胡阳，遇番君别将梅鋗，与皆降析、郦。（《高祖本纪》）

---

[1] 《助语辞集注》："《史记》多用'大抵'，《汉书》多用'大氐'。"

【与偕】《虚词历时词典》："与偕，共同、一起。二字同义。"仅1例。

（1）乃以郦食其为广野君，郦商为将，将陈留兵，与偕攻开封，开封未拔。（《高祖本纪》）

【专】总括之词，表有关事务全任于某人，或某地全是某物，可译为"全"、"都"等。共5例。

（1）公卿及议者皆愿罢击宛军，专力攻胡。（《大宛列传》）

（2）专务以德化民，是以海内殷富，兴于礼义。（《孝文本纪》）

【胜】[1]用于动词谓语之前，表示完全地实施某一动作行为。可译为"尽"、"完全"、"全部"等。常与助动词"可"、"能"或否定副词"不"、"弗"等连用，多用于否定句或反诘句。共30例。

（1）今子大夫修先王之术，慕圣人之义，讽诵诗书百家之言，不可胜数。（《滑稽列传》）

（2）自驺衍与齐之稷下先生，如淳于髡、慎到、环渊、接子、田骈、驺奭之徒，各著书言治乱之事，以干世主，岂可胜道哉！（《孟子荀卿列传》）

2. 西汉新产生的副词（5项）

集（7）、齐（3）、通（2）、皆通（1）、各各（1）

【集】在先秦主要作动词用。《史记》中出现副词用法，共7例。如下：

（1）奏上，上令公卿列侯宗室集议，莫敢难。（《袁盎朝错列传》）

（2）朕年少，初即位，黔首未集附。（《秦始皇本纪》）

（3）战士不离伤，十万之众咸怀集服。（《卫将军骠骑列传》）

从语法功能看，都是用在动词前，作状语，表示不同主体都发出同一动作行为或都具有同样状态。

《说文解字·雥部》："雧，群鸟在木上也。"《诗经·周南·葛覃》："黄鸟于飞，集于灌木。"本义动词义鸟栖止于树，引申为动词义聚集、聚事，《尚书·胤征》："乃季秋月朔，辰弗集于房。"《诗经·小雅·頍弁》："如彼雨雪，先集维霰。"再引申转化为副词"一齐、一同"义。

【齐】《史记》"齐"共出现3例，如下：

（1）客之居下坐者有能为鸡鸣，而鸡齐鸣，遂发传出。（《孟尝君列传》）

---

[1]　韩陈其（1988）认为，"胜"是表"全度"的程度副词，即表示动作行为或状态所显示出来的程度具有周遍性。笔者不赞成此点。

（2）今臣为足下解负亲之攻，开关通币，齐交韩、魏。（《平原君虞卿列传》）

（3）于是公卿言："……陛下损膳省用，出禁钱以振元元，宽贷赋，而民不齐^[1]出于南亩，商贾滋众。"（《平准书》）

《史记》的"齐"都是用在动词前，作状语，表示总括。且总括对象都位于副词前面。

《说文解字·齐部》："齐，禾麦吐穗上平也。"本义形容词义禾穗上平，引申为形容词义整齐，《易经·说卦》："齐也者，言万物之絜齐也。"高亨注："齐者，整齐也。"引申为形容词义齐全，《荀子·王霸》："天下为一，诸侯为臣，通达之属，莫不从服，无它故焉，四者齐也。"杨倞注："齐谓无所阙也。"由此引申转化为副词，表示全部范围的"全"、"都"义。如：

（4）用少莫如齐致死，齐致死莫如去备。（《左传·昭公二十一年》）

（5）安都挺身奋击，流血凝肘；矛折，易之更入，诸君齐备。（《资治通鉴·宋纪·文帝元嘉二十七年》）

"齐"与"皆"都是表示总括的范围副词，但二者却有所区别。"齐"强调复数主体发出同一动作行为的特征——在时间和动作上相对一致性；"皆"强调对复数主语的总括。

"齐"与"俱"都可表复数对象在同一时间进行同一动作行为，对动作行为的状态有强调作用。所不同的是，"俱"所在句的动作发出者大多包含互相对待的双方面，他们或者都是主语；或者有主次两方面：① 句子主语；②介词（介词大多是"与"）的宾语 ["郎中令与乐俱入，射上幄坐帏。"（《秦始皇本纪》，276）]。"齐"所在句的施事主语一般不分主次两方面，而且有不少施事主语是两个以上甚至众多的主体。

【通】与"猥、颇、齐"产生途径类似的还有"通"等。《说文解字·辵部》："通，达也。"本义动词义到达、通到，《国语·晋语二》："道远难通，望大难走。"引申为动词义贯通，《易经·系辞上》："往来不穷谓之通。"引申转化为形容词整个、全部义。《孟子·告子上》："弈秋，通国之善弈者也。"由此引申转化为副词表示全部范围的总共、全部义。《史记》共出现2例，例如：

（1）通一经之士不能独知其辞，皆集会五经家，相与共讲习读之，乃能通知其意，多尔雅之文。（《乐书》）

（2）是以富商大贾，周流天下；交易之物，莫不通得其所欲。（《货殖列传》）

---

[1]　裴骃《史记集解》引李奇曰："齐，皆也。"

【皆通】《虚词历时词典》："皆通，都。二字同义。又作'通皆'。"《史记》"皆通"共出现1例，如：

（1）于是除千夫五大夫为吏，不欲者出马；故吏皆（通）适令伐棘上林，作昆明池。（《平准书》，司马贞《史记索隐》："故吏皆适伐棘，谓故吏先免者，皆适令伐棘上林。"）

其中"通"一般都是"通晓"、"通奸"的动词义，唯上引《平准书》例"通"与"皆"一同在句中充当状语。《史记》中华书局点校本以为例中"通"为衍文，或据司马贞语，未必然。

"通"用为范围副词表示总括、共同，汉代已见，如：

（2）是以富商大贾，周流天下；交易之物，莫不通得其所欲。（《货殖列传》）

（3）少为博士弟子，受《春秋》，通览记书。（《汉书·息夫躬传》）

（4）于是诏诸尚书通译。（《后汉书·朱晖列传》）

秦汉以后汉语词汇大规模双音化，同义（或近义）连文在当时又十分便捷、能产，"通"能与"共"、"同"、"统"、"齐"等复合成词，它与"皆"并列为"皆通"也就不是没有可能。"皆通"连言，既见于《史记》，也见于晚汉译经，如：

（5）复令十方他国佛土，皆通相见，相去如一寻所也。（《成具光明定意经》）

有鉴于此，刘淇认为"又《史记·平准书》'故吏皆通令伐棘上林'，皆通，重言也"（《助字辨略》卷一），也可备一说。[1]

还有两例，但不是复音副词，而是副词"皆"与动词"通"的连用。如：

（1）此二人皆通经术，知大礼。（《梁孝王世家》）

（2）十四年，灵公与其大夫孔宁、仪行父皆通于夏姬，衷其衣以戏于朝。（《陈杞世家》）

【各各】《说文解字》："各，异词也。"《诗经·鄘风·载驰》："女子善怀，亦各有行。"孔疏："各，不一之辞。"《正字通》："各，凡事物离析不相合，皆谓之各。"本义是指彼此不同的个体。后由此引申为副词，如：

（1）交易而退，各得其所。（《周易·系辞下》）

（2）使天下各食其力，……则富积足而人乐其所矣。（汉·贾谊《论积贮疏》）

《史记》副词"各"共有275个，如：

---

[1] 吴国忠（1987/3）认为，《史记》中虚词的同义连用，以副词为多，同时大多不见于先秦典籍，是汉代才出现的，"皆通"即其例。

（3）道不同，不相为谋，亦各从其志也。（《伯夷列传》）

（4）夫忠臣不避死而庶几，孝子不勤劳而见危，人臣各守其职而已矣。（《李斯列传》）

（5）令有亲属，以客礼待之，勿卑，使各佩其信印，乃可使通言于神人。（《封禅书》）

"各"用在谓语前作状语，表示主语范围内的每一个体都进行同样的动作行为或具有同样特征。有"每（一）……都……"之意。它的特点是以指个体的方式表示总括。强调总体中的每一个都无例外地进行某活动或具有某特征。相当于"每……都"、"各自……都"等。

汉语复音化趋势及汉民族重对称的文化心理，促使"各各"重叠式复音词的形成。

"各各"表示两个或者两个以上的施事者共同发出某一动作行为或共同具有某种属性，相当于"各自"，《史记》仅出现1例，如：

（6）既贵各各学一伎能立其身。（《日者列传》）

这是最早出现"各各"重叠的例子。后代使用频繁。如：

（7）执手分道去，各各还家门。（《孔雀东南飞》）

（8）可以殿上五色锦屏风谕而示之：望视，则青、赤、白、黄、黑各各异类；就视，则皆以其色为地，四色文之。（《新论·离事》）

（9）今日分明说似君，总教各各除疑虑。（《敦煌变文集·维摩诘经讲文》）

"各"与"各各"在语用上是有区别的，表现为三个方面：①语义轻重不同，一般情况下，"各各"总归要比"各"的语义重一些；②语气的强弱不同，"各各"总要比"各"的语气更强；③语境不同，"各"较多带有书面语色彩，"各各"较多带有口语色彩。

"各"、"各各"现代汉语仍沿用。

3.2.1.2 表限定

这类副词语义上表示对事物的范围、数量或动作行为的限定，且均位于限定对象之前，限定对象必须是数量名短语。语义指向既可以是谓语动词本身，也可以是句子的主语、宾语和定语。限定副词的语法功能主要修饰动词或者动词性短语，也可以修饰名词或名词短语以及数量名短语，修饰数量名短语时，数量名短语所含数量可以大于"一"，也可以是"一"，是"一"时可以隐含不现。

《史记》共有29项，单音词23项，复音词6项，均为先秦产生的副词，如下：

财（1）、裁（1）、但（6）、唯₁（46）、惟（32）、独₁（124）、唯独（14）、惟独（1）、维（4）、独唯（1）、仅（14）、特₁（21）、徒₁（30）、禔（1）、直₁（4）、亶亶（1）、专₂（25）、适₁（4）、乃₁（11）、得（1）、更₂（5）、厥（5）、不过（79）、亦₂（2）、以₂（1）、仅然（1）、顾₁（2）、弟（1）、第（5）

【财】用于动词谓语前，表示数量少。可译为"刚刚"、"仅仅"等。仅1例。

（1）太仆见马遗财足，余皆以给传置。（《孝文本纪》，司马贞《史记索隐》："遗，犹留也。财，古字与'才'同。言太仆见在之马，今留才足充事而已也。"）

【裁】用于动词谓语前，表示范围小，数量少。可译为"仅仅"、"刚刚"等。仅1例。

（1）燕王曰："寡人蛮夷僻处，虽大男子裁如婴儿，言不足以采正计。（《张仪列传》）

【第】"第"与"财"、"裁"皆可以相通。从上古音来看，"第"属定母、脂部，"财"、"裁"皆属从母、之部，依王力古音说则"定"母与"从"母为邻纽，"脂"部与"之"部同为阴声，故三字声通韵近，可以相通。《虚词历史词典》："第，但，只、仅仅。"共5例。

（1）南方有云梦，陛下第出伪游云梦，会诸侯于陈。（《陈丞相世家》）

（2）长卿第俱如临邛，从昆弟假贷犹足为生，何至自苦如此！（《司马相如列传》）

【弟】同于"第"。仅1例。

（1）予观春秋、国语，其发明五帝德、帝系姓章矣，顾弟弗深考，其所表见皆不虚。（《五帝本纪》，裴骃《史记集解》引徐广曰："弟，但也。"）

【但】用于动词谓语前，表示动作限于某个范围。可译为"只"、"仅"等，共6例。

（1）天子所以贵者，但以闻声，群臣莫得见其面，故号曰"朕"。（《李斯列传》）

（2）匈奴匿其壮士肥牛马，但见老弱及羸畜。（《刘敬叔孙通传》）

【唯】共156例。限定副词46例，连词110例。限定副词"唯"用于谓语前，表示对事物或动作行为范围的限定。可译为"只"、"仅仅"。

（1）盎曰："淮南王有三子，唯在陛下耳。"（《袁盎列传》）

（2）（田单）乃宣言曰："吾唯惧燕军之劓所得齐卒，置之前行，与我战，即墨败矣。"（《田单列传》）

《史记》中的"唯"还可以用如连词，连接分句，表示让步关系。可译为"即使"、"纵使"、"纵然"等。如：

（3）相如使时，蜀长老多言通西南夷不为用，唯大臣亦以为然。（《司马相如列传》）

【惟】用于谓语前，表示对事物或动作行为的限定。可译为"只"、"仅"、"仅仅"等。共32例。

一是用于单句或分句中主谓结构的主语之前，限定主语的范围，强调只有这个主语才具备谓语所显示的特点。可译为"只（有）"、"仅（仅）"、"惟（有）"等。共24例。

（1）钦哉，钦哉，惟刑之静哉！（《五帝本纪》）

（2）恭朕之诏，惟命不于常。（《穰侯列传》）

二是用于单句或分句中谓语前，表示对谓语的限定。可译为"只有"、"唯独"等。共2例。

（3）（刘光）初好音舆马；晚节啬，惟恐不足于财。（《五宗世家》）

（4）诛籍业帝，天下惟宁，改制易俗。（《太史公自序》）

三是用于前置宾语前，表示对宾语的限定。可译为"只（有）"等。共6例。如：

（5）敢不惟命是听！宾之南海，若以臣妾赐诸侯，亦惟命是听。（《楚世家》）

（6）周今与四国服事君王，将惟命是从，岂敢爱鼎？（《楚世家》）

《史记》"惟"还有连词的用法。连接分句，表示让步关系。可译为"即使"、"纵使"等。如：

（7）（韩信）曰："大王自料勇悍仁强孰与项王？"汉王默然良久，曰："不如也。"信再拜贺曰："惟信亦为大王不如也。"（《淮阴侯列传》）

（8）皋陶曰："于！在知人，在安民。"禹曰："吁！皆若是，惟帝其难之。"（《夏本纪》）

《史记》"惟"还有助词用法。用于句首引出人物或用于名词主语与名词谓语之间。如：

（9）史策祝曰："惟尔元孙王发，勤劳阻疾。"（《鲁周公世家》）

（10）荆、河豫州。（《夏本纪》）

【唯独】用于谓语前，表示对与谓语有关的人、事、物等范围的限定。可译为"只（有）"、"只（是）"，或仍作"唯独"。二字同义。共14例。如：

（1）当是时，臣唯独知韩信，非知陛下也。（《淮阴侯列传》）

【惟独】同"唯独"。仅1例。

（1）至明年春，吴王北会诸侯于黄池，吴国精兵从王，惟独老弱与太子留守。（《越

王勾践世家》）

【维】"维"通"唯"。王引之《经传释词》："维，独也，常语也。或作'唯'、'惟'。"可译为"只"、"仅仅"等。共4例。

（1）匪台小子敢行举乱，有夏多罪，予维闻女众言，夏氏有罪。（《殷本纪》）

（2）舜曰："嗟！伯夷，以汝为秩宗，夙夜维敬，直哉维静絜。"（《五帝本纪》）

《史记》引《尚书》，除了删除部分"惟"字形成"主语＋名词性谓语"式外，主要是将"惟"改易为"维"，保留这一判断形式。如：

（3）济、河维沇州。（《夏本纪》）

　　济、河惟兖州。（《虞夏书·禹贡》）

（4）海岱维青州。（《夏本纪》）

　　海、岱惟青州。（《虞夏书·禹贡》）

"维"替换"惟"，也说明了《史记》时代依然存在"维"作为系词的判断句。

固定格式，用于"宾＋是＋动"结构前，表示对前置宾语范围的限定。仅2例。如：

（5）今殷王纣维妇人言是用，自弃其先祖肆祀不答，昏弃其家国，遗其王父母弟不用。（《周本纪》）

（6）于戏！悉尔心，战战兢兢，乃惠乃顺，毋侗好轶，毋迩宵人，维法维则。（《三王世家》）

《史记》"维"还有助词用法。用于句首引出人物或用于名词主语与名词谓语之间。如：

（7）维二十八年，皇帝作始。（《秦始皇本纪》）

（8）海岱维青州：堣夷既略，潍、淄其道。（《夏本纪》）

【独】用于动词、名词或形容词谓语前，表示主语、宾语或谓语的范围小，甚至仅限一人。可译为"独独"、"只（有）"等。共124例。如：

一是用于主谓谓语前，共32例。

（1）独子胡亥、赵高及所幸宦者五六人知上死。（《秦始皇本纪》）

（2）梁曰："桓楚亡，人莫知其处，独籍知之耳。"（《项羽本纪》）

二是用于动词前，共85例。

其中，语义指向主语共32例。

（3）齐军归，楚独追北，使沛公、项羽别攻城阳，屠之。（《高祖本纪》）

（4）太后闻其独居，使人持酖饮之。（《吕太后本纪》）

语义指向宾语共 53 例。

（5）上崩，无诏封王诸子而独赐长子书。（《李斯列传》）

（6）太后独有孝惠与鲁元公主。（《吕太后本纪》）

三是用于名词谓语前，语义指向名词谓语。共 34 例。

（7）窃闻安国君爱幸华阳夫人，华阳夫人无子，能立适嗣者独华阳夫人耳。（《吕不韦列传》）

（8）所与者独九江王，又多布材，欲亲用之，以故未言。（《黥布列传》）

四是用于形容词谓语前，语义指向主语，仅 2 例，且引自屈原赋及贾生吊屈原辞。

（9）屈原曰："举世混浊而我独清，众人皆醉而我独醒，是以见放。"（《屈原贾生列传》）

（10）讯曰："已矣，国其莫我知，独堙郁兮其谁语？"（《屈原贾生列传》）

上述"独"所在句大都与其他句子相比较而存在，并且大都是拿其他句子作为衬托，来强调自身的范围小。有时"独"前面虽然没有其他句子与之并列对比，也往往有其他对象或情况与"独"所修饰的对象互相对照。如：

（11）而汉王之将独韩信可属大事，当一面。（《留侯世家》）

此例的"汉王之将"与"韩信"形成对照。

【独唯】"只有"。二字同义。仅 1 例。

（1）齐城之不下者，独唯聊、莒、即墨，其余皆属燕，六岁。（《燕召公世家》）

【徒】《虚词历时词典》："徒，犹'独'。"用于动词谓语前，表示对动作行为范围的限定。可译为"只"、"仅"等。共 30 例。

（1）孙子曰："王徒好其言，不能用其实。"（《孙子吴起列传》）

（2）而蔺相如徒以口舌为劳，而位居我上。（《廉颇蔺相如列传》）

【仅】用于动词谓语前，表示对主语能力或特征的限定，意思是主语仅能做到动词谓语所显示的这一范围，或仅具有谓语所叙述的特征。可译为"仅（能）"、"只（能）"等。共 14 例。

（1）齐王遁而走莒，仅以身免。（《乐毅列传》）

（2）四战之后，赵之亡卒数十万，邯郸仅存，虽有战胜之名而国已破矣。（《张仪列传》）

【堇堇】《史记集解》："应劭曰：'堇，少也。'……'言金少少耳。'"仅 1 例。

（1）豫章出黄金，长沙出连、锡，然堇堇物之所有，取之不足以更费。（《货殖列传》）

【更】用在动词谓语前，表示动作行为须在原有的范围之外进行。可译为"另"、

"另外"等。共 5 例。

（1）是女子不好，烦大巫姬为入报河伯，得更求好女，后日送之。（《滑稽列传》）

【特】用于谓语前或直接用于句首对主语进行限定，表示范围小，句末常有"耳"、"而已"、"哉"等虚词与之配合。可译为"只"、"仅（仅）"、"（只）不过"等。共 21 例。

一是用于主谓谓语前，仅 1 例。

（1）使遂蚤得处囊中，乃颖脱而出，非特其末见而已。（《平原君虞卿列传》）

二是用于动词谓语前，共 4 例。

（2）汉大臣皆故高帝时大将，习兵，多谋诈，此其属意非止此也，特畏高帝、吕太后威耳。（《孝文本纪》）

（3）于是中大夫庄助诘蚡曰："特患力弗能救，德弗能覆。"（《东越列传》）

三是用于名词性谓语前，共 16 例。

（4）谒，而陛下因禽之，此特一力士之事耳。（《陈丞相世家》）

（5）项王喑恶叱咤，千人皆废，然不能任属贤将，此特匹夫之勇耳。（《淮阴侯列传》）

（6）将以照千里，岂特十二乘哉！（《田敬仲完世家》）

【直】上古音读如"特"。只。仅 4 例。

（1）成王曰："吾直与戏耳。"（《叔孙通传》）

【乃】只，仅仅。11 例。

（1）项王乃复引兵而东，至东城，乃有二十八骑。（《项羽本纪》）

（2）朱玄笑曰："臣乃市井鼓刀屠者，而公子亲数存之，所以不报谢者，以为小礼无所用。"（《魏公子列传》）

【得】《虚词历时词典》："得，只。"仅 1 例。

（1）窃闻大王以爵事有适，所闻诸侯削地，罪不至此，此恐不得削地而已。（《吴王濞列传》）

【顾】只是，仅仅。仅 2 例。

（1）予观春秋、国语，其发明五帝德、帝系姓章矣，顾弟弗深考，其所表见皆不虚。（《五帝本纪》，《虚词历时词典》："'顾'与'弟'同义连用。"）

（2）今空秦国甲士而专委于我，我不多请田宅为子孙业以自坚，顾令秦王坐而疑我邪？（《白起王翦列传》）

【仅然】《虚词历史词典》："仅然，仅仅。"仅 1 例。

（1）朔初入长安，至公交车上书，凡用三千奏牍。公交车令两人共持举其书，

仅然能胜之。(《滑稽列传》)

【不过】与今语同。共 79 例。

(1)吾所伐者不过四五人。(《孔子世家》)

(2)且陛下所以欲见我者,不过欲一见吾面貌耳。(《田儋列传》)

【亦】用于动词、形容词谓语之前,表示人、事物或动作行为等只限于某个范围。可译为"只"、"仅仅"等。仅 2 例。

(1)子击因问曰:"富贵者骄人乎?且贫贱者骄人乎?"子方曰:"亦贫贱者骄人耳。"(《魏世家》)

(2)其嫂嫉平之不视家生产,曰:"亦食糠核耳。有叔如此,不如无有。"(《陈丞相世家》)

【以】同"唯"。只,仅仅。仅 1 例。

(1)不流世俗,不争埶利,上下无所凝滞,人莫之害,以道之用。(《太史公自序》)"以道之用"犹"唯道是用"。

【徒】用于动词谓语前,表示动作行为的限度。可译为"只是"、"只不过"等。仅 1 例。语义指向宾语。

(1)今单于闻,不至而还,臣以三万人众不敌,徒取辱耳。(《韩长孺列传》)

【适】用于谓语前,表示对动作行为或情况的范围的限至,或对人事物数量的限至。可译为"只"、"仅"等。共 4 例。如:

(1)陛下所以为慎夫人,适所以祸之。(《袁盎朝错列传》)

(2)故曰楚兵不足恃也。使楚胜汉,则诸侯自危惧而相救。夫楚之强,适足以致天下之兵耳。(《黥布列传》)例(2)的"适足以"为惯用词组,表示对范围的限至。可译为"仅足以"、"仅能"等。

【厥】用于动词前,表示此动作、状态在一定条件下才发生、出现。可译为"才"、"乃"等。共 5 例。

(1)左丘失明,厥有国语。(《太史公自序》)

(2)蠲除肉刑,开通关梁,广恩博施,厥称太宗。(《太史公自序》)

《史记》"厥"还有代词用法。可以作人称代词与指示代词。如:

(3)遭世罔极兮,乃陨厥身。(《屈原贾生列传》)

(4)凡厥庶民,毋有淫朋,人毋有比德,维皇作极。(《宋微子世家》)

【专】"专"表示范围之广,有"全部"义,已见上述。它也可表范围之小,对范围的限制。杨伯峻、何乐士《古汉语语法及其发展》认为，这两方面并不矛盾。《广韵》："专，单也，独也。"就某种单独的情况说是专一的，也就是全也，皆也。而就全局来看，则"只是一种情况"。它常用于动词谓语之前，表示动作行为是独立的或只限于某一人去完成。可译为"仅仅"、"独"、"只"等。共25例。

（1）关中事计户口转漕给军，汉王数失军遁去，何常兴关中卒，辄补缺。上以此专属任何关中事。（《萧相国世家》）

（2）今空秦国甲士而专委于我，我不多请田宅为子孙业以自坚，顾令秦王坐而疑我邪？（《白起王翦列传》）

3.2.2　范围副词的语法功能及其特点

表 3-11　《史记》范围副词语法功能表

分类	副词	句首	述谓前	其他	合计
表总括 （48项）	皆	0	1 408	0	1 408
	皆各	0	6	0	6
	胥皆	0	1	0	1
	尽₂	0	161	0	161
	类	0	1	0	1
	悉	0	109	0	109
	咸	0	24	0	24
	凡	22	114	0	136
	毕	0	9	0	9
	偕	0	10	0	10
	同	0	48	0	48
	大凡	0	1	0	1
	大率	0	2	0	2
	全	0	22	0	22
	俱	0	105	0	105

分类	副词	句首	述谓前	其他	合计
表总括 （48项）	具	0	37	0	37
	并	0	48	0	48
	並	0	6	0	6
	举	0	1	0	1
	亦₁	0	5	0	5
	备	0	1	0	1
	相₁	0	6	0	6
	交	0	4	0	4
	遍	0	13	0	13
	徧	0	4	0	4
	索	0	1	0	1
	殚	0	3	0	3
	共	0	58	0	58
	无虑	0	1	0	1
	兼	0	7	0	7
	各	0	275	0	275
	各自	0	18	0	18
	大氐	0	1	0	1
	大底	0	1	0	1
	大抵	0	13	0	13
	率	0	1	0	1
	大体	0	1	0	1
	一体	0	1	0	1

续表 3-11

分类	副词	句首	述谓前	其他	合计
表总括 （48项）	一切	0	1	0	1
	与皆	0	2	0	2
	与借	0	1	0	1
	专₁	0	5	0	5
	胜	0	30	0	30
	集	0	7	0	7
	齐	0	3	0	3
	通	0	3	0	3
	皆通	0	1	0	1
	各各	0	1	0	1
表限定 （29项）	财	0	1	0	1
	裁	0	1	0	1
	但	0	6	0	6
	唯₁	主 19	13	宾前 14	46
	惟	0	26	宾前 6	32
	唯独	0	14	0	14
	惟独	0	1	0	1
	维	主前 1	3	0	4
	独₁	0	124	0	124
	独唯	0	1	0	1
	徒₁	0	30	0	30
	仅	0	14	0	14
	董董	0	1	0	1

分类	副词	句首	述谓前	其他	合计
表限定 （29项）	更$_2$	0	5	0	5
	特$_1$	0	21	0	21
	直$_1$	0	4	0	4
	乃$_1$	0	14	0	14
	得	0	1	0	1
	第	0	5	0	5
	弟	0	1	0	1
	顾$_1$	0	2	0	2
	仅然	0	1	0	1
	不过	0	29	0	29
	亦$_2$	0	2	0	2
	以$_2$	0	1	0	1
	褆	0	1	0	1
	适$_1$	0	4	0	4
	厥	0	5	0	5
	专$_2$	0	25	0	25
总计（次）		42	24 923	20	24 985
百分率（%）		0.17	99.75	0.08	100

表 3-12   《史记》范围副词语义指向表

分类	副词	主语	宾语	谓语	合计
表总括（48项）	皆	1 369	38	1	1 408
	皆各	6	0	0	6
	胥皆	1	0	0	1
	尽2	71	90	0	161
	类	0	1	0	1
	悉	19	90	0	109
	咸	24	0	0	24
	凡	128	8	0	136
	大凡	9	0	0	9
	同	48	0	0	48
	毕	9	0	0	9
	偕	10	0	0	10
	全	22	0	0	22
	俱	65	40	0	105
	具	2	35	0	37
	并	16	32	0	48
	並	1	5	0	6
	举	1	0	0	1
	亦₁	5	0	0	5
	备	1	0	0	1
	相	6	0	0	6
	交	4	0	0	4
	遍	0	13	0	13
	徧	1	3	0	4
	索	1	0	0	1
	殚	3	0	0	3

续表 3-12

分类	副词	主语	宾语	谓语	合计
表总括 （48项）	共	35	23	0	58
	无虑	1	0	0	1
	兼	1	6	0	7
	各	275	0	0	275
	各自	18	0	0	18
	大氏	1	0	0	1
	大底	1	0	0	1
	大抵	13	0	0	13
	率	1	0	0	1
	大体	1	0	0	1
	一体	1	0	0	1
	一切	1	0	0	1
	与皆	2	0	0	2
	与偕	1	0	0	1
	专₁	5	0	0	5
	胜	30	0	0	30
	集	7	0	0	7
	齐	3	0	0	3
	通	3	0	0	3
	皆通	1	0	0	1
	各各	1	0	0	1
表限定 （29项）	财	1	0	0	1
	裁	1	0	0	1
	但	6	0	0	6
	唯₁	19	16	11	46
	惟	32	0	0	32

续表 3-12

分类	副词	主语	宾语	谓语	合计
	唯独	14	0	0	14
	惟独	1	0	0	1
	维	4	0	0	4
	独$_1$	69	44	11	124
	独唯	1	0	0	1
	徒$_1$	30	0	0	30
	仅	0	14	0	14
	董董	0	1	0	1
	更$_2$	0	5	0	5
	特$_1$	0	0	21	21
	直$_1$	0	0	4	4
表限定	乃$_1$	0	0	14	14
（29项）	得	0	0	1	1
	第	0	0	5	5
	弟	0	0	1	1
	顾$_1$	0	2	0	2
	仅然	0	1	0	1
	不过	0	29	0	29
	亦$_2$	0	0	2	2
	以$_1$	0	1	0	1
	褆	0	1	0	1
	适$_1$	0	4	0	4
	厥	5	0	0	5
	专$_2$	0	25	0	25
总计（次）		24 385	527	71	24 983
百分率（%）		97.61	2.11	0.28	100

表 3-13　先秦至西汉范围副词简况

	表总括	表限定	总计	百分率
先秦产生	44	29	73	93.51%
西汉产生	5	0	5	6.49%
合计	49	29	78	100%

从表 3-11、3-12、3-13 可以看出，范围副词在《史记》中具有以下特点：

首先，对比表 3-11 与表 3-12 可以看出，范围副词所处位置与所表达的语义往往不是一一对应的。《史记》范围副词语义指向主语的频率为 24 385 次，百分率为 97.61%，语义指向宾语的频率为 527 次，百分率为 2.11%，语义指向谓语的频率为 71 次，百分率为 0.28%。并且《史记》范围副词无论是从词量来说，还是从出现的频率来说，均以表总括为主。

其次，范围副词的意义指向与其他副词共同之处是主要针对谓词，需要注意的是它与主语和宾语有着相当密切的关系，一般情况下，它是表示与主语有关的范围，但有时它是指宾语——动词受事者的范围，如："皆、悉、凡、共、兼、徧、具、俱、尽、并、並、唯、独"等副词都有既可表主语也可表宾语范围的用法。而"悉"与"皆"、"具"与"俱"两对副词更有互相对应的作用："尽"、"悉"、"具"、"并"、"徧"、"兼"多用于表宾语的范围，"皆"、"俱"、"独"、"唯"、"凡"、"共"多用于表主语的范围。

再次，《史记》的范围副词绝大部分在西汉以前就已产生，占 93.51% 以上，而西汉产生的副词才 5 项，仅占 6.49%。同时，在《史记》的范围副词内部，限定副词均是西汉以前产生的，而总括副词西汉出现了 5 项，由此可以看出，《史记》的范围副词内部发展也是极度不平衡的。

最后，此期使用的复音副词有"大抵"、"大凡"、"大率"、"大体"、"各各"、"各自"、"唯独"、"不过"、"皆通"等 22 个，其中"各各"、"皆通"是新产生的，系同义连用而成（"通"也有表示范围的用法）；复音副词修饰复音词或短语形式的比例为 94.2%。新生的复音副词修饰复音词的比例为 100%。

3.3　时间副词

时间副词是表示动作发生的时间及与时间有关情况的副词，其语义特点就是表示时间观念，其功能特征是都能修饰动词或动词性短语，除表"持续"义的小类外，一般都不能修饰纯粹的形容词或者形容词性短语，有些小类可以修饰句子形式，有些小类可以修饰数量名短语。在句法结构中，时间副词既可以放在谓语之前，也可放在谓语之后，有时还可以放在句首。

3.3.1　时间副词分类

时间副词是汉语副词中数量较多、使用频率较高、使用情况也比较复杂的一个次类。由于数量较多，有必要进行再分类。关于时间副词，学者们已提出过几种不同的分类方法，如王力（1943）、管燮初（1981）、陆俭明和马真（1985）、吕叔湘（1990）、黎锦熙（1992）、王海棻（1999）、吕冀平（1999）、龚千炎（2000）、李向农（2003）、张谊生（2004）、吴福祥（2004）、杨荣祥（2005）、吕冀平（1999）、张谊生（2004）、吴福祥（2004）、杨荣祥（2005）等都作过研究。

《史记》时间副词共 110 项，单音节词 72 项，双音节词 37 项，三音节词 1 项。本研究主要参照陆俭明、马真（1985）的分类，根据语义和功能两方面的差别，将时间副词分为 9 个小类加以说明。

3.3.1.1　表过去、已然

这一小类，一般不修饰句子形式，通常只修饰动词或动词性短语，少数偶尔修饰形容词或者形容词性短语，但这时形容词或者形容词性短语一定是表示某种变化或过程。语义上表示动作行为或情况在说话之前或某一特定时间之前已发生、存在或完成。《史记》共有 36 项，单音节词 22 项，双音节词 14 项、

1. 先秦已经产生的副词（35 项）

故$_1$（18）、初（93）、既（191）、既已（17）、既以（2）、其$_1$（1）、即$_1$（1）、固$_1$（1）、已$_2$（260）、以$_3$（2）、业（12）、固已（17）、固以（4）、已尝（2）、已业（2）、业已（8）、而（14）、始（178）、适$_2$（47）、曾$_1$（7）、昔（138）、昔者（35）、方$_1$（4）、豫（4）、预（4）、豫先（1）、早（18）、蚤（58）、尝$_1$（198）、常$_1$（9）、未尝（87）、未曾（1）、曩（4）、曩者（3）、乃者（2）

【故】用于动词谓语之前，表示动作行为过去曾经发生过。常用以追述过去情况，以与后面的叙述相联系。可译为"过去"、"从前"等。共 18 例。

（1）豫让者，晋人也，故尝事范氏及中行氏，而无所知名。（《刺客列传》）

（2）长史欣者，故为栎阳狱掾，尝有德于项梁；都尉董翳者，本劝章邯降楚。（《项羽本纪》）

【初】《说文解字》："初，始也。"段注："引申为凡始之称。"时间副词"初"表示事情的本原、本来之态。"初"的时间副词用法出现较早，用于句子开头，表示追述往事。可译为"当初"、"从前"等。共93例。

（1）初，平王所夺太子建秦女生子轸，及平王卒，轸竟立为后，是为昭王。（《伍子胥列传》）

（2）初，淖齿之杀愍王也，莒人求愍王子法章，得之太史嫩之家，为人灌园。（《田单列传》）

【既】用于动词谓语之前，表示动作行为或事情已经完成或时间已经过去。可译为"已经"。共191例，引用《尚书》1例。

（1）相如既归，赵王以为贤大夫使不辱于诸侯，拜相如为上大夫。（《廉颇蔺相如列传》）

（2）荆轲既至燕，爱燕之狗屠及善击筑者高渐离。（《刺客列传》）

（3）武王克殷二年，天下未集，武王有疾，不豫，群臣惧，太公、召公乃缪卜。（《鲁周公世家》）

 既克商二年，王有疾，弗豫。（《尚书·金縢》）

例（3）引用《尚书》，但删除了时间副词"既"。删除"既"的好处有：①避免重复累赘，"既"所修饰的动词"克"，表达的是一个很强的动作概念，其本身已蕴含了"既"的意思；②突出了"武王有疾，不豫"的严重性，与下文周公以国家利益为重，求神请代武王死的行动互为因果，贯通了上下语义文情。

【既已】用于动词谓语之前，表示动作行为已经成为事实。可译为"已经"。二字同义。共17例。

（1）魏将庞涓闻之，去韩而归，齐军既已过而西矣。（《孙子吴起列传》）

（2）群儒既已不能辨明封禅事，又牵拘于诗书古文而不能骋。（《封禅书》）

【既以】同"既已"。仅2例。

（1）今既以雪耻，臣请从会稽之诛。（《越王勾践世家》）

（2）淖齿既以去莒，莒中人及齐亡臣相聚求愍王子，欲立之。（《田敬仲完世家》）

【其】犹"既"，已经。仅1例。

（1）宋其复为纣所为，不可不诛。（《宋微子世家》）

【即】同"既"。仅1例。

（1）（袁盎）跪说曰："君为丞相，自度孰与陈平、绛侯？"丞相曰："吾不如。"

袁盎曰："善，君即自谓不如。"（《袁盎晁错列传》）

裴学海《古书虚字集释》曰："按'即'与'既'同义，非'既'字之误。"

【固】同"既"，已经。仅1例。

（1）若斯之为臣者，罪足以死固久矣。（《李斯列传》）

【固已】用于谓语之前，表示动作行为及状态的完成，同"固"，已经。二字同义。共17例。

（1）临菑之中七万户，臣窃度之，不下户三男子，三七二十一万，不待发于远县，而临菑之卒固已二十一万矣。（《苏秦列传》）

（2）（田横）谓其客曰："横始与汉王俱南面称孤，今汉王为天子，而横乃为亡虏而北面事之，其耻固已甚矣。"（《田儋列传》）

（3）其民羯羠不均，自全晋之时固已患其僄悍，而武灵王益厉之，其谣俗犹有赵之风也。（《货殖列传》）

【固以】"以"与"已"通用。用于动词谓语之前，表示动作行为的完成。共4例。

（1）卒买鱼烹食，得鱼腹中书，固以怪之矣。（《陈涉世家》）

（2）沛公曰："始怀王遣我，固以能宽容；且人已服降，又杀之，不祥。"（《高祖本纪》）

【已】用于动词、形容词、方位名词以及数量词谓语前，表示情况已经如此，动作行为已经发生。可译为"已"、"已经"等。共260例。

一是用于动词前的，共146例。如：

（1）楚地盗名将已死，章邯乃北渡河，击赵王歇等于巨鹿。（《秦始皇本纪》）

（2）今文君已失身于司马长卿，长卿故倦游，虽贫，其人材足依也，且又令客，独奈何相辱如此！（《司马相如列传》）

二是用于形容词前，共86例。如：

（3）张黡、陈泽曰："事已急，要以俱死立信，安知后虑！"（《张耳陈馀列传》）

（4）汉将纪信说汉王曰："事已急矣，请为王诳楚为王，王可以闲出。"（《张耳陈馀列传》）

三是用于数量词前，28例。如：

（5）穆王即位，春秋已五十矣。（《周本纪》）

（6）元年，汉兴已六十余岁矣，天下乂安，荐绅之属皆望天子封禅改正度也。（《孝武本纪》）

《史记》"已"还有连词用法。共 594 例。如:

(7)上为立后故,赐天下鳏寡孤独穷困及年八十已上、孤儿九岁已下布帛米肉各有数。(《孝文本纪》)

《史记》"已"还有语气词用法。共 65 例。

(8)子贡曰:"夫子之文章,可得闻也。夫子言天道与性命,弗可得闻也已。(《孔子世家》)

【已尝】用于动词谓语之前,表示动作行为曾经发生。犹"曾经"。共 2 例。

(1)天子已尝使浞野侯攻楼兰,以七百骑先至,虏其王,以定汉等言为然,而欲侯宠姬李氏,拜李广利为贰师将军,发属国六千骑,及郡国恶少年数万人,以往伐宛。(《大宛列传》)

(2)弘让谢国人曰:"臣已尝西应命,以不能罢归,愿更推选。"(《平津侯主父列传》)

【以】同"已"。仅 2 例。

(1)项王见秦宫皆以烧残破,又心怀思欲东归。(《项羽本纪》)

(2)卒买鱼烹食,得鱼腹中书,固以怪之矣。(《陈涉世家》)

【而】《虚词历史词典》:"而,犹'乃'。已经。"共 14 例。

(1)于是始皇遂东游海上,行礼祠名山大川及八神,求僊人羨门之属。八神将自古而有之,或曰太公以来作之。(《封禅书》)

(2)三国终之卒分晋,田和亦灭齐而有之,六国之盛自此始。(《六国年表》)

【业】用于动词谓语之前,表示动作行为已经完成。可译为"已经"、"既已"等。共 12 例。

(1)良业为取履,因长跪履之。(《留侯世家》)

(2)孟尝君舍业厚遇之,以故倾天下之士。(《孟尝君列传》)

【已业】已经。二字同义。多作"业已"。共 2 例。

(1)是时汉兵已踰句注,二十余万兵已业行。(《刘敬叔孙通列传》)

(2)天子已业诛宛,宛小国而不能下,则大夏之属轻汉,而宛善马绝不来,乌孙、仑头易苦汉使矣,为外国笑。(《大宛列传》)

【业已】"业已"与"已业"是并列式同素异序同义词[1]。已经。二字义同。共 8 例。

---

[1] 郑奠先生(1964)把这样的词(词组)称为"字序对换的双音词",并从古代汉语中举出 64 组例子。其后,曹先擢(1979)、张永绵(1980)、伍宗文(2000)三位先生先后著文,讨论其中的并列式同素异序同义词,论列近代汉语中同素异序的双音词。

（1）楚王业已欲和于秦，见齐王书，犹豫不决，下其议群臣。（《赵世家》）

（2）田常曰："善。虽然，吾兵业已加鲁矣，去而之吴，大臣疑我，奈何？"（《仲尼弟子列传》）

【始】《古书虚字集释》："始，犹尝也。始与尝一声之转。"杨树达《词诠》卷五："始，副词，初也。记一事之初起时用之。"用于动词前或句首，表示追述事端的时段或时点。"当初"、"从前"等。共 178 例。

一是用于动词前的，共 38 例。

（1）屠岸贾者，始有宠于灵公，及至于景公而贾为司寇，将作难。（《赵世家》）

（2）太史公曰：绛侯周勃始为布衣时，鄙朴人也，才能不过凡庸。（《平津侯主父偃列传》）

二是用于句首的，共 140 例。

（3）重耳闻之，乃谋赵衰等曰："始吾奔狄，非以为可用与，以近易通，故且休足。"（《晋世家》）

（4）始高祖微时，尝辟事，时时与宾客过巨嫂食。（《楚元王世家》）

【适】用于动词谓语之前，表示事态在不久前发生、完成。犹"刚才"。唐慧苑《华严经音义·十地品之五》引《三苍》曰："适，始也。"共 47 例。

（1）秦使车入齐境，使还驰告之，王召孟尝君而复其相位，而与其故邑之地，又益以千户。（《孟尝君列传》）

（2）所以别之者，臣意所受师方适成，师死，以故表籍所诊，期决死生，观所失所得者合脉法，以故至今知之。（《扁鹊仓公列传》）

"适"还可用来表示现在的时间副词。详见 3.3.1.2 节。

【曾】用于动词谓语前，表示动作行为发生在过去。可译为"曾经"等。共 7 例。

（1）孟尝君曾待客夜食，有一人蔽火光。（《孟尝君列传》）

（2）文武不备，良民惧然身修者，官未曾乱也。（《循吏列传》）

【昔】用于句首或谓语前，表示动作行为发生在过去。过去的时间包括不久以前、很久以前等，应根据具体上下文加以辨别。可译为"从前"、"过去"等。138 例。

一是用于句首的，共 135 例。

（1）昔三代受命，亦何以异乎？（《封禅书》）

（2）昔高祖定天下，功臣非同姓疆土而王者八国。（《惠景间侯者年表》）

二是用于谓语前的，共 3 例。

（3）且先王昔言，事天子期无失礼，要之不可以说好语入见。（《南越列传》）

（4）吾昔从夫子遇难于匡，今又遇难于此，命也已。（《孔子世家》）

【昔者】用于句首或谓语前，表示动作行为发生在过去。可根据所表示的时间灵活翻译为"从前"、"过去"等。共35例。

一是用于句首的，共26例。

（1）昔者五帝地方千里，其外侯服夷服诸侯或朝或否，天子不能制。（《秦始皇本纪》）

（2）昔者吴王夫差、智伯极武而亡；秦任刑法不变，卒灭赵氏。（《郦生陆贾列传》）

二是用于谓语前，共9例。

（3）盖闻昔者黄帝合而不死，名察度验，定清浊，起五部，建气物分数。（《历书》）

（4）范雎曰："非敢然也。臣闻昔者吕尚之遇文王也，身为渔父而钓于渭滨耳。"（《范雎蔡泽列传》）

【方】《说文解字》释为相并的两船，引申为时间副词。用于动词前，表示动作行为发生在不久之前或刚刚发生。可译为"刚"、"刚刚"等。共4例。如：

（1）方诛商鞅，疾辩士，弗用。（《苏秦列传》）

（2）方以吕氏故几乱天下，今又立齐王，是欲复为吕氏也。（《齐悼惠王世家》）

用作名词表"方圆"义的有2例。

（3）唐在河、汾之东，方百里，故曰唐叔虞。（《晋世家》）

（4）勾践已去，渡淮南，以淮上地与楚，归吴所侵宋地于宋，与鲁泗东方百里。（《越王勾践世家》）

【豫】用于动词谓语前，表示动作行为发生在另一件事之前，而且事先有准备。可译为"预先（准备）"等。共4例。

（1）豫建太子，所以重宗庙社稷，不忘天下也。（《孝文本纪》）

（2）公卿议封禅事，而天下郡国皆豫治道桥，缮故宫，及当驰道县，县治官储，设供具，而望以待幸。（《平准书》）

【豫先】用于动词谓语之前，表示动作行为发生在另一事发生或进行之先。可译为"事先"。仅1例。

（1）奏谳疑事，必豫先为上分别其原，上所是，受而着谳决法廷尉絜令，扬主之明。（《酷吏列传》）

【预】用法同"豫"。共4例。

（1）会上欲击匈奴，西攘大宛，南收百越，卜筮至预见表象，先图其利。（《龟策列传》）

（2）使圣人预知微，能使良医得蚤从事，则疾可已，身可活也。（《扁鹊仓公列传》）

【早】用于动词谓语之前，表示动作行为发生在很久以前。可译为"很早"等。共18例。

（1）薄太后以为母家魏王后，早失父母，其奉薄太后诸魏有力者，于是召复魏氏，（及尊）赏赐各以亲疏受之。薄氏侯者凡一人。（《外戚世家》）

（2）天子既诛文成，后悔恨其早死，惜其方不尽，及见栾大，大悦。（《孝武本纪》）

【蚤】同"早"，已经。共58例。

（1）使圣人预知微，能使良医得蚤从事，则疾可已，身可活也。（《扁鹊仓公列传》）

（2）五十一年，平王崩，太子泄父蚤死。（《周本纪》）

【尝】用于动词前，表示动作、事态已经发生。可译为"曾"、"曾经"等。共198例。

（1）豫让者，晋人也，故尝事范氏及中行氏，而无所知名。（《刺客列传》）

（2）陈涉少时，尝与人佣耕。（《陈涉世家》）

【未尝】用于谓语之前，表示事情从来没有发生过。共87例。

（1）天下有不顺者，黄帝从而征之，平者去之，披山通道，未尝宁居。（《五帝本纪》）

（2）今陛下兴义兵，诛残贼，平定天下，海内为郡县，法令由一统，自上古以来未尝有，五帝所不及。（《秦始皇本纪》）

【未曾】用法与"未尝"同。可译为"从来没有"、"从未"等。仅1例。

（1）文武不备，良民惧然身修者，官未曾乱也。（《循吏列传》）

【常】与"尝"通用。可译为"曾经"。共9例。

（1）孝景时，魏其常受遗诏，曰"事有不便，以便宜论上"。（《魏其武安侯列传》）

（2）（窦）广国去时虽小，识其县名及姓，又常与其姊采桑堕，用为符信，上书自陈。（《外戚世家》）

【曩】用于谓语前，表示动作行为发生在过去。可译为"从前"、"过去"等。共4例。

（1）荀息牵曩所遗虞屈产之乘马奉之献公，献公笑曰："马则吾马，齿亦老矣！"（《晋世家》）

（2）卜式试于刍牧，弘羊擢于贾竖，卫青奋于奴仆，日磾出于降虏，斯亦曩时版筑饭牛之朋矣。（《平津侯主父列传》）

【曩者】同"曩"。共 6 例。主语前 3 例，谓语前 3 例。如：

（1）盖聂曰："曩者吾与论剑有不称者，吾目之；试往，是宜去，不敢留。"（《刺客列传》）

（2）长公主日誉王夫人男之美，景帝亦贤之，又有曩者所梦日符，计未有所定。（《外戚世家》）

【乃者】用于对话中的句首，表示动作行为发生在过去。可译为"从前"、"日前"等。仅 2 例。

（1）因诏御史曰："乃者，有司言星度之未定也，广延宣问，以理星度，未能詹也。"（《历书》）

（2）惠帝让参曰："与窋胡治乎？乃者我使谏君也。'"（《曹相国世家》）

2. 西汉新产生的副词（1 项）

始常（1）

【始常】曾经，二字同义。仅 1 例。

（1）公始常欲奇此女，与贵人。沛令善公，求之不与，何自妄许与刘季？（《高祖本纪》）

3.3.1.2 表进行、现在

和现代汉语一样，表进行、现在的时间副词非常少，现代汉语中常见的表示现在、进行的时间副词在《史记》中还没发现。《史记》的此小类副词共有 6 项，单音节词 3 项，双音节词 2 项，三音节词 1 项，均为先秦已经产生的副词，如下：

方$_2$（72）、今$_1$（153）、乃今（7）、乃今日（4）、而今（5）、适$_3$（137）

【方】用于动词前，表示动作行为正在进行。可译为"正"。共 72 例。

（1）沛公方倨床使两女子洗足，而见郦生。（《张丞相列传》）

（2）如今人方为刀俎，我为鱼肉，何辞为。（《项羽本纪》）

另外，《史记》"方"也可用如介词，表示时间，与所带宾语组成介词结构作全句修饰语。可译为"当……的时候"。共 24 例。如：

（3）方子胥窘于江上，道乞食，志岂尝须臾忘郢邪？（《伍子胥列传》）

【今】用于句首、谓语之前，表示说话的当时、说话前后或长或短的一段时间。可译为"而今"、"现在"等。共 153 例。

一是用于句首的，共 136 例。

（1）今一使者来，即自杀，安知其非诈？（《李斯列传》）

（2）今上始得天下，独以已之私怨求一人，何示天下之不广也！（《季布栾布列传》）

二是用于谓语之前的，共 17 例。

（3）若不趣降汉，汉今虏若，若非汉敌也。（《项羽本纪》）

（4）上日闻所不闻，明所不知，日益圣智；君今自闭钳天下之口而日益愚。（《袁盎晁错列传》）

【乃今】用于动词谓语前，表示动作行为发生在现在。可译为"现在"、"如今"。共 7 例。

（1）天不享殷，乃今有成。（《周本纪》）

（2）鲁仲连曰："吾始以君为天下之贤公子也，吾乃今然后知君非天下之贤公子也。"（《鲁仲连邹阳列传》）

【乃今日】用于动词谓语前，表示事情发生在现在，强调时间太晚了。可译为"现在才"、"直到现在才"等，4 例。

（1）臣乃今日请处囊中耳。（《孟尝君列传》）

（2）于是新垣衍起，再拜谢曰："始以先生为庸人，吾乃今日知先生为天下之士也。"（《鲁仲连邹阳列传》）

【而今】用于句首或谓语之前，表示说话时的时间，可同时兼表转折之意。可译为"（而）现在"、"（而）如今"、"而今"等，5 例。

（1）而今王又复伐齐，子胥专愎强谏，沮毁用事，徒幸吴之败以自胜其计谋耳。（《伍子胥列传》）

（2）而今秦楚不骓，则无以令诸侯。（《楚世家》）

【适】清刘淇《助字辨略》卷五："适，正也。""适"与副词"正"、"属"皆相通。[1] 从上古音来看，"适"属书母、锡部，"正"属章母、耕部，"属"属章母、屋部。三字或双声，或旁纽双声；且韵部极为相近，"正"与"适"阴入对转（"耕"部与"锡"部）；"适"居其中联系"正"与"属"，故而三字声同韵通。从语法功能来看，"适"用于动词谓语之前，表示两件事情发生的时间正好相合。可译为"正好"、"恰好"等，共 137 例。

---

[1] 副词"正"、"属"《史记》未见。

（1）老父已去，高祖适从旁舍来，吕后具言客有过，相我子母皆大贵。（《高祖本纪》）

（2）夫身中大创十余，适有万金良药，故得无死。（《魏其武安侯列传》）

3.3.1.3 表将来、未然

这一类副词一般只修饰动词或者动词性短语。语义上表示动作行为或情况将要进行或出现。《史记》共有 10 项，单音节词 5 项，双音节词 5 项，均为先秦已经产生的副词，如下：

今$_2$（17）、将（118）、方$_3$（4）、且$_1$（103）、且欲（14）、方将（2）、方且（2）、方欲（3）、乃且（3）、便$_1$（10）

【今】用于动词谓语之前，表示动作行为即将发生，或预料其将很快发生或已在进行。可根据文义译为"即将"、"很快"、"马上"等。共 17 例。

（1）夺项王天下者，必沛公也，吾属今为之虏矣。（《项羽本纪》）

（2）吾数谏王，王不用，吾今见吴之亡矣。（《伍子胥列传》）

【将】共 2 397 例。其中，"将军"、"大将"、"上将"名词共 1 090 例；动词 136 例；连词 1 047 例；介词 23 例；时间副词 118 例，用于动词前，表示动作行为即将开始、情况即将出现。可译为"即将"、"将要"、"快要"等。如：

（1）平原君怒，将杀奢。（《廉颇蔺相如列传》）

（2）夷吾将奔翟。冀芮曰："不可，重耳已在矣。"（《晋世家》）

"将"前如有副词"必"的限制，可表示对未来的强调。《史记》中"必将"共 9 例，表示某种事态或情况必然出现。例如：

（3）天未绝晋，必将有主，主晋祀者，非君而谁？（《晋世家》）

（4）秦非无事之国也，韩亡之后必将更事，更事必就易与利，就易与利必不伐楚与赵矣。（《魏世家》）

《史记》"将"还有连词用法。表示选择关系或表示所连接的两项在时间上前后相承。可译为"还是"、"就"、"便"等。如：

（5）文曰："人生受命于天乎？将受命于户邪？"（《孟尝君列传》）

（6）三年不蜚，蜚将冲天；三年不鸣，鸣将惊人。（《楚世家》）

《史记》"将"还有介词用法。引进动作行为支配的对象。如：

（7）沛公将数万人已屠武关，使人私于高，高恐二世怒，诛及其身，乃谢病不朝见。（《秦始皇本纪》）

【且】共 649 例。时间副词 103 例，关联副词 5 例（见 3.6.3 节）。连词 468 例。助词 78 例。

作时间副词有两种用法。第一种用法，可以理解为"将要"、"即将"，在句子中修饰 VP，这种用法先秦已有，例如：

（1）信方斩，曰："吾悔不用蒯通之计，乃为儿女子所诈，岂非天哉！"（《淮阴侯列传》）

（2）晋国且大乱，五世不安。（《扁鹊仓公列传》）

有时"且"前有表时间的词语，如"旦暮"（3 例）等，使"且"的"马上就……"意义更加明显，译时可将"旦暮且"灵活译为"很快就要"。如：

（3）秦王使使者告魏王曰："吾攻赵旦暮且下，而诸侯敢救者，已拔赵，必移兵先击之。"（《魏公子列传》）

（4）今楚王病，旦暮且卒，而君相少主，因而代立当国，如伊尹、周公，王长而反政，不即遂南面称孤而有楚国？（《春申君列传》）

第二种用法，"且"可以理解为"暂且"、"姑且"，是一个表示动作行为暂时性的或持续的时间很短的时体副词（见 3.3.1.8 节）。

【且欲】表示动作行为发生的时间在将来。犹"将要"等。14 例。

（1）献公即位，镇抚边境，徙治栎阳，且欲东伐，复缪公之故地，修缪公之政令。（《秦本纪》）

（2）项王闻淮阴侯已举河北，破齐、赵，且欲击楚，乃使龙且往击之。（《项羽本纪》）

【方】可以理解为"即将"、"正要"，在句子中修饰 VP，这种用法先秦已有，共 4 例。例如：

（1）信方斩，曰："吾悔不用蒯通之计，乃为儿女子所诈，岂非天哉！"遂夷信三族。（《淮阴侯列传》）

（2）上曰："吾方图子之功。"乃以随何为护军中尉。（《黥布列传》）

【方将】由意义相近的时间副词"方"、"将"联合而成，朱骏声《说文通训定声》："'将'或曰借为'当'，犹'方'也。"这是有可能的，"将"上古音精母阳部，"当"端母阳部，是舌齿准双声，阳部叠韵。"方将"连用，在《史记》中共 2 例。可以理解为"即将"、"正将"，在句子中修饰 VP，这个时间副词产生较早，先秦已有。如：

（1）方将约车趋行，适闻使者之明诏。（《张仪列传》）

（2）方将增泰山之封，加梁父之事，鸣和鸾，扬乐颂，上咸五，下登三。（《司马相如列传》）

【方且】用于动词谓语前，表示动作行为正在或即将进行。可译为"即将"、"正要"等。共 2 例。如：

（1）张仪曰："赖子得显，方且报德，何故去也？"（《张仪列传》）

（2）两虎方且食牛，食甘必争。（《张仪列传》）

【方欲】用于动词谓语前，表示动作行为即将进行。可译为"将要"等。3 例。

（1）当是时，赵别将司马卬方欲渡河入关，沛公乃北攻平阴，绝河津。（《高祖本纪》）

（2）公子亦欲因此时定南面而王，诸侯畏公子之威，方欲共立之。（《魏公子列传》）

【乃且】用于动词谓语前，表示动作行为将要进行，兼有加强语气的作用。可译为"将要"等。共 3 例。如：

（1）吾属不死，命乃且县此两人。（《外戚世家》）

（2）夜郎旁小邑皆贪汉缯帛，以为汉道险，终不能有也，乃且听蒙约。（《西南夷列传》）

【便】用于动词谓语前，表示动作行为立即施行。可译为"马上"、"立即"等。10 例。

（1）是时楼船将军杨仆使使上书，愿便引兵击东越。（《东越列传》）

（2）少年欲立婴便为王，异军苍头特起。（《项羽本纪》）

关联副词用法见 3.6 节。

疑问副词用法见 3.7 节。

3.3.1.4 表短暂、突发

这一小类主要修饰动词或者动词性短语，少数还能修饰句子形式。语义上表示动作行为或情况在很短的时间内发生或出现。《史记》共出现 19 项，单音节词 12 项，双音节词 7 项。

1. 先秦已经产生的副词（17 项）

忽（45）、忽然（2）、忽焉（1）、卒然（9）、须臾（13）、斯须（3）、寻（1）、已₂（5）、已而（103）、既而（2）、新（28）、遽（3）、立（16）、辄₂（18）、即₂（196）、暴（147）、乍（14）

【忽】用于动词谓语之前，表示动作行为经历的时间短促。犹"迅速"、"很快地"等。共45例。

（1）因言曰："今年祖龙死。"使者问其故，因忽不见，置其璧去。（《秦始皇本纪》）

（2）武安鄂谢曰："吾昨日醉，忽忘与仲孺言。"（《魏其武安侯列传》）

【忽然】用于谓语前，表示动作行为进行很快，表示时间的同时也表状态。可译为"很快地"、"匆匆地"等。共2例。

（1）忽然为人兮，何足控抟；化为异物兮，又何足患！（《屈原贾生列传》）

（2）忽然不见，殆非人也。（《扁鹊仓公列传》）

例（1）引自《楚辞》。

【忽焉】用于谓语之前，表示迅速。犹"突然"、"忽然"等。仅1例。

（1）颜渊喟然叹曰："仰之弥高，钻之弥坚。瞻之在前，忽焉在后。"（《孔子世家》）

【卒然】用于动词谓语之前，表示动作行为发生得突然。犹"突然"、"忽然"等。共9例。

（1）君卒然捐馆舍，是事之不可知者二也。（《范雎蔡泽列传》）

（2）使臣卒然填沟壑，君虽恨于臣，亦无可奈何。（《范雎蔡泽列传》）

【须臾】用于谓词或谓语前，表示时间短暂。可译为"一会儿"、"片刻"等。共13例。

（1）故君子不可须臾离礼，须臾离礼则暴慢之行穷外。（《乐书》）

（2）方子胥窘于江上，道乞食，志岂尝须臾忘郢邪？（《伍子胥列传》）

【斯须】用于分句、语段之间，同"须臾"[1]。共3例。

（1）君子曰：礼乐不可以斯须去身。（《乐书》）

（2）心中斯须不和不乐，而鄙诈之心入之矣；外貌斯须不庄不敬，而慢易之心入之矣。（《乐书》）

【寻】用于动词前，表示动作行为是紧邻某种行动之后发生的。可译为"随后"、"随即"等。仅1例。

（1）诸侯入秦，（陈）婴降，为项羽所杀。寻诛羽，天下属汉。（《六国年表》）

---

[1]   "斯须"和"须臾"虽然都表示时间短暂，但用法有别，"斯须"用于谓词或谓语前，"须臾"还可以用于句首和分句、语段之间。

【已】用于复句的后一个分句，表示后一动作距前一动作不久便发生了。可译为"不久"、"随后"等。共 5 例。

（1）韩王成无军功，项王不使之国，与俱至彭城，废以为侯，已又杀之。（《项羽本纪》）

（2）熏育戎狄攻之，欲得财物，予之。已复攻，欲得地与民。（《周本纪》）

【已而】用于动词谓语前，表示时间不久。可译为"随即"、"不久"、"然后"等。共 103 例。

（1）乃召汤而囚之夏台，已而释之。（《夏本纪》）

（2）已而去鲁，斥乎齐，逐乎宋、卫，困于陈蔡之闲，于是反鲁。（《孔子世家》）

一例引自《论语·微子》，且"已而"单独成句，"已"作动词，"而"语气词，表"罢了"、"算了"之意。如：

（3）已而，已而！今之从政者殆而！（《孔子世家》）

【既而】用于动词谓语前或句首作状语，表示在前一事件结束之后不久发生后面的事。可译为"不久"等。仅 2 例。如：

（1）既而归，其妻请去。（《管晏列传》）

（2）既而弥子之母病，人闻，往夜告之，弥子矫驾君车而出。（《老子韩非列传》）

【新】用于动词前，表示事情刚刚发生。《广雅·释言》："新，初也。"可译为"刚刚"、"新近"、"前不久"等。共 28 例。

（1）赵王新立，太后用事，秦急攻之。（《赵世家》）

（2）赵王新立，太后用事，秦急攻之。（《赵世家》）

【遽】共 7 例，时间副词 3 例，疑问副词 3 例（见 3.7 节），名词 1 例。

（1）沛公遽雪足杖矛曰："延客入！"（《郦生陆贾列传》）

（2）于是秦昭王遽为发兵救魏。（《郦生陆贾列传》）

【立】用于动词前，表示动作行为发生、出现得很快。可译为"立刻"、"马上"等。共 16 例。如：

（1）应侯欲攻赵，武安君难之，去咸阳七里而立死于杜邮。（《樗里子甘茂列传》）

（2）沛公至军，立诛杀曹无伤。（《项羽本纪》）

【辄】用于后面分句的动词谓语前，表示前后两件事紧相连接，一有前一情况马上就有后面的结果。可译为"立即"、"马上"等。共 18 例。如：

（1）（韩）信之下魏破代，汉辄使人收其精兵，诣荥阳以距楚。（《淮阴侯列传》）

（2）令匠作机弩矢，有所穿近者辄射之。（《秦始皇本纪》）

其中，"辄"与上文的"一"配合，形成"一……辄……"句式，表示一有某种情况，就马上有后面的结果。仅1例。如：

（3）有一人徙之，辄予五十金，以明不欺。（《商君列传》）

"辄"表示常常发生的时间副词，见3.3.1.5节。

【即】共643例。其中，假设连词84例，让步连词3例，顺承连词141例，转折连词2例；介词217例；时间副词196例，用于复句后面分句的动词谓语前，表示后面动作行为与前面的动作行为紧相连接。后项与前项既有事理上的内在联系，更有时间上的先后相承关系。可译为"随即"、"就"、"就（马上）"等。如：

（1）张良出，要项伯。项伯即入见沛公。（《项羽本纪》）

（2）（苏代）又曰："即围邯郸乎？"（《穰侯列传》）

【暴】共177例。形容词26例，动词4例，时间副词147例。时间副词用于动词前，表示事态进行迅速、猛烈。有时兼表事态发生得出人意外，或通过不正当手段突然取得。可译为"突然"、"猛然"等。如：

（1）今暴得大名，不祥。（《项羽本纪》）

（2）寡人闻之，暴得者必暴亡，强取者必后无功。（《龟策列传》）

【乍】14例，均以"乍……乍……"的句式出现，两个"乍"所修饰的动词或形容词往往是一对反义词或互相形成鲜明对照的词语。表示动作行为或状态忽而这样、忽而那样。可译为"忽而……忽而……"、"有时……有时……"等。如：

（1）日中必移，月满必亏；先王之道，乍存乍亡。（《日者列传》）

（2）所居久，国有德厚。其角动，乍小乍大，若色数变，人主有忧。（《天官书》）

（3）东绝甬道，从出度平阴，遇淮阴侯兵襄国，军乍利乍不利，终无离上心。（《傅靳蒯成列传》）

2. 西汉新产生的副词（2项）

旋（4）、暂（1）

【旋】副词"旋"《史记》出现4例，如下：

（1）臣意诊脉，曰："内寒，月事不下也。"即窜以药，旋下，病已。（《扁鹊仓公列传》）

（2）菑川王美人怀子而不乳，来召臣意。臣意往，饮以莨菪药一撮，以酒饮之，旋乳。（《扁鹊仓公列传》）

从语法功能来看，"旋"用于动词前，表示前后行为在时间上的紧相连接，常用于对客观情况的叙述。其本义为转动，《说文解字·部》："旋，周旋。"如：

（3）旋入雷渊。（《楚辞·招魂》）

（4）九星悬朗，七曜周旋。（《素问·天元纪火论》）王冰注："旋谓左旋天度而行。"

可见，时间副词"旋"来源于表"旋转"义的动词"旋"。清代刘淇的《助字辨略》云："《史记·仓公传》'病旋已'，《索引》云：'言寻即已止也。'愚案：不多时曰旋。旋，转也，言一转顷即如何也。"这是对的。

"旋"作时间副词，表示"随即、一下子"或"临时"之义。这种用法在先秦时期用"还"表示，唐诗中用得很多，宋代至明代的白话文献也都很常用；直到现代汉语的某些方言中，仍是一个很常用的时间副词（见杨荣祥，1988）。

【暂】副词"暂"《史记》出现1例，如下：

（1）（李）广详死，睨其旁有一胡儿骑善马，广暂腾而上胡儿马。（《李将军列传》）

《说文解字·日部》："暂，不久也。"段注："《左传》：妇人暂而免诸国。今俗云'霎时间'，即此字也。""暂"本义是极短的时间，霎时间，是形容词，如：

（2）乃有不吉不迪，颠越不恭，暂遇奸宄。（《尚书·盘庚中》）

由此引申虚化为时间副词，相当于"仓卒，突然"。

3.3.1.5 表持续、不变

这个小类有个明显的不同于其他小类的特点：除了修饰动词或者动词性短语外，还可以比较自由地修饰形容词或者形容词性短语。语义上表示动作行为持续或长时间内进行，某种情况持续存在，或事物持续、长时间内经常保持某种性质状态不变。但它们都不能修饰瞬间动词。《史记》共20项，单音节词15项，双音节词5项。

1. 先秦已经产生的副词（18项）

素（52）、雅₂（3）、终₁（54）、终已₁（1）、常₂（304）、尝₂（3）、尚₁（89）、每（21）、期₁（1）、屡（4）、数（170）、时₁（12）、时时₁（19）、往往（27）、犹₂（23）、犹尚（3）、犹自（1）、尚将（2）

【素】用于动词、形容词前，表示动作行为或事物的性质一贯如此。可译为"向来"、"如此"等。共52例。

一是用于动词前的，37例。

（1）吴广素爱人，士卒多为用者。（《陈涉世家》）

（2）或说楚将曰："布善用兵，民素畏之。"（《黥布列传》）

二是用于形容词前的，15例。

（3）穰苴曰："臣素卑贱，君擢之间伍之中，加之大夫之上，士卒未附，百姓不信，人微权轻。"（《司马穰苴列传》）

（4）李良素贵，起，惭其从官。（《晋世家》）

【雅】用于动词谓语前，表示动作行为或事物的状态性质向来如此。可译为"向来"、"一向"等。3例。如：

（1）（赵）高雅得幸于胡亥，欲立之。（《蒙恬列传》）

（2）汉元年二月，项羽立诸侯王，张耳雅游，人多为之言，项羽亦素数闻张耳贤，乃分赵立张耳为常山王，治信都。（《张耳陈馀列传》）

裴骃集解引韦昭曰："雅，素也。"司马贞《史记索隐》："言惯游从。"

【终】用于动词前，表示动作行为在时间上的连续。可译为"始终"、"一直"等。共54例。如：

（1）侯生视公子色终不变，乃谢客就车。（《魏公子列传》）

（2）雒阳人有相仇者，邑中贤豪居间者以十数，终不听。（《游侠列传》）

【终已】用于动词谓语前，表示动作行为的最终结果。可译为"始终"、"终于"等。仅1例。

（1）于是荆轲就车而去，终已不顾。（《刺客列传》）

【犹】共33例。其中，连词10例，时间副词23例。时间副词"犹"用于动词、形容词谓语前，表示动作行为或状态持续不变、依然如故，可译为"仍然"、"依旧"、"还"等。共23例。

一是动词前的，18例。

（1）而邹、鲁滨洙、泗，犹有周公遗风，俗好儒，备于礼，故其民龊龊。（《货殖列传》）

二是形容词前的，5例。

（2）而夷狄殊俗之国，辽绝异党之地，舟舆不通，人迹罕至，政教未加，流风犹微。（《司马相如列传》）

【每】用于动词谓语前，表示动作行为经常发生。可译为"往往"、"常常"等。共21例。如：

（1）（田单）每出约束，必称神师。（《田单列传》）

（2）每汉使入匈奴，匈奴辄报偿。（《匈奴列传》）

以上副词"每"有状语提前的情况，即副词与它所修饰的动词与形容词之间有别的成分插入，如例（4），其中的"每"是修饰动词"入"的状语，但被主语"汉使"隔开。杨树达在《词诠》中特为《汉书·匈奴传》："每汉使入匈奴，匈奴必报偿。"加按语："按'每汉使入匈奴'，犹言'汉使每次入匈奴'，此'每'字非'汉使'之形容词。"[1]

【期】用于动词前，表示动作行为经常如此。可译为"经常"、"常常"等。仅1例。

（1）（周）仁为人阴重不泄，常衣敝补衣溺裤，期为不洁清。（《万石张叔列传》，《史记正义》："期，犹常也。"）

【常】用于动词前，表示某种动作行为经常发生。可译为"经常"、"往往"等。共304例。

（1）相如每朝时，常称病，不欲与廉颇争列。（《廉颇蔺相如列传》）

（2）项庄拔剑起舞，项伯亦拔剑起舞，常以身翼蔽沛公，庄不得击。（《项羽本纪》）

【尝】假借为"常"。用于动词前，表示动作行为不断发生。可译为"经常"、"常常"等。共3例。如：

（1）（公子光）故尝阴养谋臣以求立。（《刺客列传》）

（2）（李）广所居郡闻有虎，尝自射之。（《李将军列传》）

【尚】共279例。其中，连词190例，时间副词89例。时间副词"尚"用在动词、形容词前，表示动作行为仍在进行或状态继续存在。可译为"还"、"依然"等。修饰动词的有69例，修饰形容词的有20例。如：

（1）赵使还报王曰："廉将军虽老，尚善饭，然与臣坐，顷之三遗矢矣。"赵王以为老，遂不召。（《廉颇蔺相如列传》）

（2）江之源理，不如四海，而人尚夺取其宝，诸侯争之，兵革为起。（《龟策列传》）

（3）张良谏曰："沛公虽欲急入关，秦兵尚众，距险。"（《高祖本纪》）

【尚将】用于动词谓语前，表示动作行为或情况继续进行或依然如故。可译为"仍然"、"还（在）"等。共2例。

（1）君之危若朝露，尚将欲延年益寿乎？（《商君列传》）

（2）君尚将贪商于之富，宠秦国之教，畜百姓之怨，秦王一旦捐宾客而不立朝，秦国之所以收君者，岂其微哉？（《商君列传》）

---

[1] 杨树达：《词诠》，中华书局1954年版。

【屡】用于动词前，表示动作行为或现象多次发生或出现。可译为"多次"、"屡次"等。共4例。

（1）师也辟，参也鲁，柴也愚，由也喭，回也屡空。赐不受命而货殖焉，亿则屡中。（《仲尼弟子列传》，《史记集解》："何晏曰：'颜回庶几于圣道，虽数空匮而乐在其中。'"）

（2）明乎商之诗者，临事而屡断；明乎齐之诗者，见利而让也。临事而屡断，勇也。（《乐书》）

【数】用于动词前，表示动作行为频繁发生。可译为"多次"、"屡次"等。共170例。

（1）三苗在江淮、荆州数为乱。（《五帝本纪》）

（2）而刻深吏多为爪牙用者，依于文学之士。丞相弘数称其美。（《酷吏列传》）

【时】用于动词谓语之前，表示动作行为经常发生。可译为"常常"、"经常"等，共12例。

（1）吕禄信郦寄，时与出游猎。（《吕太后本纪》）

（2）匈奴时有候者到，而希矣。（《大宛列传》）

【时时】表示动作行为经常不断地发生。可译为"常常"、"经常"等，共19例。

（1）孝公既见卫鞅，语事良久，孝公时时睡，弗听。（《商君列传》）

（2）时时著书，人又取去，即空居。（《司马相如列传》）

【往往】同"时时"。共27例。

（1）自是之后，匈奴绝和亲，攻当路塞，往往入盗于汉边，不可胜数。（《匈奴列传》）

（2）右贤王大惊，脱身逃走，诸精骑往往随后去。（《匈奴列传》）

【犹自】仅1例。

（1）古者尝竭天下之资财以奉其上，犹自以为不足也。（《平准书》）

【犹尚】用于谓语前，表示动作行为或状态在条件改变的情况下依然如此。可译为"仍然"、"还（是）"等。共3例。

（1）凡人之思故，在其病也。彼思越则越声，不思越则楚声。使人往听之，犹尚越声也。（《张仪列传》）

（2）张廷尉事景帝岁余，为淮南王相，犹尚以前过也。（《张释之冯唐列传》）

（3）然余善至大逆，灭国迁众，其先苗裔繇王居股等犹尚封为万户侯，由此知

越世世为公侯矣。（《东越列传》）

2. 西汉新产生的副词（2项）

辄（29）、动（1）

【辄】时间副词"辄"《史记》中出现29例，如下：

（1）臣子客有能深得赵王阴事者，赵王所为，客辄以报臣，臣以此知之。（《魏公子列传》）

（2）李斯已死，二世拜赵高为中丞相，事无大小辄决于高。（《李斯列传》）

（3）张负女孙五嫁而夫辄死，人莫敢娶。（《陈丞相世家》）

从《史记》副词"辄"可以看出，时间副词"辄"多修饰动词谓语，表示动作行为时常如此或一向如此。

《说文解字·车部》："辄，车两輢也。"朱骏声《说文通训定声》："辄，谓车两旁可倚处。"段玉裁注："按车必有两輢，如人必有两耳。故从耴。耴，耳垂也。"又"凡专辄用此字者，此引申之义。凡人有所倚侍而妄为之，如人在舆之倚于輢也"。《广韵·叶韵》："辄，专辄。"段氏之说虽不一定可靠，但"辄"本指车厢两輢如耳垂的部分，确实是人乘车时所倚的部分[1]，所以说"专擅"义是由"直接"引申而来，也不无可能。同时，"专擅"指"专横，武断"，包含着"一旦出现某种相同或类似的情形，都会如何如何"的意思，自然蕴藏了"一……就……"的时间因素，这样，"专擅"也就可能引申出副词"总是、每每"的时间意义来。表示在相同或类似的情形下每次都如此。这样，"辄"有了表示时间段的语义、功能，后接否定词时，也就可能由否定某个时间段转而强调否定语气，唐宋文献中较为多见。王瑛（2001：228）较早指出："辄，语气副词……每每置于否定词之前以加强否定，有'并''绝''毫''竟'等含义。"阙绪良（2003：58、59）增广其例，转引2例：

（4）真归，具以二僧之语命之。新妇承命，具馔设法，辄无所惧。（《太平广记》卷二九九《韦安道》）

（5）我劝出家辈，须知教法深。专心求出离，辄莫染贪淫。（拾得诗《我劝出家辈》，《寒山诗注》）

"辄"之"即，就"义，先秦就已产生，但用得比较少，两汉以后则颇为常见。《史记》共出现18例，如：

（6）复曰"能徙者予五十金"。有一人徙之，辄予五十金，以明不欺。卒下令。

---

[1]　参朱星（1982）页63"古代车舆结构示意图"。

（《商君列传》）

（7）天子闻之，大怒，而使使遮玉门，曰军有敢入者辄斩之！贰师恐，因留敦煌。（《大宛列传》）

（8）令匠作机弩矢，有所穿近者辄射之。（《秦始皇本纪》）

（9）（君偃）淫于酒妇人。群臣谏者辄射之。于是诸侯皆曰"桀宋"。（《宋微子世家》）

此外，"辄"还有表转折语气的用法，笔者在东汉文献中摘录 3 例：

（10）吕后故为，天不罚也。人误不知，天辄杀之，不能原误，失而责故，天治悖也。（《论衡·雷虚》）

（11）前羌始反时，将帅以定令之群，籍富厚之富，据列城而气利势，权十万之众，将勇杰之士，以诛草创新判散乱之弱虏，击自至之小寇，不能擒灭，辄为所败。（《潜夫论·劝次》）

（12）有客从外来，闻之常欢喜。迎问其消息，辄复非乡里。（汉·蔡琰·《悲愤诗》）

玩味文意，例（10）中"辄"以解作"却，反而"为常；例（11）中的"辄"，以"即，就"解之，勉强可通，不过句中似更倾向于表示转折语气。王瑛（2001：228）揭示了唐宋笔记中"辄"表转折语气的用法，认为"'辄'、'则'音近，或可通"，可参。

【动】副词"动"《史记》仅出现 1 例，如下：

（1）且兵凶器，虽克所原，动亦耗病，谓百姓远方何？（《律书》）

《史记》的副词"动"修饰动词谓语作状语。

"动"的本义是行动，《说文解字·力部》："动，作也。"如：

（2）拟之而后言，议之而后动。（《易经·系辞上》）

由此直接虚化为副词，强调动作行为发生得迅速而经常。相当于"动不动就"、"每每"等。"动"用作副词，始于《史记》，后一直沿用于文言中。

刘淇《助字辨略》（卷三）："凡云动者，即兼动辄之义，乃省文也。动，举动也；辄，即也。言每举动即如此也。"蒋冀骋（1991）认为，刘淇说"动"是"动辄"的省文是不妥当的。在蒋先生看来，"动"用作状语时含有"动辄"之义，意即"一动就"、"动不动就"。此意自然也就含有"每"、"常"之义，这是"动"成为表惯常副词的引申线索。至于"动"之"即、就"义，并不是"动"本身具有此义，而是通过句法表示的。笔者赞成蒋冀骋先生的分析。

汉末副词"动"与"辄"连用为词。据张振羽（2010）研究，"动辄"最早见于东汉的《吴越春秋》和《太平经》，前者出现了1例，后者出现了5例，后一直沿用于文言中，如：

（3）大夫皋如曰："修德行惠，抚慰百姓；身临忧劳，动辄躬亲；吊死存疾，救活民命；蓄陈储新，食不二味；国富民实，为君养器，臣之事也。"（《吴越春秋·勾践入臣外传》）

（4）各见其功，各进所知，无有所私，动辄承教，不失教言，而精进趣志，常有不息，得敕乃止，是生神之愿。（《太平经·不用书言命不全诀》第一百九十九）

（5）布性决易，所为无常。顺每谏曰："将军举动，不肯详思，忽有失得，动辄言误。误事岂可数乎？"（《后汉书·吕布传》）

（6）跋前踬后，动辄得咎。（《韩昌黎集·进学解》）

（7）某生来蠢躁，动辄颠迷。（《徐渭集·启诸南明侍郎》）

（8）彼其动辄得谤，不克令终，夫岂尽嫉贤害能者力固使之然欤。（《明史·列传》）

在现代文学作品中，"动辄"进一步衰落，在《围城》、《上海的早晨》、《野火春风斗古城》、《茶馆》、《倾城之恋》等作品中，都不再使用"动辄"而只使用"动不动"了。

3.3.1.6 表逐渐、缓慢

这类副词一般修饰动词或者动词性短语、形容词或者形容词性短语，语义上表示动作行为或状况缓慢而又不间断地进行或出现。《史记》共出现8项，单音节词5项，双音节词3项，如下：

1. 先秦已经产生的副词（6项）

益₂（59）、稍₂（16）、寖（2）、寖以（1）、稍稍（9）、浸浔（2）

【益】用于动词、形容词前，表示动作行为或状况逐渐出现或加深。可译为"渐渐"、"逐渐"等。共59例。

一是用于动词前，共11例。如：

（1）燕将大喜，许之。燕军由此益懈。（《田单列传》）

（2）建时年十五矣，其母蔡女也，无宠于王，王稍益疏外建也。（《楚世家》）

二是用于形容词前，共48例。如：

（3）始皇帝益壮，太后淫不止。（《吕不韦列传》）

（4）今齐〔愍王〕已益弱，方今唯秦雄天下，此非必贪邯郸，其意欲复求为帝。（《鲁仲连邹阳列传》）

【稍】用于动词谓语前，表示动作行为的发展变化随着时间的推移而逐渐进行。可译为"逐渐"、"渐渐"等。共 16 例。

（1）西伯滋大，纣由是稍失权重。（《殷本纪》）

（2）上怒稍解，因上书请朝。（《梁孝王世家》）

【稍稍】用于动词谓语前，表示动作行为逐渐进行的。可译为"逐渐"、"渐渐"等。共 9 例。

（1）趣义帝行，其群臣稍稍背叛之。（《项羽本纪》）

（2）使人微随张仪，与同宿舍，稍稍近就之，（《张仪列传》）

【寖】用于形容词之前，表示动作行为的逐渐形成或程度的逐渐增减。可译为"逐渐"、"渐渐"。共 2 例。

（1）故盗贼寖多，上下相为匿，以文辞避法焉。（《酷吏列传》）

（2）久之，寖与中人乱，出入骄恣。（《佞幸列传》）

【寖以】用于动词之前，表示动作行为的逐渐形成。可译为"逐渐"、"渐渐"。仅 1 例。

（1）自张汤死后，网密，多诋严，官事寖以耗废。（《酷吏列传》）

【浸浔】用于动词之前，表示动作行为的逐渐形成。逐渐，渐渐。共 2 例。

（1）太后曰："无复言嫁女齐事。"事浸浔〔不得〕闻于天子。主父偃由此亦与齐有隙。（《齐悼惠王世家》）

（2）是以六合之内，八方之外，浸浔衍溢，怀生之物有不浸润于泽者，贤君耻之。（《司马相如列传》）

2. 西汉新产生的副词（2 项）

渐（16）、浸（3）

【渐】[1] 本是动词，是浸染、缓慢流入的意思。在先秦只用作谓语、宾语、定语，没有用作状语的。例如：

（1）淇水汤汤，渐车帷裳。（《诗经·卫风·氓》）

（2）东渐于海。（《尚书·禹贡》）

（3）名之曰日渐之德不成，而况大德乎！（《庄子·人间世》）

---

[1]　李杰群先生（1991）认为，《史记》时间副词"渐"仅有 2 例，表"浸染"义的有 18 例，有待商榷。

成玄英疏："日将渐积之德，尚不能成，况乎鸿范圣明，如何可望也！"

西汉以后，"渐"开始用作副词，作状语。《史记》共 36 例。其中，动词 18 例，名词 2 例，时间副词 16 例。例如：

一是用于动词前，表示动作行为是逐步进行的。可译为"渐渐"、"逐渐"等。共有 15 例。

（4）有命授弟余祭，欲传以次，必致国于季札而止，以称先王寿梦之意，且嘉季札之义，兄弟皆欲致国，令以渐至焉。（《吴太伯世家》）

（5）是时赵王惧主父偃一出废齐，恐其渐疏骨肉，乃上书言偃受金及轻重之短。（《齐悼惠王世家》）

二是用于形容词前，表示情况或状态逐渐变化。可译为"逐渐"、"越来越"等。仅 1 例。

（6）此非独王过也，亦其俗薄，臣下渐靡使然也。（《淮南衡山列传》）

魏晋以后，时间副词"渐"才普遍适用。见表 3-14 所示：

表 3-14　西汉以后时间副词"渐"的简况

	时间状语	谓语（浸染义）	宾语（征兆、苗头）	总计
《史记》	16	18	2	36
《论衡》	3	12	0	15
《世说新语》	6	0	0	6
《百喻经》	2	0	0	2

【浸】"浸"与"渐"、"寖"相通。从上古音来看，"浸"属精母、侵部，"渐"属从母、谈部，"寖"属清母、侵部。三字同为旁纽双声，且或叠韵，或旁转（"谈"部与"侵"部），故为相通。有时为了行文变化，可交错选用这些副词，如《后汉书·崔寔传》："凡天下所以不理者，常由人主承平日久，俗渐敝而不悟，政寖衰而不改，习乱安危，怢不自觌。"从语法功能来看，"浸"和"渐"的情况类似，在先秦只用作谓语、定语，是动词。例如：

（1）时雨降矣，而犹浸灌，其於泽也，不亦劳乎！（《庄子·逍遥游》）

（2）故浸淫之辞，其类在鼓栗。（《墨子·大取》）

西汉以后用作状语，《史记》中共出现 8 例。其中，动词 5 例，时间副词 3 例。如：

（3）故盗贼浸多，上下相为匿，以文辞避法焉。（《酷吏列传》）

据李杰群（1991）统计，《论衡》共 5 例，时间副词 3 例，占总数的 60%。例如：

（4）滂沛之流，浸下益盛。（《论衡·效力》）

《世说新语》与《百喻经》未见此例。

3.3.1.7 表不定时

这类副词只修饰动词或者动词性短语和句子形式，任何条件下都不能修饰形容词或者形容词性短语，也不能修饰数量名短语。语义上表示对时间的不确定。《史记》共出现 3 项，无双音节词，均为先秦产生，如下：

间 $_1$（3）、时 $_3$（19）、或（3）

【间】用于动词谓语之前，表示动作行为间或发生，或进行。可译为"间或"、"有时"等。共 3 例。如：

（1）乌氏保畜牧，及众，斥卖，求奇缯物，间献遗戎王。（《货殖列传》）

（2）太子日造门下，供太牢具，异物间进，车骑美女恣荆轲所欲，以顺适其意。（《刺客列传》）

【时】用于动词前，表示动作行为不定时发生。可译为"有时"等。共 19 例。如：

（1）匈奴时有候者到，而希矣。（《大宛列传》）

（2）朕以览听余闲，无事弃日，顺天道以杀伐，时休息于此，恐后世靡丽，遂往而不反。（《司马相如列传》）

固定格式是"时……时……"，中间插入两个并列意义相反的动词或形容词谓语，表示不同动作行为或情况交替发生或同时存在。可译为"有时……有时……"、"时而……时而……"等。共 3 例，插入形容词 1 例，动词 2 例。如：

（3）自淳维以至头曼千有余岁，时大时小，别散分离，尚矣，其世传不可得而次云。（《匈奴列传》）

（4）神君最贵者（大夫）〔太一〕，其佐曰大禁、司命之属，皆从之。非可得见，闻其音，与人言等。时去时来，来则风肃然也。（《孝武本纪》）

【或】共 328 例。代词 273 例，连词 48 例，时间副词 3 例。时间副词"或"，用于动词前，表示动作行为、情况不能确定。可译为"或许"等。如：

（1）而以义置数十百钱，病者或以愈，且死或以生，患或以免，事或以成，嫁子娶妇或以养生：此之为德，岂直数十百钱哉！（《日者列传》）

（2）既驩合矣，或不能成子姓；能成子姓矣，或不能要其终：岂非命也哉？（《外戚世家》）

（3）其神或岁不至，或岁数来。（《封禅书》）

《史记》使用"或"时间副词，只有"或……或……"格式，没有"或"字单独表示不定时间的用例。

3.3.1.8 表暂且

这类副词只修饰动词或者动词性短语。语义上表示动作行为或情况在一个短时间内进行或存在着，表示动作行为是权宜、临时之计，《史记》共有3项，无双音节词，均为先秦产生，如下：

且$_2$（9）、聊（2）、苟（6）

【且】用于动词谓语前，表示动作行为是暂时性的，或持续的时间很短。可译为"暂且"、"姑且"等。共9例。如：

（1）将军孙武曰："民劳，未可，且待之。"（《伍子胥列传》）

（2）西门豹曰："诺，且留待之须臾。"（《滑稽列传》）

【聊】用于动词谓语之前，表示动作行为发生、出现时暂作某种让步。可译为"姑且"、"暂且"等。共2例。如：

（1）老臣妄窃帝号，聊以自娱，岂敢以闻天王哉！（《南越列传》）

（2）张廷尉方今天下名臣，吾故聊辱廷尉，使跪结袜，欲以重之。（《张释之冯唐列传》）

【苟】用于动词谓语之前，表示做事不讲原则，随随便便。可译为"随便"、"姑且"等。共6例。如：

（1）故范蠡三徙，成名于天下，非苟去而已，所止必成名。（《越王勾践世家》）

（2）吴起之事悼王也，使私不得害公，谗不得蔽忠，言不取苟合，行不取苟容，不为危易行，行义不辟难，然为霸主强国，不辞祸凶。（《范雎蔡泽列传》）

3.3.1.9 表最终

这一小类副词修饰动词或动词性短语，语义上表示某种动作行为或情况最终发生、进行或完成。《史记》共有5项，单音节词4项，双音节词1项，且均为先秦已经产生的副词，如下：

竟（51）、终$_2$（44）、终已$_2$（1）、卒（99）、遂$_1$（19）

【竟】用于动词谓语之前，表示最终之结果。可译为"最终"、"终于"等。共51例。

（1）怀王竟听郑袖，复释去张仪。（《屈原贾生列传》）

（2）陈胜虽已死，其所置遣侯王将相竟亡秦，由涉首事也。（《陈涉世家》）

【终】用于动词谓语之前，表示经过较长过程最后出现的结果。可译为"到底"、"最终"等。共 44 例。如：

（1）上曰："终不使不肖子居爱子之上。"（《留侯世家》）

（2）府库坏漏尽，腐财物以巨万计，终不得收徒。（《五宗世家》）

【终已】用于动词谓语前，表示动作行为的最终结果。可译为"终于"、"终究"等。共 1 例。

（1）于是荆轲就车而去，终已不顾。（《刺客列传》）

【卒】用于动词谓语之前，表示动作行为是事态发展的最终结果。可译为"最后"、"最终"等。共 99 例。如：

（1）然终无可奈何，故不可以反，卒以此见怀王之终不悟也。（《屈原贾生列传》）

（2）秦失其政，而陈涉发迹，诸侯作难，风起云蒸，卒亡秦族。（《太史公自序》）

常以惯用词组"卒于"形式用于动词谓语前，可译为"最终"等。共 1 例。如：

（3）陵迟以至六国，流沔沈伏，遂往不返，卒于丧身灭宗，并国于秦。（《乐书》）

【遂】用于动词谓语之前，表示动作行为的最终结果。19 例。

（1）桀谓人曰："吾悔不遂杀汤于夏台，使至此。"（《夏本纪》）

（2）庞涓自知智穷兵败，乃自刭，曰："遂成竖子之名！"（《孙子吴起列传》）

3.3.2　双音节时间副词

《史记》双音节时间副词如下：

未尝（87）、既已（17）、既以（2）、固已（17）、固以（4）、业已（8）、已业（2）、已尝（2）、乃者（2）、曩者（3）、昔者（35）、未曾（1）、始常（1）、乃今（7）、乃且（3）、而今（5）、且欲（14）、方欲（3）、方且（2）、方将（2）、已而（103）、既而（2）、往往（27）、时时（19）、稍稍（9）、卒然（9）、犹尚（3）、犹自（1）、豫先（1）、忽焉（1）、忽然（1）、须臾（13）、斯须（3）、终已（1）、尚将（2）、寝以（1）、浸浔（2）

3.3.2.1　数量和频率

数量的多少和频率的高低，体现了副词复音化的并存、择一原则，有利于了解副词复音化的特点。

表 3-15　《史记》双音节时间副词数量与频率表

数量（个）	总数量	37
	频率 ≥ 10	9
	频率 =1	8
频率（次）	总频率	415
	平均频率	8.92

《史记》中，"已而（103）"、"未尝（87）"、"昔者（35）"、"既已（29）"、"往往（27）"、"时时（19）"等 6 个使用频率较高，凡 300 次，余下 31 个只出现了 115 次，其中仅出现一次的为 8 个。可见，《史记》双音节副词特点是使用频率偏低且极不平衡。由于语言经济节约的原则，低频率的复音组合往往昙花一现，迅速消亡，而不少高频率的复音组合，构成成分之间的结合日益紧密，在复音化过程中，逐渐凝固或虚化成词。

3.3.2.2　构词法

汉语词汇复音化的历史，也是汉语构词法的历史。讨论副词复音化，自然离不开对复音副词构词方式的分析。

表 3-16　《史记》双音节时间副词构词表

		数量（次）	百分率（%）
语音造词		3	8.1
语法造词	重叠式	2	5.4
	联合式	14	37.8
	偏正式	0	0
	述宾式	0	0
	附加式	16	43.2
	其他	2	5.4

上表 3-16 可知，语法造词中的"偏正式"和"述宾式"缺失，语音造词及语法造词中的重叠式等所占比例较小，在副词复音化过程中变化并不明显。联合式在各个时期都占极大比例，能产性极强，它是副词复音化过程的最早产物，在初期也是

复音化的主要手段，产生过许多复音副词。但正由于复音组合的自由性，决定了复音组合的临时性，在优胜劣汰的择一过程中处于劣势。附加式中的"然"、"焉"、"而"等由先秦状态形容词词尾演变而来，多与词根"忽"复合成词。

3.3.2.3 在现代汉语中的变化

副词复音化的过程，很大程度上是一个词组凝固或虚化的过程。复音组合在现代汉语中的情况，既可以作为判定复音副词的一个判定标准，又能帮助我们考察副词复音化的进程。

表 3-17 《史记》双音节副词在现代汉语中变化表

		数量（次）	百分率（%）
保留	完全保留	11	29.7
	部分保留	3	8.1
消失	完全消失	23	62.2
	形存实亡	0	0

由表 3-17 可知，《史记》中的双音节时间副词，完全消亡的比例为 62.2%，完全保留的比例率为 29.7%。可见，西汉产生的大量的双音节时间副词极不稳定，极不规范。

3.3.3 时间副词的语法功能及其特点

《史记》时间副词语法功能及其特点为：①以继承为主。承袭先秦而来的有 103 项，占总数的 93.6%；而西汉新近产生的只有 7 项，占总数的 6.4%。②数量多，种类全，表义准确。《史记》时间副词的数量多达 110 项，表示动作行为发生的时间，表示动作行为发生的状态的都有很多的使用。③各小类之间发展不平衡。表"不定时"与表"暂且"的均仅有 3 个词，而表"过去、已然"的则多达 36 个，为其 12 倍。词的使用频率相差很大，除了"常（304）"、"已（260）"、"尝（198）"、"即（196）"、"既（191）"、"始（178）"等少数几个词使用数量较多外，仅出现 1 例的副词有 16 项，如"其"、"固"、"终已"、"期"等。④此期使用的复音副词有"既已、既以、乃者、曩者、乃今、乃今日、而今、方将、方且、乃且、须臾、斯须、尚犹、已而、既而、随手、时时、稍稍、终已、业已、业以、已业、往往"等 37 个，是各项副词中复音词出现最多、频率最高的。其中新产生的复音词仅有"始常"1 项，系同义连用。

表 3-18　先秦至西汉《史记》时间副词简况表

	表过去、已然	表进行、现在	表将来、未然	表短暂、突发	表持续、不变	表逐渐、缓慢	表不定时	表暂且	表最终	总计	百分率
先秦	35	6	10	17	18	6	3	3	5	103	93.6%
西汉	1	0	0	2	2	2	0	0	0	7	6.4%
合计	36	6	10	19	20	8	3	3	5	110	100%

3.4　情状方式副词

此类副词在语义上或表示动作行为进行时的情景状态，或表示动作行为进行后结果的状态，或表示动作行为进行的方式、手段等，具有一定的描述性，使句子的表达生动形象。情状副词很多人也称为方式副词，"情状"与"方式"在不同的场合也有混用的情况，所以这里有必要对"情状"与"方式"的含义做一个简单的界定。《现代汉语词典》对"情状"的解释是"情形；状况"，对"方式"的解释是"说话做事所采取的方法和形式"，方式可以认为是情状的一部分，是动作本身的一种样态，为照顾各方起见，我们暂且称为情状方式副词。

语义上表示动作行为进行时的情景状态，如"反复"、"苦苦"等；或表示动作行为进行后结果的状态，如"白"、"徒"等；或表示动作行为进行的方式、形式、手段等，如"递相"、"互相"等。它们的词义相对更具体、更实在，具有一定的描述性，因而在句中无论是单用，还是连用，都能使句子显得生动形象。

情状是动词的基本属性，典型的动词（动作动词和变化动词）能够受情状副词的修饰。各种语言的"情状"范畴往往是通过情状副词来表现。比如英语的情状副词多由形容词接情状副词词素 -ly 构成。

这类副词一般只修饰 VP，不能修饰 AP、S 和 NumP。陈一（1989）从语法和语义两个方面对情状方式副词（他称为状态词）的特点进行了描述。认为情状方式副词是专职的动词前加词，而且只能修饰一部分动词，表示情态方式或状况。陈文的概括主要抓住了情状方式副词的组合特征——只能修饰一部分动词。张谊生（2000）把副词分为评注性副词、限制性副词和描摹性副词三类，认为"凡是既可以充当表示陈述义的动词的状语，又可以充当表示指称义的动词的定语的副词是描摹性副词"。他所说的描摹性副词就是情状方式副词。张文在充当动词的状语之外又挖掘了不少语法功能方面的特点，比如能否充当定语，与其他副词共现时的顺序，与中心语的紧密程度等。但是，笔者认为上述特点都不是对内具有普遍性，对外具有排他性的。在句法结构中，情状方式副词一般只能修饰动词性谓语。这类副词在整个副词系统里，意义相对来说要"实"一些，语义指向也很单一，就是指向被修饰的动词。

3.4.1　情状方式副词分类

情状方式副词虽然内部成员数量众多，词义较实，但语法上却有较强的共性，因此从句法功能上对其进行分类比较困难。语言学界对此类副词的分类研究主要侧重于现代汉语。张谊生（2000a）根据构词语素、表义特点和形成来源把描摹副词分成表方式、表状态、表情状、表比况4个小类；张亚军（2002）把情状方式副词分为方式和情状2类，每类下又分成3个小类。古代汉语情状副词分类方面，唐贤清（2004）根据具体语义的不同将《朱子语类》中的情状方式副词分为8个小类；杨荣祥（2005）没有对近代情状方式副词加以分类；葛佳才（2005）把东汉的情状方式副词分为9个小类；高育花（2007）根据语义把中古汉语情状方式副词分为14小类。《史记》表示情状方式副词共63例，单音词57项，复音词6项。参考上述各家的分类方法，根据具体语义的不同，本书将《史记》中的情状方式副词分为12个小类，具体分类情况如下．

3.4.1.1　表躬亲

这类副词语义上表示动作行为由主语本身发出。《史记》共有7项，单音词5项，复音词2项。

1. 先秦已经产生的副词（6项）

躬（6）、身（10）、自₁（57）、亲（15）、亲自（2）、躬自（1）

【躬】《尔雅·释诂》："躬，身也。"又《说文解字·吕部》："躬，身也。从身，从吕。躬或从弓。"段玉裁注："从吕者，身以吕为柱也。"朱骏声《说文通训定声》："身曲则吕见。或从弓，象形。"郝懿行《尔雅义疏》："躬从身，亦训为身。《周礼》'身圭、躬圭'，其义同，故躬为身，身亦为躬，转相训也。""躬"用于动词谓语之前，强调动作行为是施事者亲自施行的。相当于"亲自"、"亲身"等。共6例。如：

（1）韩亡，公仲且躬率其私徒以阏于秦。（《樗里子甘茂列传》）

（2）天子曰："大将军青躬率戎士，师大捷。"（《卫将军骠骑列传》）

【身】《说文解字·身部》："身，躬也。象人之形。""身"与"躬"本义相同。《史记》共420例，其中，代词410例，时间副词10例。时间副词"身"用于动词谓语之前，表示本人亲自施行某种动作行为。可译为"亲身"、"亲自"等。如：

（1）将军身被坚执锐，率士卒以诛暴秦，复立楚社稷。（《张耳陈馀列传》）

（2）（灌）婴身生得左司马一人，所将卒斩其小将十人，追北至淮上。（《樊郦滕灌列传》）

【自】共 1 588 例。其中，代词 827 例，介词 420 例，连词 277 例，副词 64 例。表示躬亲副词 57 例，表自然副词 7 例。

（1）项伯许诺。谓沛公曰："旦日不可不蚤自来谢项王。"（《项羽本纪》）

（2）上自劳军。至霸上及棘门军，直驰入，将以下骑送迎。（《绛侯周勃世家》）

表自然的副词"自"见 3.4.1.12 节。

【亲】用于动词谓语之前，表示亲自去做某事。可译为"亲自"、"亲身"等。共 15 例。如：

（1）亲巡天下，周览远方。（《秦始皇本纪》）

（2）天子亲至泰山，以十一月甲子朔旦冬至日祠上帝玥堂，每修封禅。（《封禅书》）

【亲自】与"亲"用法同。用于动词谓语之前，强调施事者亲自进行某一活动。仍可译为"亲自"，或译作"亲身"等。共 2 例。如：

（1）帝亲自劳军，勒兵申教令，赐军吏卒。（《孝文本纪》）

（2）襄子齐三日，亲自剖竹，有朱书曰："赵毋恤，余霍泰山山阳侯天使也。"（《赵世家》）

【躬自】用于动词谓语之前，强调施事者亲自参加动作行为。可译为"亲自"、"亲身"等。仅 1 例。

（1）陛下让文武，躬自切，及皇子未教。（《三王世家》）

2. 西汉新产生的副词（1 项）

躬亲（2）

参见 4.1.2 节同义连用的特点。

3.4.1.2　表伪诈

这类副词语义上表示动作行为是假装的，做假的。可译为"假装"、"伪装"，或根据上下文灵活译出。《史记》共出现 9 项，均为单音词，且均为先秦产生副词，如下：

详（31）、阳（3）、佯（4）、诈（56）、伪（16）、矫（12）、谬（3）、缪（2）、

虚₁（5）

【详】用于动词谓语之前，表示动作行为是假装的。可译为"假装"、"假装着"等。共 31 例。如：

（1）乃强谏纣。纣怒曰："吾闻圣人心有七窍。"剖比干，观其心。箕子惧，乃详狂为奴，纣又囚之。（《殷本纪》）

（2）惠王患之，乃令张仪详去秦，厚币委质事楚。（《屈原贾生列传》）

【阳】共 1 327 例。其中，名词 1 171 例，形容词 153 例，情状方式副词 3 例。情状方式副词"阳"用于动词谓语之前，表面上施行某一动作行为。可译为"表面上"、"假装着"等。如：

（1）善为王计者，不若阴合而阳绝于齐，使人随张仪。（《张仪列传》）

（2）今其状阳言与韩，其实阴善楚。（《韩世家》）

【佯】用于动词或形容词谓语之前，表示动作行为是假装的。可译为"假装"等。共 4 例，修饰动词 3 例，修饰形容词 1 例。如：

（1）乃被发佯狂而为奴。（《宋微子世家》）

（2）宣平侯女为孝惠皇后时，无子，佯为有身。（《吕后本纪》）

【诈】共 118 例。动词 62 例，表伪装的情状方式副词是 56 例。表情状方式副词"诈"用于动词谓语之前，表示动作行为是假装的。可译为"假装"、"假"等。如：

（1）乃诈称公子扶苏、项燕，从民欲也。（《陈涉世家》）

（2）乃诈曰："蓬莱药可得，然常为大鲛鱼所苦，故不得至，愿请善射与俱，见则以连弩射之。"（《秦始皇本纪》）

副词"诈"作为副词时，其后面的动词经常是"称"、"曰"等表示口说的动词。《古代汉语虚词词典》认为，"诈"的欺诈状态不少是以口说的方式来表现，也就是用谎言去进行欺骗。

【伪】共 33 例。形容词 17 例，表伪诈的情状方式副词 16 例。表伪诈的情状方式副词"伪"用于动词谓语之前，表示动作行为是假装的，做假的。可译为"假装"、"伪装"。如：

（1）吕太后立诸吕为王，陈平伪听之。（《陈丞相世家》）

（2）用陈平计，乃伪游云梦，会诸侯于陈，楚王信迎，即因执之。（《高祖本纪》）

【矫】用于动词谓语之前，表示施事者假借其他势力或欺骗行为来做某事。可译为"诈"、"假"等。共 12 例。如：

（1）汉王数项羽曰："……秦项羽矫杀卿子冠军而自尊，罪二。"（《高祖本纪》）

（2）二十年，秦围邯郸，信陵君无忌矫夺将军晋鄙兵以救赵，赵得全。（《魏世家》）

【谬】用于动词谓语之前，表示动作行为的虚假或欺诈。可译为"假装"、"故意"等。共 3 例。如：

（1）程婴出，谬谓诸将军曰："婴不肖，不能立赵孤。谁能与我千金，吾告赵氏孤处。"（《赵世家》）

（2）蔡泽曰："若夫秦之商君，楚之吴起，越之大夫种，其卒然亦可愿与？"应侯知蔡泽之欲困己以说，复谬曰："何为不可？夫公孙鞅之事孝公也，极身无贰虑，尽公而不顾私。"（《范睢蔡泽列传》）

【缪】用于动词谓语之前，表示动作行为的虚假或欺诈。可译为"假装着"、"故意"等。共 2 例。如：

（1）是时卓王孙有女文君新寡，好音，故相如缪与令相重，而以琴心挑之。（《西南夷列传》）

（2）临邛令缪为恭敬，日往朝相如。（《司马相如列传》）

【虚】用于动词谓语之前，表示动作行为的发生没有依据。可译为"凭空地"、"没有根据地"等。5 例。

（1）不威不伐恶，不笃不虚亡，距之不得留，残虐以促期，虽居形便之国，犹不得存。（《秦始皇本纪》）

（2）名不虚立，士不虚附。（《游侠列传》）

3.4.1.3 表阴密

这类副词语义上表示动作行为是在暗地里或私下秘密进行的。可译为"偷偷地"、"暗地里"，"私下里"，或根据文意灵活译出。《史记》共出现 7 项，均为单音词。

1. 先秦产生副词（6 项）

窃$_1$（24）、独$_2$（5）、微$_2$（17）、间$_2$（9）、阴（94）、私（75）

【窃】用于动词谓语之前，表示暗地里进行某一动作行为。可译为"暗地里"、"偷偷地"等。共 24 例。

（1）齐使以为奇，窃载与之齐，齐将田忌善而客待之。（《孙子吴起列传》）

（2）十八年，幽公淫妇人，夜窃出邑中，盗杀幽公。（《晋世家》）

【独】用于动词谓语之前，表示动作行为是个人暗地里进行的。可译为"私下"、"暗暗"等。共 5 例。

（1）其所语，世俗之所知也，毋绝殊者，而天子独喜。（《孝武本纪》）

（2）已拜受印，高帝召濞相之，谓曰："若状有反相。"心独悔。（《吴王濞列传》）

【微】用于动词谓语之前，表示动作行为的隐秘。共17例。

（1）故久立，与其客语，微察公子，公子颜色愈和。（《平原君虞卿列传》）

（2）诸侯微闻其计，以告项羽。（《项羽本纪》）

【间】用于动词谓语之前，表示秘密实施某种动作行为。可译为"秘密地"、"悄悄地"等。共9例。

（1）汉王使人间问之，乃项王也。（《项羽本纪》）

（2）（韩）乃使水工郑国间说秦，令凿泾水自中山西邸瓠口为渠，并北山东注洛三百余里，欲以溉田。（《河渠书》）

【阴】用于动词谓语之前，表示动作行为是在不公开的情况下进行的。可译为"秘密地"、"偷偷地"等。共94例。

（1）庞涓既事魏，得为惠王将军，而自以为能不及孙膑，乃阴使召孙膑。（《孙子吴起列传》）

（2）朱虚侯（刘）章以吕禄女为妇，知其谋，乃使人阴出告其兄齐王，欲令发兵西，朱虚侯、东牟侯为内应，以诛诸吕，因立齐王为帝。（《齐悼惠王世家》）

【私】用于动词谓语之前，表示动作行为是不公开的、私下里进行的。可译为"私下里"、"私自"等。75例。

（1）荆轲知太子不忍，乃遂私见樊于期。（《刺客列传》）

（2）怀王约入秦无暴掠，项羽烧秦宫室，掘始皇帝冢，私收其财物，罪四。（《项羽本纪》）

2. 西汉新产生的副词（1项）

盗（7）

【盗】《史记》共出现7例，如下：

（1）从建元以来，用少，县官往往即多铜山而铸钱，民亦间盗铸钱，不可胜数。（《平准书》）

（2）自造白金五铢钱后五岁，赦吏民之坐盗铸金钱死者数十万人。（《平准书》）

（3）居无何，人有告邓通盗出徼外铸钱。（《佞幸列传》）

"盗"在语法功能上，均用作状语，修饰动词和动词短语。此外，《史记》中还有18例用于非副词，如：

（4）殺人者死，傷人及盜抵罪。（《高祖本纪》）

（5）如姬果盜晋鄙兵符与公子。（《魏公子列传》）

上例的"盜"用作动词，偷窃的意思，这是"盜"的本义。《说文解字·次部》："盜，私利物也。"王筠句读："私有所利于他人之物也。""盜"的"偷窃"的本义始见于先秦，如：

（6）窃略为盜。（《左传·文公十八年》）孔颖达疏："窃人财赂谓之为盜。"

（7）非其所取而取之谓之为盜。（《谷梁传·定公八年》）

由此直接虚化为副词，表示不公开的方式，相当于"私下里"、"偷偷地"等。这种用法在西汉以后使用更加频繁。

3.4.1.4　表坚决、认真

这类副词语义上表示施动者在发出动作时的态度是坚决的，或认真从事的。可译为"坚决"、"绝对"、"谨慎"等。《史记》共出现7项，全部为单音词，均为先秦产生副词，如下：

固₂（35）、决₁（3）、期₂（3）、谨₁（5）、慎（6）、坚（3）、熟（5）

【固】用于动词谓语之前，表示态度坚决肯定。可译为"坚决"、"坚持"等。共35例。如：

（1）将军壮义之，恐亡夫，乃言太尉，太尉乃固止之。（《魏其武安侯列传》）

（2）（朱公）乃装黄金千溢，置褐器中，载以一牛车。且遣其少子，朱公长男固请欲行，朱公不听。（《越王勾践世家》）

【决】用于动词谓语之前，表示坚决的态度。可译为"坚决"、"肯定"等。3例。

（1）王后知王决废太子，又欲并废孝。（《淮南衡山列传》）

（2）相如度秦王虽斋，决负约不偿城，乃使其从者衣褐，怀其璧，从径道亡，归璧于赵。（《廉颇蔺相如列传》）

【期】用于动词谓语之前，表示动作行为的情态，有迫切、务必之意。可译为"务必"、"一定"等。3例

（1）臣意曰：他所诊期决死生及所治已病众多，久颇忘之，不能尽识，不敢以对。（《扁鹊仓公列传》）

（2）今父老子弟虽患苦我，然百岁后期令父老子孙思我言。（《滑稽列传》）

（3）其大臣谏胡曰："汉兴兵诛郢，亦行以惊动南越。且先王昔言，事天子期无失礼，要之不可以说好语入见。"（《南越列传》）

【谨】用于动词谓语之前，表示实施某一动作行为的态度谨慎。可译为"谨慎地"、"认真地"等。5例。如：

（1）后四岁，天下已定，诏御史，令丰谨治枌榆社，常以四时春以羊彘祠之。（《封禅书》）

（2）（弦高）曰："闻大国将诛郑，郑君谨修守御备，使臣以牛十二劳军士。"（《秦本纪》）

【慎】用于动词谓语之前，表示动作行为谨慎小心。可译为"谨慎地"、"小心地"等。6例。

（1）贵贱分明，男女礼顺，慎遵职事。（《秦始皇本纪》）

（2）尧善之，乃使舜慎和五典，五典能从。（《五帝本纪》）

【坚】用于动词谓语之前，表示坚决地施行某一动作行为。可译为"坚固"、"坚定"等。3例。

（1）右渠遂坚守城，数月未能下。（《朝鲜列传》）

（2）内史郑当时是魏其，后不敢坚对。（《魏其武安侯列传》）

【熟】用于动词谓语之前，表示认真、慎重地进行某种动作行为。可译为"认真地"、"慎重地"等。5例。

（1）汉军熟计之，何从？（《大宛列传》）

（2）愿陛下详察之，少加意而熟虑焉。（《平津侯主父列传》）

3.4.1.5 表协同、独自、另外

这类副词语义上表示动作行为以相互轮递的方式进行，或者表示两个及两个以上的施事者共同发出某一动作行为，或者表示某个体独自、自动或另外进行某种动作行为。共11项，单音词8项，复音词3项。

1. 先秦已经产生的副词（8项）

相$_2$（258）、互（2）、递（2）、迭（14）、独$_3$（29）、特$_2$（17）、徒$_2$（1）、相与（62）

【相】用于动词谓语之前，表示双方的彼此对待关系。可译为"互相"、"交互"等，258例。

（1）遂父子相哭，而夷三族。（《李斯列传》）

（2）若朋友交游，久不相见，卒然相睹，欢然道故，私情相语，饮可五六斗径醉矣。（《滑稽列传》）

【互】用于动词谓语之前，表示动作行为是在交互中进行的。可译为"互相"、"交互"等，2例。

（1）长啸哀鸣，翩幡互经，天蟜枝格，偃蹇杪颠。（《司马相如列传》）

（2）互折窈窕以右转兮，横厉飞泉以正东。（《司马相如列传》）

【迭】用于动词谓语之前，表示动作行为接连不断或轮流交替地发生、进行。可译为"轮流地"、"接连地"等，14例。

（1）文成颠歌，族举递奏，金鼓迭起。[1]（《司马相如列传》）

（2）诸侯尚众，周德未衰，故五伯迭兴，更尊周室。（《李斯列传》）

【递】用于动词谓语之前，表示动作行为交替进行。可译为"交替"、"相互"等。2例。

（1）递兴递废，胜者用事，所受于天也。（《律书》）

（2）文成颠歌，族举递奏，金鼓迭起，铿锵铠鞈，洞心骇耳。（《司马相如列传》）

【独】用于动词谓语之前，表示陈述对象是孤单独一的。可译为"独自"、"单独"等，29例。

（1）齐军归，楚独追北。（《高祖本纪》）

（2）屈原曰："举世混浊而我独清，众人皆醉而我独醒，是以见放。"（《屈原贾生列传》）

【徒】用于动词谓语之前，表示动作行为是单独进行的。可译为"独"、"单独"等，仅1例。如：

（1）臣之所以待之，至浅鲜矣，未有大功可以称者，而严仲子奉百金为亲寿，我虽不受，然是者徒深知政也。（《刺客列传》）

【特】用于动词谓语之前，表示动作行为是单独实施的。可译为"独"、"独自"等，共17例。

（1）张良多病，未尝特将也，常为画策，时时从汉王。（《留侯世家》）

（2）（薄太后）以吕后会葬长陵，故特自起陵，近孝文皇帝霸陵。（《外戚世家》）

【相与】用于动词谓语前，表示有关对象动作时的状态，可译为"互相"、"一起"、"共同"等，共62例。如下：

（1）卒相相与欢，为刎颈之交。（《廉颇蔺相如列传》）

（2）于是舍人相与谏曰："臣所以去亲戚而事君者，徒慕君之高义也。"（《廉

---

[1] 此例的"递"与下文的"迭"相呼应，表示"交替"之意。

颇蔺相如列传》）

2.《史记》新产生的副词（3 项）

更₂（46）、别（40）、更相（4）

【更、更相】《史记》"更"[1] 共出现 46 例，如下：

（1）诸侯尚众，周德未衰，故五伯迭兴，更尊周室。（《李斯列传》）

（2）太后、长公主更赐安国，可直千余金。（《韩长孺列传》）

（3）及其衰也，亦三百余岁，故五伯更起。（《平津侯主父列传》）

《说文解字·支部》："更，改也。"本义动词改正、改变，如：

（4）过也，人皆见之；更也，人皆仰之。（《诗经·子张》）

引申为动词义更易、替换，如：

（5）今秦妇人婴儿皆言商君之法，莫言大王之法，是商君反为主，大王更为臣也。（《战国策·秦策一》）

（6）然令远方之卒守塞，一岁而更，不知胡人之能，不如选常居者，家室田作，且以备之。（《汉书·晁错传》）

上述例句中的"一岁而更"即一年一换。如果调换、替代周期性地发生，就有了"轮流更替"的意思。如：

（7）诸侯尚众，周德未衰，故五伯迭兴，更尊周室。（《李斯列传》）

若两个人轮流交替做同一件事，那就跟表示"互相"的"相"的意思很接近了。这样，"更"与"相"经常连用在一起，次数多了便凝固成了联合式合成副词"更相"。

《古代汉语词典》（商务印书馆 1998 年第 1 版，2002 年重印）对"更相"的解释是"交互，互相"。如：

（8）谗臣在其间，左右弄口，积使上下不和。（《汉书·济川王刘明传》）

《汉语大词典》将"更相"解释为"相继，相互"。如：

（9）田文言曰："今此三君者，皆丞相也。"其后三人竟更相代为丞相，何见之明也。（《张丞相列传》）

《史记》"更相"共 4 例，除了上文所引之外，还如：

（10）廷尉李斯议曰："周文武所封子弟同姓甚众，然后属疏远，相攻击如仇雠，诸侯更相诛伐，周天子弗能禁止。"（《秦始皇本纪》）

---

[1] "更"先秦已有副词用法，如《左传·僖公五年》"晋不更举矣"，"再"、"又"之义，但现在一般把它视为分化词。

（11）刘季曰："吾非敢自爱，恐能薄，不能完父兄子弟。此大事，愿更相推择可者。"（《高祖本纪》）

（12）律居阴而治阳，历居阳而治阴，律历更相治，闲不容翲忽。（《太史公自序》）

【别】副词"别"与副词"更"产生途径类似。《说文解字》："别，分解也。"段注："分别、离别皆是也。"《广雅》："别，分也。"先秦主要用作动词，分开、分支之义。在《史记》中才用作副词，如：

（1）项梁使沛公及项羽别攻城阳，屠之。（《项羽本纪》）

（2）臣愿得五万人，别循江淮而上，收淮南、长沙。（《吴王濞列传》）

（3）昆莫老，常恐大禄杀岑娶，予岑娶万余骑别居，而昆莫有万余骑自备。（《大宛列传》）

例（1）"别攻城阳"，"别"修饰动宾词组。例（2）"别循江淮而上"，"别"修饰小句。例（3）"别居"，"别"修饰单音动词。"别"在上述例句中作状语，表示动作行为的某种方式。可见，到《史记》时代，"别"已经虚化为描摹性副词，后一直沿用至今。

3.4.1.6 表直接

这类副词语义上表示不管其他情况，只管自己采取行动，或直接奔向一定目标的状态。《史记》共出现 2 项，均为先秦产生的副词，如下：

直$_2$（31）、径（8）

【直】用于动词谓语前，表示直白地、不婉转地说话。可译为"直白地"、"直接地"等。共 31 例，如：

（1）平王襄直使人开府取曡橚，赐任王后。（《梁孝王世家》）

（2）始皇有二十余子，长子扶苏以数直谏上，上使监兵上郡，蒙恬为将。（《李斯列传》）

【径】用于动词谓语前，表示直接向某处或动作行为是直接进行的。可译为"一直"、"径直"等。共 8 例，如：

（1）足下起纠合之众，收散乱之兵，不满万人，欲以径入强秦，此所谓探虎口者也。（《张丞相列传》）

（2）今陛下起丰沛，收卒三千人，以之径往而卷蜀汉，定三秦。（《刘敬叔孙通列传》）

3.4.1.7 表徒然

这类副词语义上表示动作行为没有意义或没有结果。《史记》共出现 3 项，均为先秦产生的副词，如下：

徒₃（4）、空₁（3）、虚（8）

【徒】用于动词谓语之前，表示动作行为没有取得成效。可译为"空"、"白白地"等。共 4 例，如：

（1）欲予秦，秦城恐不可得，徒见欺。（《廉颇蔺相如列传》）

（2）虽然，祸不妄至，福不徒来。（《龟策列传》）

【空】用于动词谓语之前，表示动作行为是没有意义或没有结果。可译为"白白地"、"徒然地"等。共 3 例，如：

（1）（子羔）谓子路曰："出公去矣，而门已闭，子可还矣，毋空受其祸。"（《仲尼弟子列传》）

（2）其母为言曰："今遣少子，未必能生中子也，而先空亡长男，奈何？"（《越王勾践世家》）

【虚】用于动词谓语之前，表示动作行为的发生没有依据。可译为"凭空地"、"没有根据地"等。共 8 例，如：

（1）箭不苟害，解脰陷脑；弓不虚发，应声而倒。（《司马相如列传》）

（2）不威不伐恶，不笃不虚亡，距之不得留，残虐以促期，虽居形便之国，犹不得存。（《秦始皇本纪》）

3.4.1.8 表特意、任意、勉强

这类副词语义上表示动作行为是有意识发出的，或者表示动作行为在进行时施动者的态度是任意的。《史记》共有 7 项，如下：

1. 先秦已经产生的副词（6 项）

特₃（1）、故₃（9）、妄（37）、擅（36）、直₃（1）、强（8）

【特】用于动词谓语之前，表示动作行为是有意而为的。可译为"特地"、"特意"等。仅 1 例。

（1）上默然惭，良久曰："河东吾股肱郡，故特召君耳。"（《季布栾布列传》）

【故】用于动词谓语之前，表示施动者是有意识地发出某种动作或行为。可译为"故意"、"特地"等。共 9 例。

（1）将尉醉，广故数言欲亡，忿恚尉，令辱之，以激怒其众。（《陈涉世家》）

（2）公子往数请之，朱亥故不复谢，公子怪之。（《魏公子列传》）

【妄】用于动词谓语之前，表示动作行为是盲目地、凭空地进行的。可译为"凭空地"、"虚妄地"等。共 37 例，如：

（1）（项）梁掩其口，曰："毋妄言，族矣！"（《项羽本纪》）

（2）诸辨士为方略者，妄作妖言，谄谀王，王喜，多赐金钱，而谋反滋甚。（《淮南衡山列传》）

【擅】用于动词谓语之前，表示专断地施行某种动作行为。可译为"擅自"、"任意"等。共 36 例，如：

（1）天下有明主则诸侯不得擅厚者，何也？（《范雎蔡泽列传》）

（2）（应）高曰："今者主上兴于奸，饰于邪臣，好小善，听谗贼，擅变更律令，侵夺诸侯之地。（《吴王濞列传》）

【直】用于动词谓语之前，表示故意实施某种行为。可译为"故意"、"特意"等。仅 1 例，如：

（1）良尝闲从容步游下邳圯上，有一老父，衣褐，至良所，直堕其履圯下，顾谓良曰："孺子，下取履！"（《留侯世家》）

【强】用于动词谓语之前，表示勉强、勉力地做某事。可译为"勉强"、"勉力"等。共 8 例，如：

（1）比干曰："为人臣者，不得不以死争。"乃强谏纣。（《殷本纪》）

（2）（触龙）曰："老臣闲者殊不欲食，乃强步，日三四里，少益嗜食，和于身也。"（《赵世家》）

2.《史记》新产生的副词（1 项）

猥（2）

【猥】副词"猥"《史记》出现 2 例，如：

（1）岂与世儒闇于大较，不权轻重，猥云德化，不当用兵，大至君辱失守，小乃侵犯削弱，遂执不移等哉！（《律书》）

（2）余悲世俗不察其意，而猥以朱家、郭解等令与暴豪之徒同类而共笑之也。（《游侠列传》）

此"猥以……令与……同类"可与上例"岂与……猥云……等"比。

《说文解字·犬部》："猥，犬吠声。"《集韵·队韵》："猥，犬众吠。"本义象声词，引申为形容词义庞杂，如：

（3）尚书责滂所劾猥多，疑有私故。（《后汉书·党锢传·范滂》）

再由此引申为形容词义鄙陋，如：

（4）亦有体闲而心躁者，谓丛杂之人为猥细。（《亢仓子·训道》）

由此引申转化为副词随便、违反实际义。

3.4.1.9　表尝试

这类副词语义上常用于说话当时，建议对后面的动作行为试一试；它所修饰的动作行为一般都还没发生。《史记》共有 3 项，均为先秦已经产生的副词，如下：

尝$_3$（1）、试$_1$（9）、尝试（2）

【尝】用于动词谓语之前，用于说话当时，建议对后面的动作行为试一试，它所修饰的动作行为一般都没有发生。可译为"试"、"试一试"等。仅 1 例，如：

（1）黎鉏曰："请先尝沮之；沮之而不可则致地，庸迟乎！"（《孔子世家》）

【试】用于动词谓语之前，表示尝试做某事，或请求对方做某事，以示尊敬。可译为"试着"、"尝试"等。共 9 例。如：

（1）兵既整齐，王可试下观之，唯王所欲用之，虽赴水火犹可也。（《孙子吴起列传》）

（2）（王温舒）少时椎埋为奸。已而试补县亭长，数废。（《酷吏列传》）

【尝试】用于动词谓语之前，表示"试一试"。可译为"试着"、"试试"等。共 2 例。如：

（1）尝试使山东之国与陈涉度长絜大，比权量力，则不可同年而语矣。（《陈涉世家》）

（2）今臣之胸不足以当椹质，而要不足以待斧钺，岂敢以疑事尝试于王哉！（《范雎蔡泽列传》）

3.4.1.10　表难易

这类副词语义上表示动作行为进行的难易状态，或者表示事物的性质，或表示人的性情、习惯易于如何。《史记》共有 4 项，这类副词是对前代副词的沿用，有如下一些：

重$_2$（6）、易（65）、轻（8）、善$_1$（3）

【重】用于动词谓语之前，表示不轻易实施某一动作行为。可译为"难"、"难于"等。共 6 例。如：

（1）陈馀怒曰："不意君之望臣深也！岂以臣为重去将哉？"（《张耳陈

馀列传》）

司马贞《史记索隐》："重，犹难也。"义同"难"，可以与"难"字互换。

（2）太后春秋长，诸吕弱，太后欲立吕产为〔吕〕王，王代。太后又重发之，恐大臣不听。（《荆燕世家》）

《史记集解》："文颖曰：'欲发之，恐大臣不听。'邓展曰：'重难发事。'"

（3）方今田时，重烦百姓，已亲见近县，恐远所溪谷山泽之民不遍闻，檄到，亟下县道，使咸知陛下之意，唯毋忽也。（《司马相如列传》，司马贞《史记索隐》："重，犹难也。"）

【易】用于动词谓语之前，表示动作行为易于实施。可译为"容易"、"轻易"等。共 65 例。如：

（1）道家无为，又曰无不为，其实易行，其辞难知。（《太史公自序》）

（2）秦王为人，……少恩而虎狼心，居约易出人下，得志亦轻食人。（《秦始皇本纪》）

【轻】用于动词谓语之前，表示轻率地实施某一动作行为。可译为"轻率"、"轻易"等。共 8 例。如：

（1）"夫轻欺强秦而信楚之谋臣，恐王必悔之。"韩王不听，遂绝于秦。（《韩世家》）

（2）秦王为人，蜂准，长目，挚鸟膺，豺声，少恩而虎狼心，居约易出人下，得志亦轻食人。（《秦始皇本纪》）

【善】用于动词谓语之前，表示容易地发生某种事情或变化。可译为"易"、"容易"等。共 3 例。如：

（1）岸善崩，乃凿井，深者四十余丈。（《河渠书》，《史记正义》："言商原之崖岸，土性疏，故善崩毁也。""善"的这种用法不多。）

（2）人皆言楚之善变也，而公必亡之，是自为责也。（《樗里子甘茂列传》）

3.4.1.11　表擅长或好好地对待

这类副词语义上表示对某种行为擅长或爱好，或很好地、友善地对待某人某事。相当于"擅长"、"爱好"、"好好地"等。《史记》共出现 2 项，均为先秦已经产生的副词，如下：

善₂（6）、善₃（6）

【善2】用于动词谓语之前，表示擅长于某种事情。可译为"善于"、"擅长于"

等。共6例。如：

（1）次公父隆，轻车武射也。以善射，景帝幸近之也。（《卫将军骠骑列传》）

（2）王后有侍者，善舞，王幸之，王后欲令侍者与孝乱以污之，欲并废兄弟而立其子广代太子。（《淮南衡山列传》）

【善3】用于动词谓语之前，表示很好地、友善地对待某人某事。可译为"好好地"等。共6例。如：

（1）其之燕，燕之处士田光先生亦善待之，知其非庸人也。（《刺客列传》）

（2）（张）仪出，怀王因善遇仪，仪因说楚王以叛从约而与秦合亲，约婚姻。（《楚世家》）

3.4.1.12 表自然

这类副词语义上表示行为或状况本来如此。《史记》仅有1项，是先秦已经产生的副词。如下：

自$_2$（7）

【自】用于动词谓语之前，表示谓语所述是自然而然的，合乎情理的。可译为"自然"、"肯定"等。共7例。如：

（1）谚曰"桃李不言，下自成蹊"。此言虽小，可以谕大也。（《李将军列传》）

（2）中国名曰赤县神州。赤县神州内自有九州岛，禹之序九州岛是也，不得为州数。（《孟子荀卿列传》）

3.4.2 情状方式副词的语法功能及其特点

表3-19 《史记》情状方式副词分布统计表

	副词	动谓	形谓	合计
表躬亲（7项）	躬	16	0	16
	身	10	0	10
	自 1	7	0	7
	亲	15	0	15
	亲自	2	0	2
	躬自	1	0	1
	躬亲	2	0	2

	副词	动谓	形谓	合计
表伪诈（9项）	详	31	0	31
	阳	3	0	3
	佯	3	1	4
	诈	56	0	56
	伪	16	0	16
	矫	12	0	12
	谬	3	0	3
	缪	2	0	2
	虚$_1$	5	0	5
表阴密（7项）	窃$_1$	24	0	24
	独$_2$	5	0	5
	微$_2$	17	0	17
	间$_2$	9	0	9
	阴	94	0	94
	私	75	0	75
	盗	7	0	7
表坚决、认真（7项）	固$_2$	35	0	35
	决$_1$	2	0	2
	期$_2$	2	0	2
	谨$_1$	5	0	5
	慎	6	0	6
	熟	5	0	5
	坚	3	0	3

续表 3-19

	副词	动谓	形谓	合计
表协同、独自、另外（11 项）	相₂	258	0	258
	互	2	0	2
	递	2	0	2
	迭	14	0	14
	独₃	29	0	29
	徒₂	1	0	1
	特₂	17	0	17
	更₂	46	0	46
	别	40	0	40
	更相	4	0	4
	相与	62	0	62
表直接（2 项）	直₂	31	0	31
	径	8	0	8
表徒然（3 项）	徒₃	4	0	4
	空₁	1	0	1
	虚₂	8	0	8
表特意、任意、勉强（7 项）	特₃	1	0	1
	故₂	9	0	9
	妄	37	0	37
	擅	36	0	36
	直₃	1	0	1
	强	8	0	8
	狠	2	0	2

	副词	动谓	形谓	合计
表尝试（3项）	尝₃	1	0	1
	试₁	9	0	9
	尝试	2	0	2
表难易（4项）	重₂	6	0	6
	易	65	0	65
	轻	8	0	8
	善₁	3	0	3
表擅长、好好地对待（2项）	善₂	6	0	6
	善₃	6	0	6
表自然（1项）	自₂	7	0	7
总计（次）		62	1	63
百分率（%）		98.41	1.59	100

表 3-20　先秦至西汉《史记》情状方式副词简况表

	表躬亲	表伪诈	表阴密	表坚决、认真	表协同、独专、自动、另外	表直接	表徒然	表特意、任意、勉强	表尝试	表难易	表擅长、爱好、好好对待	表自然	总计	百分率
先秦	6	9	6	7	8	2	3	6	3	4	2	1	57	90.48%
西汉	1	0	1	0	3	0	0	1	0	0	0	0	6	9.52%
合计	7	9	7	7	11	2	3	7	3	4	2	1	63	100%

从表 3-19、3-20 可以看出，《史记》的情状方式副词在西汉具有以下特点：①63 项副词，仅有 1 例"佯"修饰形容词，其他全部修饰动词性谓语。②其中，90.48% 承袭先秦而来，新产生的副词较少，仅为 9.52%；有一部分副词沿用到现代汉语中，表现出较强的稳定性。③数量多，表义全，是《史记》中分类最多的一类副词，表达细致而全面。④新增加的复音副词是"躬亲"、"更相"，系同义连用而成；可修饰单音词（2 次），也可修饰复音词或短语形式（9 次）。

3.5 否定副词

否定在心理思维和言语交际中不可或缺，决定了语言中否定词的源远流长和繁荣发达。否定副词是对动作行为或某种事实表示否定或禁戒的词。[1] 否定副词在所有副词次类中较为特殊，因为它不是从语法功能而是从逻辑的角度划分出来的，与其他几类副词相比差异较大，同时也是内部分歧较小的一个次类。

3.5.1 否定副词分类

副词内部分歧较小只是相对而言，由于不同时期面貌各异，加之所据标准不同，对否定副词小类的划分，也就不尽统一。以下四种划分方法有一定代表性：

张玉金（2001：40）分甲骨文中的否定副词为：①表示必要性的否定；②表示对可能性或已然的否定；③表示对可能性或必要性的否定；④表示对判断的否定。杨荣祥（1999/1A）分近代汉语中的否定副词为：①"不"类，表示单纯否定；②"未"类，表示对过去已然的否定；③"非"类，表示对判断的否定；④"莫"类，表示禁止。[2] 杨伯峻、何乐士（2001：320）分古汉语中的否定副词为：①表叙述的否定；②表禁戒的否定；③表疑问的否定；④表假设的否定。唐贤清（2004）把否定副词分为单纯否定和禁止否定 2 类，其中单纯否定又下分为 3 类：叙述否定、已然否定、判断否定。

以上四种划分法，是就不同阶段的具体对象而言的，都有其合理性与可取处。其中杨荣祥以否定内容为出发点的划分法，最为通行实用。《史记》否定副词共 23 项，单音词 21 项，双音词 2 项，以下对《史记》否定副词的讨论，即以"表单纯否定"、"表已然否定"、"表判断否定"、"表禁止否定" 4 个小类展开。

3.5.1.1 表单纯否定——"不"类

它们大多数表示对行为或状态的否定，相当于现代汉语的"不"。这一类的代表性副词《史记》和现代汉语一样，就是"不"。"不"主要用于否定意愿和情状："不"修饰谓语动词时，主要表示对意愿的否定；"不"修饰形容词时，主要表示对性状的否定；也可以用在述宾短语前，以表示对一些习惯性行为的否定。用在前

---

[1]　参见黄珊：《〈荀子〉虚词研究》，河南大学出版社 2005 年版，第 28 页。

[2]　杨荣祥（1999/1B）对现代汉语中否定副词的划分与此略有不同，即以下 4 个小类：①表示单纯否定；②表示对已然的否定；③表示禁止；④表示对方式的否定。古汉语中，④小类似乎并不典型，且与①小类在语义、功能上区别也不明显，往往合①、④为①。

有助动词的述宾短语前，可以表示对可能性、必要性等的否定。

《史记》共出现12项，单音节副词10项，双音节副词2项，均为先秦产生的副词，如下：

不$_1$（7 862）、无$_1$（1 083）、弗（196）、莫$_1$（9）、非$_1$（26）、匪$_1$（4）、靡（23）、未$_1$（97）、勿$_1$（5）、毋$_1$（30）、不暇（6）、不其（1）

【不】《说文解字》："不，鸟飞上翔不下来也。"《说文解字注》："凡云'不然'者皆于此义引申假借。"《经传释词》："不，弗也，常语。"[1] 与今语同。从殷商甲骨文始一直沿用至今，是《史记》中使用频率最高的否定副词，共7 862例。"不"在句中只修饰谓词性中心语，意义单纯，但用法却很复杂。按照谓语的类型，又可分为：

一是用于动词性谓语之前，表示对各种动作行为的否定。共5 005例。

（1）樊哙曰："大行不顾细谨，大礼不辞小让。如今人方为刀俎，我为鱼肉，何辞为。"（《项羽本纪》）

（2）（赵）朔曰："子必能不绝赵祀，死不恨矣。"（《韩世家》）

（3）王曰："此鸟不飞则已，一飞冲天；不鸣则已，一鸣惊人。"（《滑稽列传》）

当"不"用于动词谓语句中时，动词可以带宾语，也可以不带宾语。带宾语的"不"共3 998例，约占总数的66.58%；不带宾语的"不"共2 007例，约占总数的33.42%。

二是用于形容词谓语之前，表示对事物的性质或状态的否定。1 992例。

（4）昭隔内外，靡不清净，施于后嗣。化及无穷，遵奉遗诏，永承重戒。（《秦始皇本纪》）

（5）今陈胜首事，不立楚后而自立，其势不长。（《项羽本纪》）

（6）太子曰："吾君老矣，非骊姬，寝不安，食不甘。即辞之，君且怒之。"（《晋世家》）

三是用于名词谓语之前，名词具有动词的性质。7例。

（7）愿魏以聚大梁之下，愿齐之试兵南阳莒地，以聚常、郯之境，则方城之外不南。（《越王勾践世家》）

（8）种见书，称病不朝。（《越王勾践世家》）

四是"不然"，"不"用于代词"然"前，共68例。如：

---

[1] 王引之：《经传释词》，江苏古籍出版社2000年版，第97页。

（9）不然，秦攻三川，赵攻上党，楚攻河外，韩必亡。（《楚世家》）

五是用于介宾短语之前。共 4 例。

（10）普施利物，不于其身。（《五帝本纪》）

今文《尚书》"弗"，《史记》引述皆作"不"，如：

（11）皆曰鲧可。尧曰："鲧负命毁族，不可。"岳曰："异哉，试不可用而已。"尧于是听岳用鲧。（《五帝本纪》）

佥曰："於，鲧哉！"帝曰："吁！弗哉！方命？圮族。"岳曰："异哉，试可乃已。"（《尚书·尧典》）

（12）今我民罔不欲丧。（《五帝本纪》）

　　　今我民罔弗欲丧。（《尚书·西伯戡黎》）

（13）功用不成。（《五帝本纪》）

　　　绩用弗成。（《虞夏书·尧典》）

例（11）《尚书·尧典》的"试可乃已"《尚书易解》："《史记》作'试不可乃已'。钱大昕曰：'古人语急，以不可为可也。古经简质，得史公而义益明。'[1]"可见，《史记》增加的否定副词"不"，意思表达完整、真确。例（12）与例（13）的"不"替换了《尚书》的"弗"。《词诠》："弗，否定副词，不也。"[2]"不"，帮纽之韵；"弗"，帮纽物韵。之物通转[3]，"不"与"弗"为同源字，都是否定副词，仅仅是词形不同，读音不同，在意义与用法上有细微差别。语义上，"不"轻"弗"重。如《公羊传·桓公十年》："其言'弗遇'何？"注："弗，不之深也。"《春秋》公孙敖如京师"不有嘉肴"、"弗食不知其旨"。语法上，"弗"和谓语之间一般不可以插入其他成分，据钱玉蓉（2010）考察今文《尚书》中"弗"后直接是动词性的谓语，而"不"与谓语之间可以插入其他成分，如《尚书·金縢》："乃元孙不若旦多材多艺，不能事鬼神。"其中的"不"与介宾结构"若旦"结合作状语修饰谓语。"不"还可以与否定副词"罔"结合，构成双重否定结构。在频率上，"弗"在《尚书》中使用频率较高，但"不"是《史记》的核心词汇，因而《史记》在引书时基本都替换了。

惯用词组 9 个，频率达 1 151 次。如下：

"不足"，用于动词谓语之前，可译为"不能"、"不值得"等。143 例。如：

[1]　（清）钱大昕：《廿二史考异》，上海古籍出版社 2006 年版，第 2 页。

[2]　杨树达：《词诠》，中华书局 1965 年版，第 39 页。

[3]　王力：《同源字典》，商务印书馆 1982 年版，第 102 页。

（11）荆轲曰："此国之大事也，臣驽下，恐不足任使。"（《刺客列传》）

（12）（项）籍曰："书足以记名姓而已。剑一人敌，不足学，学万人敌。"（《项羽本纪》）

"不可"用于动词谓语之前，可译为"不能"、"不可能"等。47例。如：

（13）因下令军中曰："猛如虎，很如羊，贪如狼，强不可使者，皆斩之。"（《项羽本纪》）

"不能"用于动词谓语之前，可译为"不能够"、"不可能"等。485例。如：

（14）今战能胜，高必疾妒吾功；战不能胜，不免于死。愿将军孰计之。（《项羽本纪》）

（15）（项）梁曰："前时某丧使公主某事，不能办，以此不任用公。"（《项羽本纪》）

"不得"用于动词谓语之前，可译为"不能"、"不可能"等。399例。如：

（16）函谷关有兵守关，不得入。（《项羽本纪》）

（17）梁部署吴中豪杰为校尉、候、司马。有一人不得用，自言于梁。（《项羽本纪》）

"不时"可用为状语或定语，可译为"不按照"、"不及时"等。11例。如：

（18）天地之道，寒暑不时则疾，风雨不节则饥。（《乐书》）

（19）舜举八恺，使主后土，以揆百事，莫不时序。（《五帝本纪》）

"不意"带小句宾语，表示事情的发生出乎意外。可译为"不料"、"没想到"。8例。如：

（20）须贾顿首言死罪，曰："贾不意君能自致于青云之上，贾不敢复读天下之书，不敢复与天下之事。"（《范雎蔡泽列传》）

"不有"可译为"没有"、"如果没有"等。15例。如：

（21）不有安食，不虞知天性，不迪率典。（《平准书》）

复音虚词有两个："不暇"、"不其"。

"不暇"，与"不遑"相当，可译为"顾不上"、"来不及"等。6例。

（22）礼下贤者，日中不暇食以待士，士以此多归之。（《周本纪》）

"不其"，用于动词谓语之前，表示否定。可译为"不（是）"等。仅1例。

（23）又闻诸将为陈王徇地，多以谗毁得罪诛，怨陈王不其笑不以为将而以为校尉。（《张耳陈馀列传》）

【无】用于动词谓语前，表示对动作行为的否。可译为"不"。共1 083例。

（1）夫身中大创十余，适有万金良药，故得无死。（《魏其武安侯列传》）

（2）顷之，太子与梁王共车入朝，不下司马门，于是释之追止太子、梁王无得入殿门。（《张释之冯唐列传》）

【弗】[1]用于动词谓语前，表示否定。可译为"不"；当它修饰及物动词时，由于它后面的及物动词往往不带宾语，翻译时要补足，可译为"不……（它）"。共196例。

（1）天子以为老，弗许；良久乃许之，以为前将军。（《李将军列传》）

（2）盾问其故，曰："我桑下饿人。"问其名，弗告。明亦因亡去。（《晋世家》）

【莫】[2]用于谓语之前，表示对动作行为的否定。可译为"不"、"没有"等。共9例。

（1）及平长，可娶妻，富人莫肯与者，贫者平亦耻之。（《陈丞相世家》）

（2）伍尚谓伍胥曰："闻父免而莫奔，不孝也；父戮莫报，无谋也；度能任事，知也。"（《楚世家》）

【非】用于动词或形容词谓语之前，表示对事实或状态的否定。可译为"不"、"不是"等。共26例，其中，修饰动词17例，修饰形容词9例。如：

（1）盖世必有非常之人，然后有非常之事；有非常之事，然后有非常之功。（《司马相如列传》）

（2）田乞及常所以比犯二君，专齐国之政，非必事势之渐然也，盖若遵厌兆祥云。（《吴王濞列传》）

（3）孝惠崩，太子立为帝。帝壮，或闻其母死，非真皇后子，乃出言曰："后安能杀吾母而名我？我未壮，壮即为变。"（《吕太后本纪》）

【匪】通"非"，也是一个较古老的否定词，《诗经》中用得较多。可译为"不"、"不是"等。共4例。如：

（1）顺事父及后母与弟，日以笃谨，匪有解。（《五帝本纪》）

（2）故颂曰"思文后稷，克配彼天，立我蒸民，莫匪尔极。"（《周本纪》）

---

[1]　关于"弗"的论述参见：丁声树：《释否定词"弗"、"不"》，载国立中央研究院历史语言研究所编著：《历史语言研究所集刊庆祝蔡元培先生六十五岁文集》，江苏古籍出版社出版1935年版；黄景欣：《秦汉以前古汉语中的否定词"弗"、"不"研究》，载《语言研究》1958年第3期；何乐士：《〈左传〉否定副词"不"与"弗"的比较》，载《古汉语语法研究论文集》，商务印书馆2000年版。

[2]　关于"莫"的词性，一直有两种意见，参见：杨伯峻：《上古无指代词"亡"、"罔"、"莫"》，载《中国语文》1963年第6期；周生亚：《"莫"字词性质疑》，载《中国语文》1964年第4期；谢质彬：《论古代汉语否定性的范围副词》，载《社会科学战线》1982年第3期。

《史记》用"匪"代《商书》的"非",如:

（3）匪台小子敢行举乱。（《商本记》）

非台小子敢行称乱。（《商书·汤誓》）

【靡】共75例。其中,代词52例,否定副词23例。用于动词谓语之前,表示对动作、行为、状态的否定。可译为"没有"、"不"等。如:

（1）太史公曰:农工商交易之路通,而龟贝金钱刀布之币兴焉。所从来久远,自高辛氏之前尚矣,靡得而记云。（《平准书》）

（2）诗曰:"莫其德音,其德克明,克明克类,克长克君。王此大邦,克顺克俾。俾于文王,其德靡悔。既受帝祉,施于孙子。"（《乐书》）

【未】用于动词、形容词谓语之前,表示对事实或状态的否定。可译为"不"、"没有"等。共97例,修饰形容词8例,修饰动词89例。如:

（1）天下事未可知,且为天下者不顾家,虽杀之无益,只益祸耳。（《项羽本纪》）

（2）北边未安,朕甚悼之。（《平准书》）

【勿】用于动词谓语之前,表示对动作行为的否定。可译为"不"等。共5例。

（1）妾欲言酒之有药,则恐其逐主母也,欲勿言乎,则恐其杀主父也。（《苏秦列传》）

（2）赵武服齐衰三年,为之祭邑,春秋祠之,世世勿绝。（《赵世家》）

【毋】用于动词、形容词谓语之前,表示对动作行为或状态的否定。可译为"不"等。共30例,修饰形容词2例,修饰动词28例。如:

（1）安国君中男名子楚,子楚母曰夏姬,毋爱。（《吕不韦列传》）

（2）今适庶名反逆,此后晋其能毋乱乎?（《晋世家》）

3.5.1.2 表已然否定——"未"类

这类否定副词语义上表示的是对过去、已然事件的否定,所以其功能特征与表过去、已然的时间副词基本相同。这类否定副词的基本语法功能是修饰动词或者动词性短语,表示某个事实尚未发生。若修饰形容词或者形容词性短语,则形容词或者形容词性短语语义上是表示某种变化尚未发生。

代表性副词是"未"。"未"属于书面体,一般只能用于书面。《史记》共出现2项,均为先秦产生的副词,如下:

未$_2$（591）、不$_2$（634）

【未】用于动词、形容词谓语之前,表示动作行为或状态可能（或本应）发生而尚未发生，或是尚未完成。可译为"不曾"、"未曾"等。共591例，修饰形容词34例，修饰动词557例。如：

（1）武安君言曰："邯郸实未易攻也。"（《白起王翦列传》）

（2）夫古者，天子诸侯听钟磬未尝离于庭，卿大夫听琴瑟之音未尝离于前，所以养行义而防淫佚也。（《乐书》）

（3）还报燕王曰："赵王壮者皆死长平，其孤未壮，可伐也。"（《燕召公世家》）

（4）左师公曰："今三世以前，至于赵主之子孙为侯者，其继有在者乎？"曰："无有。"曰："微独赵，诸侯有在者乎？"曰："老妇不闻也。"（《赵世家》）

【不】用于动词谓语之前，表示动作行为尚未发生，或是尚未完成。可译为"不"等。共634例。

（1）于是襄子乃数豫让曰："子不尝事范、中行氏乎？"（《刺客列传》）

（2）广之将兵，乏绝之处，见水，士卒不尽饮，广不近水，士卒不尽食，广不尝食。（《李将军列传》）

3.5.1.3 表判断否定——"非"类

判断性否定副词在表达否定义的同时还带有判断词的语义功能。代表性副词是从先秦继承来的"非₂"或"匪₂"。"非"和"匪"只是写法不同而已，两个词的读音完全相同。"匪"主要是用在《诗经》里，《诗经》以后很少用"匪"字。即使用，也多半是引用《诗经》的原句。《史记》中的"匪"出现了9次，有7次都是引用《诗经》原句。如：

（1）孔子曰："回，诗云'匪兕匪虎，率彼旷野'。吾道非邪？"（《孔子世家》）

（2）故颂曰："思文后稷，克配彼天，立我蒸民，莫匪尔极。"（《周本纪》）

"非"字，甲骨文中已经产生，用于判断否定，但用例极少。春秋战国时开始增多[1]，《史记》中出现623次，如：

（3）富人公乘氏以其女妻之，亦知陈馀非庸人也。（《张耳陈馀列传》）

（4）宣太后非武王母。武王母号曰惠文后，先武王死。（《穰侯列传》）

"罔非"连用，表示双重否定，加强肯定语气，《史记》中仅1例。如：

（5）呜呼！王嗣敬民，罔非天继，常祀毋礼于弃道。（《殷本纪》）

呜呼！王司敬民，罔非天胤，典祀无丰于昵。（《商书·高宗肜日》）

---

[1] 参见周生亚：《否定副词"非"及其否定的结构形式》，载郭锡良主编：《古汉语语法论集》，语文出版社1998年版。

《史记》中，除"非"、"匪"表示判断否定外，"不₃"、"未₃"也有用于否定判断的例子，但出现频率很低，据统计，"不"《史记》中出现 12 次，"未"出现 5 次，如：

（6）此之谓瓦解，故曰天下之患不在瓦解。（《平津侯主父列传》）

（7）今杀王毋寡而出善马，汉兵宜解；即不解，乃力战而死，未晚也。（《大宛列传》）

3.5.1.4　表禁止否定——"莫"类

这一类副词语义上表示一种否定的祈使、请求，语法功能上，一般只修饰动词或动词性短语，有时也可以修饰形容词或者形容词性短语。代表性副词是"莫、勿、毋"。这几个副词，就使用场合而言，"勿"、"毋"多用于书面，"莫"的使用领域较广。后代广泛使用的"别"还未见出现。它们虽然各有自己的特点，但有一点是相通的，都可以表示劝阻和禁止，大都用于祈使句。

《史记》共出现 5 项，均是先秦产生的，如下：

莫₂（5）、勿₂（5）、毋₂（35）、无₂（41）、不₃（59）

【莫】用于动词谓语之前，表示告诫、劝阻受话人不要实施或过分从事某一行为。可译为"不要"、"别"等。共 5 例。如：

（1）秦惠王车裂商君以徇，曰："莫如商鞅反者！"（《商君列传》）

（2）八月，克之，囚庆封，灭其族。以封徇，曰："无效齐庆封弑其君而弱其孤，以盟诸大夫！"封反曰："莫如楚共王庶子围弑其君兄之子员而代之立！"（《楚世家》）

【勿】用于动词谓语之前，表示告诫、劝阻受话人不要实施或过分从事某一行为。可译为"不要"、"别"等。共 5 例。如：

（1）始皇谢曰："已矣，将军勿复言！"（《白起王翦列传》）

（2）庄生曰："可疾去矣，慎毋留！即弟出，勿问所以然。"（《越王勾践世家》）

【毋】《说文解字·毋部》："止之也。从女，有奸之者。"段玉裁注："止之词也。从女、一，女有奸之者，一禁止之，令勿奸也。"表示禁止或劝阻，用于动词谓语之前，表示禁止或劝阻。相当于"不要"、"别"等。共 35 例。如：

（1）信乃令军中毋杀广武君，有能生得者购千金。（《淮阴侯列传》）

（2）神君言曰："天子毋忧病。病少愈，强与我会甘泉。"（《孝武本纪》）

【无】《说文解字·亡部》："无，亡也。从亡无声。"《孟子·梁惠王上》："王无罪岁，斯天下之民至焉。"杨伯峻注："无，同'毋'，表示禁止的副词。"[1]

---

[1]　杨伯峻：《孟子译注》，中华书局 1960 年版，第 8 页。

"无"与"毋"上古都为鱼韵，故可通。"无"用于动词谓语前，表示禁止或劝阻。相当于"别"、"不要"等。共41例。

（1）固曰："公孙子，务正学以言，无曲学以阿世！"（《儒林列传》）

（2）庄王曰："子无阻九鼎！楚国折钩之喙，足以为九鼎。"（《楚世家》）

《史记》引《周书》，"无"表示禁止的副词，多改易为本字"毋"，如：

（3）毋有淫朋。（《宋微子世家》）

　　无有淫朋。（《周书·洪范》）

【不】用于动词谓语前，表示禁止或劝阻。可译为"别"、"不要"等。共59例。

（1）桓公欲许之，管仲曰"不可"，乃下拜受赐。（《齐太公世家》）

（2）齐愍王谓其相曰："不若留太子以求楚之淮北。"相曰："不可，郢中立王，是吾抱空质而行不义于天下也。"（《楚世家》）

3.5.2 否定副词的搭配使用

否定副词搭配使用的格式共13对。

【不……不……】共1 019例。有两种情况：①前后两项为并列关系，表示同时否定两种情况。②前项表示假设或条件，后项表示结果，常构成假设复句。如：

（1）臣闻明主立政，有功者不得不赏，有能者不得不官，劳大者其禄厚，功多者其爵尊，能治众者其官大。（《范雎蔡泽列传》）

（2）忍不能自离，疑不能自决，必有四子之祸矣。（《范雎蔡泽列传》）

【不……无……】共270例。前面的"不"表示条件，后面的"无"句表结果。

（1）陈留令曰："秦法至重也，不可以妄言，妄言者无类，吾不可以应。（《郦生陆贾列传》）

（2）子比在晋十三年矣，晋、楚之从不闻通者，可谓无人矣。（《楚世家》，《春秋左氏经传集解》杜预曰："晋、楚之士从子比游，皆非达人。"）

【不……而……】共35例。表转折关系，一般表示先否定而后转折，表示肯定。可译为"不……却……"等。

（1）今不恤士卒而徇其私。（《楚世家》）

（2）攻城略地，不可胜计，而竟赐死。（《项羽本纪》）

【不……则……】共78例。"不……"表条件，"则……"表"就（应该）……"或表结果"就（会）要……"等。

（1）安民之本，在於择交，择交而得则民安，择交而不得则民终身不安。

（《楚世家》）

（2）君于赵为贵公子，今纵君家而不奉公则法削，法削则国弱。（《廉颇蔺相如列传》）

【不……者……】共38例。用作假设复句的第一个分句，表示条件。可译为"如果不……（的话）"等。"者"在此是语气词，表示一种假设语气，可不译。

（1）不返者，竖子也！（《春申君列传》）

（2）贪如狼，彊不可使者，皆斩之。（《项羽本纪》）

【靡……不……】共10例。用双重否定表示肯定的格式。

（1）遗诏曰："朕闻盖天下万物之萌生，靡不有死。"（《孝文本纪》）

（2）利泽施四海，靡不获福焉。（《孝景本纪》）

【非……无……】共35例。表示假设关系的格式，"没有……就没有"义。

（1）（陈）平曰："非魏无知臣安得进？"（《陈丞相世家》）

（2）夫韩亡之后，兵出之日，非魏无攻已。（《魏世家》）

【非……非……】共2例。与名词连用的并列格式，沿用至今。

（1）西伯将出猎，卜之，曰："所获非龙非螭，非虎非黑；所获霸王之辅。"（《齐太公世家》）

【非……则……】共21例。表选择关系或条件关系的格式。

（1）世父曰："戎杀我大父仲，我非杀戎王则不敢入邑。"（《秦本纪》）

（2）蠡曰："吴越之邦同风共俗，地户之位非吴则越。"（《越王勾践世家》）

【非……不……】共17例。表示条件关系的格式。

（1）以是观之，非彊不至。（《龟策列传》）

（2）硃虚侯刘章、东牟侯刘兴居、典客刘揭皆再拜言曰："子弘等皆非孝惠帝子，不当奉宗庙。"（《孝文本纪》）

【非……莫……】共13例。表示条件关系的格式。

（1）非亲子弟，莫可使王齐矣。（《高祖本纪》）

（2）范雎不怿，乃入言于王曰："非王稽之忠，莫能内臣於函谷关；非大王之贤圣，莫能贵臣。"（《范雎蔡泽列传》）

【非……而……】共103例。表假设关系的格式。

（1）上曰："吾用先生谋计，战胜剋敌，非功而何？"（《陈丞相世家》）

（2）惠、怀无亲，外内弃之；天未绝晋，必将有主，主晋祀者，非君而谁？（《晋

世家》）

　　【无……不……】共 18 例。表示条件关系。

　　（1）然魏其诚不知时变，灌夫无术而不逊，两人相翼，乃成祸乱。（《魏其武安侯列传》）

　　（2）太史公曰：女无美恶，居宫见妒；士无贤不肖，入朝见疑。（《外戚世家》）

3.5.3　否定副词的语法功能及其特点

　　否定副词在西汉具有以下特点：

　　首先，各小类混同兼用普遍，分工不明突出。甲骨文 7 个否定副词中只有"不"、"弗"、"毋" 3 个可以"身"兼二"职"，不及总数的 1/2，同时，平均兼"类"值也只有 42.9%。相比之下，《史记》单音节否定副词凡 21 个，其中只有"弗"、"靡" 2 个没有兼"类"现象，其余 19 个（见表 3-21）使用频率较高，都出现了不同程度的混同兼用，占了总数的 2/3 强，而平均兼"类"值已上升到 89.5%。可见，甲骨文中并不突出的兼"类"现象，到西汉已经比较明显，各小类的分工不明，也比较常见了。

　　其次，各小类有一种趋同于"不"的倾向。否定副词中，4 个小类代表了 4 种否定方式，其中单纯否定在思维和言语中最为基本常用，与此相应，"抑以近世汉语之一般趋势言之，否定之词，实以'不'为巨擘"（吕叔湘，1921），因而，在否定副词的发展史上，自先秦以下就有一个趋同于"不"的趋势。具体就西汉这一共时平面来说，当时所有的否定副词，不管是引申、假借，还是受使用频率极高的"不"的类化，几乎都可以表示单纯否定。如果说"不"是一个比较开放的小类，与别的小类可以相互入侵，那么"莫"类就相对较为封闭了。除了"不"、"无"可以兼而表示"勿"外，小类中的"勿"、"毋"、"莫"原本就以表示禁止为基本用法，对别的小类的入侵也并不突出。

　　最后，各个副词兼"类"混用有强弱之分。本书所讨论的 21 个单音节否定副词，各自所兼表的语气种类不一致，"不"跨了 4 个小类，能同时兼表 4 种语气，而"弗"、"靡"仅表示单纯否定，显示出较大的惰性。各个副词混同兼用有强有弱，可能与它们否定基点、使用场合和频率等有关。比如，"不"在同期文献中最为活跃，也许就是因为"不（单纯否定）"是它们最本质、最核心的否定义素，而单纯否定古往今来又一直占了主导地位；"靡"也以"不（单纯否定）"为基本的否定义素，而它只是偶或见于文言色彩较重的高文典册，自然活跃不起来。

表 3-21 否定副词分布统计表

		~动	~形	~名	~代	副词	合计
表单纯否定（12项）	不₁	5 005	1 921	7	68	156	7 157
	无₁	1 035	0	0	1	47	1 083
	弗	196	0	0	0	0	196
	莫₁	9	0	0	2	56	65
	非₁	17	9	0	4	12	26
	匪₁	4	0	0	0	0	4
	靡	23	0	0	0	10	23
	未₁	89	8	0	0	0	97
表单纯否定（12项）	勿₁	5	0	0	0	0	5
	毋₁	28	2	0	0	0	30
	不其	1	0	0	0	0	1
	不暇	6	0	0	0	0	6
已然否定（2项）	未₂	557	34	0	0	0	591
	不₂	634	0	0	0	0	634
表判断否定（4项）	非₂	80	71	171	2	43	367
	匪₂	9	0	0	0	0	9
	不₃	12	0	0	0	0	12
	未₃	5	0	0	0	0	5
表禁止否定（5项）	莫₂	5	0	0	0	0	5
	无₂	41	0	0	0	0	41
	勿₂	5	0	0	0	0	5
	毋₂	35	0	0	0	0	35
	不₄	59	0	0	0	0	59
总计（次）		7 891	2 045	178	77	324	10 515
百分率（%）		75.04	19.44	1.69	0.73	3.08	100

3.6　关联副词

关联副词是在语句中起关联作用的副词类别，它的主要作用是连接两个小句或两个谓词性成分以构成更大的话语单位。语义上表示所在的小句与预期或常情相反，表示前后两项之间相互关联，包括相互顺承或转折。

关联副词，有称为"连接副词"的，也有分别归入时间副词（如"又"、"乃"、"遂"）或情态副词的（如"亦"、"犹"、"乃"）。我们注意到，不论归入哪一类，都承认这类词具有连接作用。基于这一语言事实，我们称其为"关联副词"。叫"关联"而不称"连接"，主要有两点考虑：①沿用前人已用过的术语 [1]；②避免与连词相混淆 [2]。

关联副词用在谓语前，其语法功能是在对谓语加以修饰的同时，兼起连接作用。

3.6.1　关联副词分类

《史记》中的关联副词共 23 项，单音词 15 项，双音节词 8 项。根据所关联的两个语言之间的逻辑关系，本书将《史记》中的关联词分为"接续"、"转折"、"递进"、"类同"4 个小类。

3.6.1.1　表接续

这类副词语义上是关联两个在事理上或行为上紧相连接的成分，强调后者的动作行为是基于前者某事理或行为之后发生的。《史记》共有 7 项，单音节副词 5 项，双音节副词 2 项，均为先秦产生的副词。

乃$_2$（1 144）、迺（90）、乃可（25）、便$_2$（3）、遂$_2$（349）、亦$_3$（44）、乃遂（36）

【乃】用于后面（分句）的动词谓语之前，表示后一动作行为在时间或事理上与前项相承接或相背。可译为"就"、"才"、"却"等。共 1 144 例。

（1）沛公谓张良曰："从此道至吾军，不过二十里耳。度我至军中，公乃入。"

---

[1]　关联副词脱胎于王力《中国现代语法》："此外还有一种词，它们并不居于两个句子形式的中间，它们的位置往往是末品所常在的位置（即主语之后，谓语之前），然而它们能表示句和句的关系，或上文和下文的关系。这种词，当其独立时，可称为关系副词；当其入句时，可称为关系末品。"参见王力：《中国现代语法》，商务印书馆 1985 年 6 月第 1 版，第 191 页。

[2]　关联副词与连词的最大区别在于：位置和功能不同，连词仅起连接作用，不修饰任何句子成分，也不受任何词修饰；而关联副词则对谓语有着明显的修饰作用。凡是有关联副词的分句，都是全句语义强调的重心。

（《项羽本纪》）

（2）一死一生，乃知交情。一贫一富，乃知交态。一贵一贱，交情乃见。（《酷吏列传》）

（3）韩信使者至，发书，汉王大怒，骂曰："吾困于此，旦暮望若来佐我，乃欲自立为王！"（《高祖本纪》）

其中，有2例引自《尚书》，如：

（4）殷既小大好草窃奸宄，卿士师师非度，皆有罪辜，乃无维获，小民乃并兴，相为敌仇。（《宋微子世家》

殷罔不小大好草窃奸宄，卿士师师非度，凡有罪辜，乃罔恒获，小民方兴，相为敌仇。（《尚书·微子》）

（5）尧善之，乃使舜慎和五典，五典能从。乃遍入百官，百官时序。（《五帝本纪》）

尧善之，乃使舜慎和五典，五典能从。乃遍入百官，百官时序。（《尚书·尧典》）

上述2例与《尚书》相比，均增加了时间副词"乃"。例（3）的全句描述了上行下效，政局混乱的危机情况。此处时间副词"乃"，指明了殷末众卿士不守法度与小民相为敌仇的因果关系，以及时间上的连续性。例（4）《史记》也增加了时间副词"乃"，同时也增加了范围副词"遍"。这就产生了两层意思：一是说明尧考察时间安排上的先后次序；二是强调尧用所有政事来考察舜，验证他是否具有真正的才干。

【乃遂】用于后面的谓语或分句谓语之前，表示前后两事的承接关系。可译为"（于是）就"等。共36例。

（1）白公胜怒，乃遂与勇力死士石乞等袭杀令尹子西、子綦于朝，因劫惠王，置之高府，欲弑之。（《楚世家》）

（2）（老子）居周久之，见周之衰，乃遂去。（《老子韩非列传》）

【乃可】用于后一分句之前，表示有前面的条件才会有后面的结果。可译为"才能"、"才可"等。共25例。

（1）君臣有闲，乃可虏也。（《秦本纪》）

（2）然脉法不可胜验，诊疾人以度异之，乃可别同名，命病主在所居。（《扁鹊仓公列传》）

【便】用于动词谓语之前，在单句或复句中配合上下文表示前后两项的连接关系。可译为"就"、"马上就"等。共3例。

（1）少年欲立婴便为王，异军苍头特起。（《项羽本纪》）

（2）（赵高）曰："秦故王国，始皇君天下，故称帝。今六国复自立，秦地益小，乃以空名为帝，不可。宜为王如故。"便立二世之兄子公子婴为秦王。(《秦始皇本纪》)

【遂】用于复句的后面分句，表示后面的动作行为或情况在时间顺序上或因果事理上，随着前事而发生。可译为"于是"、"就"等。共349例。

（1）至蕲南，杀其将军项燕，荆兵遂败走。（《白起王翦列传》）

（2）南越王尉佗自立为武帝，然上召贵尉佗兄弟，以德报之，佗遂去帝称臣。（《孝文本纪》）

【亦】用于单句或分句的谓语前，表示连接关系。可译为"也"、"却"等。共44例。

（1）胶西王素闻董仲舒有行，亦善待之。（《儒林列传》）

（2）（韩信）曰："大王自料勇悍仁强孰与项王？"汉王默然良久，曰："不如也。"信再拜贺曰："惟信亦为大王不如也。"（《淮阴侯列传》）

3.6.1.2 表转折

这类副词语义上是关联两个表转折关系的成分，强调后者所述事实与前者的语义恰恰相反。《史记》共有7项，单音节副词6项，双音节副词1项，均为先秦产生的副词，如下：

更$_3$（1）、乃$_3$（31）、顾$_2$（15）、反（24）、又$_1$（34）、亦$_4$（25）、顾反（4）

【更】用于后面分句中，表示意义上的转折。可译为"反而"、"反"等。仅1例。

（1）少时阴贼，慨不快意，身所杀甚众。……及解年长，更折节为俭，以德报怨，厚施而薄望。（《游侠列传》）

（2）（张）释之曰："法者天子所与天下公共也。今法如此而更重之，是法不信于民也。"（《张释之冯唐列传》）

【乃（迺）】用于后面分句的动词谓语前，表示后一动作行为在时间或事理上与前项相承接。可译为"就"、"才"等。共31例。

（1）今子长八尺，乃为人仆御，然子之意自以为足，妾是以求去也。（《管晏列传》）

（2）沛公谓张良曰："从此道至吾军，不过二十里耳。度我至军中，公乃入。"（《项羽本纪》）

【顾】用于主谓之间或承上省略主语的动词谓语之前，表示此谓语与主语或前面谓语在语义上的转折关系。可译为"却反"、"反而"等。共15例。

（1）若既得立，欲分吴国予我，我顾不敢望也。（《伍子胥列传》）

（2）今三川、周室，天下之朝市也，而王不争焉，顾争于戎翟，去王业远矣。(《张

仪列传》）

【反】用于动词谓语前，表示事态发展出现相反情况。可译为"反而"、"却"等。共 24 例。

（1）悔失番禺，乃反见疑。（《朝鲜列传》）

（2）盖闻天与弗取，反受其咎；时至不行，反受其殃。（《淮阴侯列传》）

【又】用于后面分句的谓语前，表示意义上转折，常见句式是，上文提出某一动作行为或状况，接着用"又"表示转折，提出另一方面的情况。可译为"却"、"却又"等。共 34 例。

（1）太后有淫行，国人不附，欲独诛嘉等，力又不能。（《南越列传》）

（2）（袁盎）乃谏曰："陛下素骄淮南王，弗稍禁，以至此，今又暴摧折之。"（《袁盎晁错列传》）

有时与上句的"纵"等配合，构成"纵……又……"句式。可译为"纵使……却又……"等。如：

（3）今纵弗忍杀之，又听其邪说，不可。（《张仪列传》）

【亦】用于后面分句的谓语之前，表示前后分句之间的转折关系。可译为"也"、"却"等。共 25 例。

（1）使臣卒然填沟壑，君虽恨于臣，亦无可奈何。（《范雎蔡泽列传》）

（2）无是公听然而笑曰："楚则失矣，齐亦未为得也。"（《司马相如列传》）

【顾反】用于动词谓语之前，表示谓语与上文在意义上逆转。可译为"反而"等。共 4 例。

（1）今萧何未尝有汗马之劳，徒持文墨议论，不战，顾反居臣等上，何也？（《萧相国世家》）

（2）夫韩、魏之兵未弊而救之，是吾代韩受魏之兵，顾反听命于韩也。（《田敬仲完世家》）

3.6.1.3　表递进

这类副词语义上是关联两个有进层关系的成分，强调后者在语义上是前者的深入铺叙。《史记》共有 7 项，单音节副词 3 项，双音节副词 4 项，均为先秦产生的副词，如下：

犹$_3$（5）、尚$_2$（8）、尚犹（2）、犹然（1）、犹且（1）、又$_2$（34）、又况（3）

【犹】用在复句中，表示递进，起到连接前后分句的作用。常有"况"、"岂"

等与之配合呼应。可译为"尚且"、"还"等。共5例。

（1）夫一齐之强，燕犹狼顾而不能支，今以三齐临燕，其祸必大矣。（《苏秦列传》）

【犹然】用于递进复句的前面分句，配合句意表示对后面句意的衬托，后面分句表示进一层的意思。表"尚且"等。共1例。

（1）关东群盗并起，秦发兵诛击，所杀亡甚众，犹然不止。（《秦始皇本纪》）

有关其搭配关系，详见3.6.2节。

【尚】常用于递进复句的前面分句，表示让步和衬托，以引起下文进一层的意思。下面常有"何况"、"况"、"安"、"何"等与之配合呼应。可译为"尚且"、"尚犹"、"还"等。共8例。

具体例句见3.6.2节。

【尚犹】详见3.6.2节。

【又】用于后面分句的谓语前，表示意义上更近一层，可译为"而且"、"还"等。共34例。

（1）（韩信）始为布衣时，贫无行，不得推择为吏，又不能治生商贾。（《淮阴侯列传》）

（2）公子虔杜门不出已八年矣，君又杀祝懽而黥公孙贾。（《商君列传》）

【犹且】用法与"尚犹"一致，仅1例。

（1）齐弃南阳，断右壤，定济北，计犹且为之也。（《鲁仲连邹阳列传》）

【又况】用于复句的后一分句，表示递进关系。可译为"何况"等。3例。

（1）鞫武谏曰："不可。夫以秦王之暴而积怒于燕，足为寒心，又况闻樊将军之所在乎？"（《刺客列传》）

（2）臣请与大王提剑而归汉，汉王必裂地而封大王，又况淮南，淮南必大王有也。（《黥布列传》）

3.6.1.4 表类同

这类副词的语义特征就是表示类同。语义指向既可以是谓语中心词的关联项，也可以是谓语中心词。既可以前指，也可以后指。（马真，1982）类同副词的语法功能是可以修饰动词或者动词性短语、形容词或者形容词性短语、名词或名词性短语，不能修饰数量名短语、句子形式。《史记》中这类副词共有2项，单音节副词1项，双音节副词1项，均是先秦已经产生的副词，如：

亦$_5$（235）、亦复（4）

【亦】用于后面分句的谓语之前，表示人与人、事物与事物之间的类同关系。可译为"也"、"也是"等。共 235 例。

（1）晋、楚、齐、卫闻之，皆曰："非独政能也，乃其姊亦烈女也。"（《刺客列传》）

（2）（李）陵军五千人，兵矢既尽，士死者过半，而所杀伤匈奴亦万余人。（《李将军列传》）

【亦复】用于后面分句的谓语之前，表示人与人、事物与事物之间的类同关系。可译为"也"等。共 4 例。

（1）是年，楚亦复立陈。（《管蔡世家》）

（2）孝景时，上郡以西旱，亦复修卖爵令，而贱其价以招民。（《平准书》）

3.6.2 关联副词的搭配使用

关联副词的搭配共 6 对。

【尚……何……】

（1）霸陵尉醉，呵止广。广骑曰："故李将军。"尉曰："今将军尚不得夜行，何乃故也！"（《李将军列传》）

【尚……况……】

（1）臣以为布衣之交尚不相欺，况大国乎！（《廉颇蔺相如列传》）

【尚犹……况……】

（1）且先王崩，尚犹遗德垂法，况夺之善人良臣百姓所哀者乎？（《秦本纪》）

【尚……而况……】

（1）夫鸟兽之于不义也尚知辟之，而况乎丘哉！"（《孔子世家》）

【尚犹……而况……】用法与"尚……而况……"同，"尚犹"可译为"尚且"。如：

（1）夫千乘之王，万家之侯，百室之君，尚犹患贫，而况匹夫编户之民乎！（《货殖列传》）

（2）臧获且羞与之同名矣，况世俗乎！（《鲁仲连邹阳列传》）

【犹然……况……】"用法与"犹尚……况……"同，相当于"尚且……何况……"如：

（1）此皆学士所谓有道仁人也，犹然遭此菑，况以中材而涉乱世之末流乎？（《游侠列传》）

3.6.3 关联副词的语法功能及其特点

表 3-22 先秦至西汉《史记》关联副词简况

	表接续	表转折	表递进	表类同	总计	百分率
先秦产生	7	7	7	2	23	100%
西汉产生	0	0	0	0	0	0
合计	7	7	7	2	23	100%

从表 3-22 可以看出，《史记》23 项关联副词中，有 100% 是先秦产生的。由此可见，《史记》的关联副词全部是继承先秦的。其次，关联副词绝大多数都用在复合句中，以用在后一分句的居多，且基本都是修饰动词谓语。

此期使用的复音副词有"乃遂、乃可、尚犹、尚将、犹然、犹且、顾反、亦复"8 个，均为先秦产生的；可修饰单音词（17 次），也可修饰复音词或短语形式（44 次）。

3.7 语气副词

王力（1943）最早明确使用语气副词这一名称，他在《中国现代语法》中分出语气副词（emotional adverbs），他说，中国古代的语气副词颇少，近代和现代就多了。许多普通副词都转成了语气副词，例如"我又不是鬼"之类；甚至形容词也转成了语气副词，例如"他偏送这个来了"之类。此后，王力（1957）在《汉语语法纲要》中又对"语气副词"这一术语加以明确："除了语气词之外，还有一种语气副词，也是表示全句所带的情绪的。"

对于语气副词，语法学界有不同的认识，比如有的论著就认为这类副词的主要功能并不是表示语气，而是充当高层谓语进行主观评价，因而把这类副词称为评注性副词。绝大多数学者倾向于将它们归入副词，称为语气副词或"评注性副词"（张谊生 2000c）。吕叔湘（1982）、文炼、胡附（2000）认为"可、难道"等可以划归语气词。吕叔湘（1956）认为，副词中"有些是限制一个动词或形容词的意义的，有些不是限制一个词的意义而是表达全句的语气色彩的"，并且指出，"把后者划入助词不是没有理由的"。在《现代汉语八百词》中，则又将它们归入"疑问副词"。还有人对这些词的词类归属问题避而不论，如朱德熙（1982）。

分歧的出现主要是因为这类词与表示时间、范围、程度等的限定性副词相比，无论在句法功能还是语义功能、语用功能等方面都存在着相当大的差异。

　　近年来，学者们对语气副词作了更深入的研究，对语气副词的认识更趋科学，如史金生（2003）认为，语气副词就是用在话语中，表明说话人情感认识的副词；郭新雨（2003）认为，语气副词是现代汉语状语中带有语用性质的成分，其语义特征是表述命题的外层情态，表述说话或行为主体的主观态度和情感。综合学者们对语气副词的界定，本书认为语气副词就是出现在句首或句中，表达说话者对话语信息的主观态度、情感的副词。

　　在语气副词的范围问题上，学者们的认识同样存在分歧，如王力（1943）、吕叔湘（1982）、赵元任（1979）、侯学超（1998）、文炼与胡附（2000）、张谊生（2000a）等对具体副词的归类都有很大差异，这里面存在着语气副词与情状方式副词、程度副词、部分介词、连词等的纠葛问题。产生这些分歧的原因，正如史金生（2003b）所指出的：一是目前对语气副词还没有一个明确的、一致的鉴别标准，比如有的学者采用的是意义标准，如王力（1946），这一分类法对后来的研究者们产生了很大的影响；有的采用的是功能、形式标准，如张谊生（2000a）。二是词类是一个原型范畴，语气副词虚化的程度并不一致。

3.7.1　语气副词分类

　　语气副词是一个内部很不均衡的类，可以从不同的角度分出不同的类别。就目前已有的研究来看，主要有两个分类角度。①从表义功能角度分类，即从表义特点方面给语气副词分类，这可以张谊生（2000c）为代表，他认为"索性、反正、简直、也许、显然、难道、果然"这类词主要功能不在于表示各种语气，而是充当高层谓语进行主观评价，他把这类副词称为评注性副词，并从功能角度把评注性副词分为传信和情态两个类别，传信包括断言、释因、推测、总结4个小类，情态包括强调、婉转、深究、比附、意外、侥幸、逆转、契合、意愿、将就10个方面。②从语法表现角度给语气副词分类，这可以黄河（1990）为代表，他从共现顺序角度把语气副词分为3类。第一类有"到底、难道、万一、反正、当然、果然、其实"等，第二类有"本来、幸好、至少"等，第三类有"倒是、未必、不免、的确、千万、简直"等。

　　鉴于语气副词内部的不平衡性以及目前语气副词的研究状况，笔者认为，既然是语气副词，主要应根据所表示的语气不同加以分类。《史记》语气副词共47项，单音节词37项，双音节词8项。据此，本书将语气副词分为4个不同的小类。

3.7.1.1 表肯定强调语气

这是语气副词中最大的一个小类。语义上，这类副词表示对某一事件或性质状态、属性肯定或强调，是对命题实然性的确认。语法功能上，这些副词能修饰动词或者动词性短语，大多数能修饰句子形式，少数还能修饰充当谓语的名词或名词性短语。《史记》共出现 19 项，均为单音节副词。如下：

1. 先秦已经产生的副词（17 项）

信（8）、必（428）、曾$_2$（7）、诚（26）、固$_3$（26）、期$_3$（2）、即$_3$（12）、决$_2$（3）、审（1）、亦$_6$（16）、又$_3$（25）、乃$_3$（40）、迺$_3$（3）、本（13）、实（68）、务（30）、真（18）

【信】用于动词谓语之前，表示对行为、事态的肯定。可译为"的确"、"确实"、"果真"等。共 8 例。

（1）信饬百官，众功皆兴。（《五帝本纪》）

（2）纣怒曰："吾闻圣人之心有七窍，信有诸乎？"乃遂杀王子比干，刳视其心。（《宋微子世家》）

【必】用于谓语动词之前，配合上下文意表示各种判断。可译为"必定"、"总会"等。共 428 例。

（1）寡人闻之，暴得者必暴亡，强取者必后无功。（《史记龟策列传》）

（2）广武君曰："臣闻智者千虑，必有一失；愚者千虑，必有一得。"（《淮阴侯列传》）

固定格式："必……则……"常用于假设复句的前后分句。"必"分句表示假设或条件，"则"分句表示推论。可译为"真要……那就……"、"（若）一定要……那么就……"等。如：

（3）郑人欲立灵公弟去疾，去疾让曰："必以贤，则去疾不肖；必以顺，则公子坚长。"（《郑世家》）

（4）汉王曰："吾与项羽俱北面受命怀王，曰'约为兄弟'，吾翁即若翁，必欲烹而翁，则幸分我一桮羹。"（《项羽本纪》）

【曾】用于动词谓语之前，表示出乎意料或表强调的语气。可译为"竟然"、"难道"等。共 7 例。

（1）今吾且死而侯生曾无一言半辞送我，我岂有所失哉？（《魏公子列传》）

（2）且君老矣，旦暮之人，曾不能待而欲弒之！（《晋世家》）

【诚】用于动词、形容词或名词谓语之前，表示肯定的判断。可译为"真正"、"的确"等。共 26 例。

（1）良曰："沛公诚欲倍项羽邪？"（《留侯世家》）

（2）而楚太子与秦相应侯善，于是黄歇乃说应侯曰："相国诚善楚太子乎？"（《春申君列传》）

（3）诸生乃皆喜曰："叔孙生诚圣人也，知当世之要务。"（《孟子荀卿列传》）

【固】用于动词谓语之前，表示对动作行为状态或人物真实性或对其性质的判断。可译为"确实（是）"、"肯定（是）"等。共 26 例。

（1）或谓且天为质暗，珍符固不可辞；若然辞之，是泰山靡记而梁父靡几也。（《司马相如列传》）

（2）良曰："料大王士卒足以当项王乎？"沛公默然，曰："固不如也，且为之奈何？"（《项羽本纪》）

【期】用于动词谓语之前，表示对动作行为的肯定。可译为"务必"、"一定"等。共 2 例。

（1）且先王昔言，事天子期无失礼，要之不可以说好语入见。（《南越列传》）

（2）今父老子弟虽患苦我，然百岁后期令父老子孙思我言。（《滑稽列传》）

【即】用于判断句谓语之前，表示确认某一事实。可译为"就是"、"便是"等。共 12 例。

（1）吾翁即若翁，必欲烹而翁，则幸分我一杯羹。（《项羽本纪》）

（2）梁父即楚将项燕。（《秦始皇本纪》）

【决】用于动词谓语之前，表示坚决的态度。可译为"肯定"、"坚决"等。共 3 例。

（1）王后知王决废太子，又欲并废孝。（《淮南衡山列传》）

（2）相如度秦王虽斋，决负约不偿城。（《廉颇蔺相如列传》）

【审】用于动词谓语之，表示动作行为的确实性。可译为"确实"、"的确"等。共 1 例。

（1）贯高喜曰："吾王审出乎？"泄公曰："然。"（《张耳陈馀列传》）

【亦】用于名词谓语之前，配合句意，加强判断语气。可译为"也（是）"、"就是"等。共 16 例。

（1）其九月，会稽守通谓梁曰："江西皆反，此亦天亡秦之时也。"（《项羽本纪》）

（2）从高祖起山东，攻项籍，诛杀名将，破军降城以十数，未尝困辱，此亦天授也。（《傅靳蒯成列传》）

【乃（迺）】用于谓语之前，表示对主语的判断和确认。可译为"就是"、"是"等。"乃"共40例，"迺"3例。如：

（1）沛公谓张良曰："从此道至吾军，不过二十里耳。度我至军中，公乃入。"（《项羽本纪》）

（2）丁公为项王臣不忠，使项王失天下者，迺丁公也。（《季布栾布列传》）

【本】用在名词谓语或动词谓语之前，表示由过去到现在一直如此。可译为"本来（是）"、"原本（是）"等。共13例。

（1）商君者，卫之诸庶孽公子也，名鞅，姓公孙氏，其祖本姬姓也。（《商君列传》）

（2）都尉董翳者，本劝章邯降楚。（《项羽本纪》）

【实】用于动词、形容词谓语之前，表示对动作行为的肯定。可译为"确实"、"的确"等。共68例。

（1）已而武安闻魏其、灌夫实怒不予田，亦怒。（《魏其武安侯列传》）

（2）相如度秦王特以诈详为予赵城，实不可得。（《廉颇蔺相如列传》）

【务】用于动词、形容词谓语之前，表示对动作行为或状态的肯定或强调。可译为"一定要"、"务必"等。共30例。

（1）周公旦惧康叔齿少，乃申告康叔曰："必求殷之贤人君子长者，问其先殷所以兴，所以亡，而务爱民。"（《卫康叔世家》）

（2）陈馀乃复说陈王曰："大王举梁、楚而西，务在入关，未及收河北也。"（《张耳陈馀列传》）

【真】用于谓语之前，表示主语是真实的。可译为"的确"、"确实"等。共18例。

（1）孝文且崩时，诫太子曰："即有缓急，周亚夫真可任将兵。"文帝崩，拜亚夫为车骑将军。（《绛侯周勃世家》）

（2）上含淳德以遇其下，下怀忠信以事其上，一国之政犹一身之治，不知所以治，此真圣人之治也。（《秦本纪》）

2. 西汉新产生的副词（2项）

定（11）、良$_2$（3）

【定】副词"定"《史记》出现11例，如下：

（1）项梁闻陈王定死，召诸别将会薛计事。（《项羽本纪》）

（2）文公元年，晋率诸侯伐宋，责以弑君。闻文公定立，乃去。（《宋微子世家》）

（3）或闻上无意杀魏其，魏其复食，治病，议定不死矣。（《魏其武安侯列传》）

从《史记》来看,副词"定"多用于动词谓语前作状语,表示肯定强调语气,有确实、必定之义。

《说文解字·部》:"定,安也。"本义形容词安定,如:

(4)正家而天下定矣。(《易经·家人》)

由此引申为形容词义稳定、固定,如:

(5)少之时,血气未定,戒之在色。(《论语·季氏》)

由此又引申转化为动词决定、确定义,如:

(6)以闰月定四时成岁。(《尚书·尧典》)

再由决定、确定义引申转化为副词确实、必定义。

【良】[1] 具体详见 3.1.1.1 节。

3.7.1.2　表委婉推断语气

这类副词语义上表示对某种事件、情况、性质状态或数量不太肯定,只是一种大致的判断或推测,是对命题的真实性进行推测,这类副词所在的句子本身表示了一种认定或判断,有了副词的修饰,这种认定或判断就显得不十分肯定了,变得委婉了,这就是这类副词的语义特征。

语法功能上,这类副词一般都可以修饰动词或者动词性短语、形容词或形容词性短语、句子形式,少数还能修饰数量名短语。

《史记》共出现 13 项,单音节副词 9 项,双音节副词 4 项,均为先秦产生的副词,如下:

殆(9)、盖(32)、似(17)、如(6)、若(6)、容(1)、傥(6)、其$_2$(6)、其诸(1)、得无(6)、意(6)、意者(4)、意亦(6)

【殆】用于谓语之前,表示对情况的一般推度或判断。可译为"大概"、"恐怕"等。共 9 例。

(1)苏秦已而告其舍人曰:"张仪,天下贤士,吾殆弗如也。"(《张仪列传》)

(2)公子章强壮而志骄,党众而欲大,殆有私乎?(《赵世家》)

【盖】用于谓语或主语结构前,表示与前面所说情况有关的推测或判断。可译为"大概"、"大约"等。共 32 例。

(1)盖老子百有六十余岁,或言二百余岁,以其修道而养寿也。(《老子韩非列传》)

---

[1]　李杰群(1991)认为"良久"连用应视为一个词,不应把"良"算作程度副词。笔者不同意其观点。《史记》"良久"连用共 21 例,作谓语的是 17 例,若"良久"是程度副词,不可能作谓语。

（2）太史公曰：余登箕山，其上盖有许由冢云。（《伯夷列传》）

【似】用于动词或形容词谓语之前，表示对动作行为或状态不很肯定的推测。可译为"似乎"、"好像"等。共17例。

（1）东郭先生应之曰："谁能履行雪中，令人视之，其上履也，其履下处乃似人足者乎？"（《滑稽列传》）

（2）因问陆生曰："我孰与萧何、曹参、韩信贤？"陆生曰："王似贤。"（《郦生陆贾列传》）

【如】用于动词谓语之前，表示对情况不是确有把握的推测，或大体上的估计。可译为"似乎"、"仿佛"等。共6例。

（1）（项王）曰："富贵不归故乡，如衣绣夜行，谁知之者！"（《项羽本纪》）

（2）丞相如有骄主色。（《袁盎晁错列传》）

【若】用于动词谓语之前，表示事实大致如此，不很肯定。可译为"似乎"、"好像"等。共6例。

（1）文帝出长门，若见五人于道北，遂因其直北立五帝坛，祠以五牢具。（《封禅书》）

（2）当是之时，吏治若救火扬沸，非武健严酷，恶能胜其任而愉快乎！（《酷吏列传》）

【容】用于动词谓语之前，表示对动作行为的不肯定性。可译为"大概"、"或许"等。仅1例。

（1）王勃然不说，去琴按剑曰："夫子见容未察，何以知其善也？"（《田敬仲完世家》）

【傥】用于动词谓语之前，表示可能。可译为"也许"、"或许"等。共6例。

（1）（孔子）曰："盖周文武起丰镐而王，今费虽小，傥庶几乎！"（《孔子世家》）

（2）余甚惑焉，傥所谓天道，是邪非邪？（《伯夷列传》，《史记正义》："傥，未定之词也。"）

【其】用于动词谓语之前，表示对情况的推测。可译为"大概"、"或许"等。共6例。

（1）（季札）曰："美哉，思而不惧，其周之东乎？"（《吴太伯世家》）

（2）孔子之所谓"闻"者，其吕子乎？（《吕不韦列传》）

【其诸】用于动词谓语之前，表示推度。可译为"或许"、"大概"等。仅1例。

（1）子贡曰："夫子温良恭俭让以得之。夫子之求之也，其诸异乎人之求之也。"（《仲尼弟子列传》）

【得无】用于谓语之前，表示一种不肯定的测度。句末常有疑问语气词"乎"、"可"、"欤"、"邪"等与之配合。可译为"莫非"、"该不是"等。共 6 例。

（1）今案诸传记咸言有父，父皆黄帝子也，得无与诗谬秋？"（《三代世表》）

（2）高帝曰："得无难乎？"（《刘敬叔孙通列传》）

【意】用于谓语或句子之前，表示对情况的推想或测度。常用于表测度的问句中。可译为"莫非"、"或许"、"大概"等。共 6 例。

（1）其明年，伐朝鲜。夏，旱。公孙卿曰："黄帝时封则天旱，干封三年。"上乃下诏曰："天旱，意干封乎？"（《封禅书》）

（2）臣望东北汾阴直有金宝气，意周鼎其出乎？（《封禅书》）

【意者】用于谓语之前，表示主观上的测度或不肯定的想法。可译为"或许"、"打算"等。共 4 例。

（1）然悉力尽忠以事圣帝，旷日持久，积数十年，官不过待郎，位不过执戟，意者尚有遗行邪？（《滑稽列传》）

（2）意者臣愚而不概于王心邪？（《范雎蔡泽列传》）

【意亦】用于动词谓语之前，表示主观上的推度。可译为"或许"、"大概"等。共 6 例。

（1）今陛下已立为帝，而丞相贵不益，此其意亦望裂地而王矣。（《李斯列传》）

（2）愿因时循理，弃躯以除患害于天下，意亦可乎？（《吴王濞列传》）

3.7.1.3 表疑问反诘语气

这类副词语义上表示疑问或反问语气，一个句子因为加入这类副词，就成为了疑问句或反问句。疑问语气副词主要用于疑问句中起加强或减弱疑问语气的作用。反诘语气更能反映心情，表达效果优于陈述语气。（钱宗武，1989）

语法功能上，一般可以修饰动词或者动词性短语，少数还能修饰句子形式。

《史记》共出现 13 项，单音节副词 9 项，双音节副词 4 项，均为先秦产生的副词，如下：

顾$_3$（12）、其$_3$（7）、独$_4$（27）、盍（5）、岂（140）、宁（18）、何（73）、何尝（2）、何乃（6）、何遽（3）、何渠（1）、庸（7）、几$_2$（95）

【几】用于谓语之前，表示反语。可译为"难道"。共 95 例。

（1）（黥布）秦时为布衣。少年，有客相之曰："当刑而王。"及壮，坐法黥。布欣然笑曰："人相我当刑而王，几是乎？"（《黥布列传》，《史记集解》："徐广曰：'几，一作岂。'"司马贞《史记索隐》："《楚汉春秋》作'岂是乎'。"）

（2）故西门豹为邺令，名闻天下，泽流后世，无绝已时，几可谓非贤大夫哉！（《滑稽列传》）

【顾】用在反问句的动词谓语之前，配合文义表示反问。句末有语气词"邪"、"乎"、"何"、"哉"等与之呼应。可译为"难道"、"怎么"等。共12例。

（1）以子之才，委质而臣事襄子，襄子必近幸子。近幸子，乃为所欲，顾不易邪？（《刺客列传》）

（2）然张耳、陈馀始居约时，相然信以死，岂顾问哉。（《张耳陈馀列传》）

（3）秦服其劳而赵受其利，虽强大不能得之于小弱，小弱顾能得之于强大乎？（《赵世家》）

（4）今萧何未尝有汗马之劳，徒持文墨议论，不战，顾反居臣等上，何也？（《萧相国世家》）

【其】"其"是"岂"的通假字。杨树达《词诠》："其、岂音近，故二字互通。"表示反问，可译为"难道"、"还"等。共7例。

（1）持方枘欲内圜凿，其能入乎？（《孟子荀卿列传》）

（2）（季札）曰："国无主，其能久乎？"（《吴太伯世家》）

【独】杨树达《词诠》："独，反诘副词，反问时用之。"用于谓语前，与上下文相配合，可译为"难道"、"究竟"等。共140例。

（1）相如曰："夫以秦王之威，而相如廷叱之，辱其群臣，相如虽驽，独畏廉将军哉？"（《廉颇蔺相如列传》）

（2）安国曰："死灰独不复然乎？"（《韩长孺列传》）

【盍】用于谓语前，配合文义表示反问，是"何不"的意思。可译为"为什么不"、"怎么不"，或作"何不"等。共5例。

（1）齐人闻而惧，曰："孔子为政必霸，霸则吾地近焉，我之为先并矣。盍致地焉？"（《孔子世家》）

（2）伍奢有二子，不杀者为楚国患，盍以免其父召之？（《楚世家》）

【岂】用于谓语前，表示反问。后常与语气词"乎"、"哉"、"邪"等呼应。可译为"难道"、"怎么"等。共140例。

（1）人之度量相越，岂不远哉！（《司马相如列传》）

（2）因言曰："沛公不先破关中，公岂敢入乎？今人有大功而击之，不义也，不如因善遇之。"（《项羽本纪》）

【宁】与句末的"乎"、"邪"等呼语气词应，表示反问。可译为"难道"、"怎么"等。共 18 例。

（1）（郅）都伏上前曰："亡一姬复一姬进，天下所少宁贾姬等乎？……"（《酷吏列传》）

（2）王曰："……万世之后，吾宁能北面臣事竖子乎！"（《淮南衡山列传》）

【何】用于动词谓语之前，表示反问。可译为"哪"、"哪里"、"何必"等。共 73 例。

（1）（百里奚）谢曰："臣亡国之臣，何足问！"（《秦本纪》）

（2）庸者笑而应曰："若为庸耕，何富贵也？"（《陈涉世家》）

【何尝】用于动词谓语之前，表示反问。可译为"哪有"，或仍作"何尝"等。共 2 例。

（1）太史公曰：自古圣王将建国受命，兴动事业，何尝不宝卜筮以助善！（《龟策列传》）

（2）王者之兴，何尝不以卜筮决于天命哉！（《日者列传》）

【何乃】用于动词谓语之前，以反问的形式表示事情的发生是出乎意外或不应该的。可译为"为什么竟"、"怎么竟"等。共 6 例。

（1）何乃残身苦形，欲以求报襄子，不亦难乎！（《刺客列传》）

（2）贯高、赵午等十余人皆相谓曰："乃吾等非也。吾王长者，不倍德。且吾等义不辱，今怨高祖辱我王，故欲杀之，何乃污王为乎？"（《张耳陈馀列传》）

【何遽】用于动词谓语之前，表示反问。可译为"怎么就"、"为什么"等。共 3 例。

（1）由是观之，何遽不为福乎？（《越王勾践世家》）

（2）子疐曰："齐强，而厉公居栎，即不往，是率诸侯伐我，内厉公。我不如往，往何遽必辱，且又何至是！"（《郑世家》）

【何渠】用于动词谓语之前，表示反问。可译为"怎么就"、"为什么就"等。共 1 例。

（1）尉佗大笑曰："吾不起中国，故王此。使我居中国，何渠不若汉？"（《郦生陆贾列传》）

【庸】用于动词谓语之前,表示反问。可译为"难道"、"哪里"等。共 7 例。

(1)且人卖郑,庸知我国人不有以我情告郑者乎?不可。(《秦本纪》)

(2)昭王曰:"将相,孤之股肱也,今移祸,庸去是身乎!"弗听。(《楚世家》)

也可用在助动词"可"前,构成惯用词组,如:"庸可"(4 例),用于动词谓语前,加强反问语气。可译为"怎么……"、"难道……"等。如:

(3)缪公曰:"……且吾闻箕子见唐叔之初封,曰'其后必当大矣',晋庸可灭乎!"(《晋世家》)

(4)成王曰:"晋公子贤而困于外久,从者皆国器,此天所置,庸可杀乎?且言何以易之!"(《宋微子世家》)

3.7.1.4 表祈使语气

《史记》共出现 2 项,均产生于先秦,如下:

其 $_4$(23)、唯 $_2$(15)

【其】用于谓语前,表示建议、希望或劝诫语气,可译为"要"、"还是"等。共 23 例,其中 2 例均引自《尚书》,如:

(1)今我其即命于元龟,尔之许我,我以其璧与圭归,以俟尔命。(《鲁周公世家》)

今我即命于元龟,尔之许我,我其以璧与圭归俟尔命。(《尚书·金滕》)

(2)尧曰:"然,朕闻之。其何如?"(《五帝本纪》)

帝曰:"俞!予闻,如何?"(《尚书·尧典》)

此 2 例与《尚书》相比,均增加了语气副词"其",借此加强人物语言的感情色彩。例(1)《史记》增加表示祈使语气的副词"其",全句就活了,显得言辞恳切,态度虔诚。例(2)的"其"也表示祈使语气的副词,有"究竟"之意,细细品味全句似乎还增加了疑问的内容。意思是尧说:"嗯,我听说过这个人。究竟怎么样啊?"一个"究竟"表明尧不仅仅是想一般地了解,而是想要知道各方面的真实情况。

【唯】用于祈使句的句首,表示建议、希望。共 15 例。

(1)王翦谢曰:"老臣罢病悖乱,唯大王更择贤将。"(《白起王翦列传》)

(2)燕王拜送于庭,使使以闻大王,唯大王命之。(《刺客列传》)

3.7.2 语气副词的语法功能及其特点

语气副词的语法功能及其特点:①以继承为主。承袭先秦而来的有 45 个,占总数的 95.74%；而西汉新产生的只有 2 项，占 4.26%。②绝大多数语气副词都可以修饰动词谓语，都可与句末语气助词搭配使用来表达各种语气。③语气副词常与否定副词连用，以反问的语气来加强肯定的语气。共 5 个：岂（岂不、岂非）、曾（曾不、曾未）、殆（殆不、殆非）、何（何不）、其（其不）。④语气副词也可以与其他副词连用，有 3 个：岂必、岂独、岂特。⑤复合语气副词有 8 个：其诸、得无、意者、意亦、何尝、何乃、何渠、何遽。

表 3-23　先秦至西汉《史记》语气副词简况

	表肯定、强调	表委婉、推断	表疑问、反诘	表祈使语气	总计	百分率
先秦产生	17	13	13	2	45	95.74%
西汉产生	2	0	0	0	2	4.26%
合计	19	13	13	2	47	100%

3.8　谦敬副词

这类副词表示说话人对听话人的尊敬或说话人自谦的意义。说话人的自谦其实也是对对方的一种尊敬。谦敬副词可分为：表示对人尊敬客气的表敬副词；表示自己谦虚卑微的表谦副词。《史记》谦敬副词共有 10 项 [1]，均为单音词。

3.8.1　表敬副词

《史记》共有此类副词 6 项，均为单音节副词。如下：

3.8.1.1　先秦已经产生的副词（5 项）

谨₂（19）、敬（27）、请（23）、辱（2）、幸（21）

【谨】用于谓语之前，表示说话人对对方的尊敬。可译为"敬"，亦可以为"谨"，或不译。共 19 例。

（1）淳于髡见之曰："善说哉！髡有愚志，愿陈诸前。"驺忌子曰："谨受教。"淳于髡曰："得全全昌，失全全亡。"驺忌子曰："谨受令，请谨毋离前。"（《田敬仲完世家》）

（2）（沛公）曰："……公为我献之。"张良曰："谨诺。"（《项羽本纪》）

【敬】用于谓语之前，表示说话人对对方的尊敬。可译为"崇敬地"，亦可不译。

---

[1]　吴庆峰（2011）认为，《史记》谦敬副词仅有"敬"、"请"两个，笔者不赞成。

共 27 例。

（1）倨傲其辞曰"天地所生日月所置匈奴大单于敬问汉皇帝无恙"，所以遗物言语亦云云。（《匈奴列传》）

（2）王曰："寡人敬闻命矣。"乃拜范雎为客卿，谋兵事。（《范雎蔡泽列传》）

【请】用于谓语之前，表示谦敬。可仍译为"请"。共 23 例。

（1）许历曰："秦人不意赵师至此，其来气盛，将军必厚集其阵以待之。不然，必败。"赵奢曰："请受令。"（《廉颇蔺相如列传》）

（2）相如曰："王必无人，臣愿奉璧往使。城入赵而璧留秦；城不入，臣请完璧归赵。"（《廉颇蔺相如列传》）

【辱】用于谓语之前，表示说话人对对方的尊敬。可译为"承蒙"、"屈尊"。共 2 例。

（1）秦王跽曰："先生是何言也！夫秦国辟远，寡人愚不肖，先生乃幸辱至于此，是天以寡人恩先生而存先王之宗庙也。"（《范雎蔡泽列传》）

（2）秦女曰："子一国太子，辱在此。"（《晋世家》）

【幸】用于谓语之前，表示对受话人的尊敬。一般可不译。共 21 例。

（1）丞相（陈）平等皆曰："臣伏计之，大王奉高帝宗庙最宜称，虽天下诸侯万民以为宜。臣等为宗庙社稷计，不敢忽。愿大王幸听臣等。"（《孝文本纪》）

（2）秦王跽而请曰："先生何以幸教寡人？"（《范雎蔡泽列传》）

3.8.1.2 西汉新产生的副词（1 项）

伏（3）

【伏】副词"伏"《史记》有 3 例，如下：

（1）丞相平等皆曰："臣伏计之，大王奉高帝宗庙最宜称，虽天下诸侯万民以为宜。"（《孝文本纪》）

（2）伏闻周封八百，姬姓并列，奉承天子。（《三王世家》）

（3）臣青翟、臣汤、博士臣将行等伏闻康叔亲属有十，武王继体，周公辅成王，其八人皆以祖考之尊建为大国。（《三王世家》）

从以上看来，《史记》的副词"伏"均修饰动词或动词性短语，作状语，表示对对方的尊敬。

《说文解字·人部》："伏，司也。"王筠句读："伏，伺也。狙之伺物，必伏而候之。"本义动词义伺候，引申为动词义俯伏，《释名·释姿容》："伏，覆也。"如：

（4）志不免乎姦心，行不免乎姦道，而求有君子圣人之名，辟之是犹伏而咶天。（《荀子·仲尼》）

（5）乃召拜黯为淮阳太守。黯伏谢不受印，诏数强予，然后奉诏。（《汲黯列传》）

（6）寝毋伏。（《礼记·曲礼上》，孔颖达疏："寝，卧也。伏，覆也。卧当或侧或仰而不覆也。"）

由此再引申转化为副词表示恭敬义。《助字辨略》："凡云伏者，以卑承尊之辞也。"古时臣对君奏言多用之。此种用法始见于《史记》，后沿用于文言中。

3.8.2 表谦副词

《史记》共有此类副词4项，均单音节副词。如下：

3.8.2.1 先秦已经产生的副词（3项）

敢（9）、窃$_2$（30）、愚（3）

【敢】用于谓语之前，表示谦卑或者客气反语。可译为"冒昧地"、"斗胆地"。共9例。

（1）魏文侯问于子夏曰："吾端冕而听古乐则唯恐卧，听郑卫之音则不知倦。敢问古乐之如彼，何也？新乐之如此，何也？"（《乐书》）

（2）从亡贱臣壶叔曰："君三行赏，赏不及臣，敢请罪。"（《晋世家》）

【窃】用于谓语之前，表示说话人自谦。可译为"私下"、"私自"，亦可不译。共30例。

（1）臣窃不胜犬马心，昧死愿陛下诏有司，因盛夏吉时定皇子位。（《三王世家》）

（2）窃为大王不取也。（《项羽本纪》）

【愚】表示自谦，有指代第一人称的作用。可译为"我"。共3例。

（1）（卜）式曰："天子诛匈奴，愚以为贤者宜死节于边，有财者宜输委，如此而匈奴可灭也。"（《平准书》）

（2）今臣往，徒见羸瘠老弱，此必欲见短，伏奇兵以争利。愚以为匈奴不可击也。（《刘敬叔孙通列传》）

3.8.2.2 西汉新产生的副词（1项）

试$_2$（1）

【试】在《史记》中出现2例，如：

（1）因谓秦王曰："梁非戍周也，将伐周也。王试出兵境以观之。"（《周本纪》）

（2）兵既整齐，王可试下观之，唯王所欲用之，虽赴水火犹可也。（《孙子吴起列传》）

《说文解字》："试，用也。"其本义是"任用"，如：

（3）私人之子，百僚是试。（《诗经·小雅·大东》）

引申为"试用"和"尝试"，用在动词谓语前，表示将要实施动作行为时所持的态度，例如：

（4）下匿其私，用试其上。（《韩非子·扬权》）

此义在《史记》中共出现9例，如：

（5）若归，试私从容问而父（《曹相国世家》）

（6）少时椎埋为奸。已而试补县亭长，数废。（《酷吏列传》）

在保留动词"试用"义的基础上，"尝试"义再进一步引申虚化，"试"的动作义逐渐丧失，并开始常用于对话体或祈使句中，终于从动词"试"中分化出一个表"姑且"义的谦敬类语气副词。

3.8.3 语气副词语法功能及其特点

《史记》表谦敬副词的特点如下：谦敬副词大多用于对话语境中，这是符合该类词的语用特点的，因为一般都是在交际时才能用到谦敬副词，当然也有一些是用在书面语中的。《史记》的文体决定了《史记》谦敬副词数量较多。

4 分　论

4.1　副词同义连用

词语连用是古代汉语中常见的现象之一，连用有广义和狭义之分，广义的连用既包括词的同义连用又包括词的异义连用，狭义词的连用则仅指后者。本书这里讨论的词的连用属于广义上的前者，即词的同义连用。

两个意义相同或相近的单音词合在一起共同使用，就是同义连用，又叫"复用"、"重言"或"连文"。它兼有词组与合成词的某些性质，是汉语复音化过程中由词组向合成词过渡阶段的产物。先秦时期，实词的同义连用（一般称作"同义词临时组合"[1]）比较常见，它是形成双音实词的主要途径。到汉代，虚词的同义连用也很普遍，开始了虚词的复音化进程，它对虚词的复音化同样具有重要作用。但是，虚词的同义连用至今尚未引起足够的重视。

本书所说的虚词，指传统语法学广义的虚词，主要是代词、副词、连词、介词等。有些虚词没有或很少有词汇意义，但有语法意义；相同或相近的语法意义，本书也看作是同义。《史记》中虚词同义连用，以副词为多，连词和代词次之，介词罕见，如：

（1）陛下让文武，躬自切，及皇子未教。（《三王世家》）

（2）燕太子丹者，故尝质于赵，而秦王政生於赵，其少时与丹驩。（《刺客列传》）

（3）大凡从太伯至寿梦十九世。（《吴太伯世家》）

以上是副词的同义连用。

（4）此三臣者，岂不忠哉，然而不免于死，身死而所忠者非也。（《李斯列传》）

（5）假令韩信学道谦让，不伐己功，不矜其能，则庶几哉，於汉家勋可以比周、召、太公之徒，后世血食矣。（《淮阴侯列传》）

---

[1]　参见王力主编：《古代汉语》（修订本）（第1册），中华书局1981年第2版，第86页。

以上是连词的同义连用。

（6）及死之日，天下知与不知，皆为尽哀。彼其忠实心诚信於士大夫也？（《李将军列传》）

（7）吴王闻袁盎来，亦知其欲说己，笑而应曰："我已为东帝，尚何谁拜？"（《吴王濞列传》）

以上是代词同义连用。

（8）季武子弗听，卒立之。比及葬，三易衰。（《鲁周公世家》）

（9）及至三王，随时制法，因事制礼。（《赵世家》）

以上是介词同义连用。本书主要对《史记》副词的同义连用进行探讨。

4.1.1 同义连用的类型

同义词语连用使用的材料虽见之于书面，但绝非文人自己创造出来的。书面语来源于口语，只不过经过加工而已。口语里为了强调突出某一种意思，反复使用同义词语，比书面语更加严重。

同义词语连用有各种不同的类型，大致分为如下几种：

《史记》副词同义连用大都是两字式，如：

（10）张仪曰："赖子得显，方且报德，何故去也？（《张仪列传》）

（11）方将约车趋行，适闻使者之明诏。（《张仪列传》）

《词诠》："方，将也"，"且，将也"。可见"方"、"且"、"将"三字意思相同，都是表未来的时间副词。"方且"、"方将"是同义副词连用。

（12）王心以为上无太子，天下有变，诸侯并争，愈益治器械攻战具，积金钱略遗郡国诸侯游士奇材。（《淮南衡山列传》）

（13）今将军为秦将三岁矣，所亡失以十万数，而诸侯并起兹益多。（《项羽本纪》）

《词诠》："愈，弥也，益也。""益，愈也，更也。""愈"、"益"二字互训，都是程度副词，例（12）是程度副词同义连用。《词诠》："滋，副词，益也，即兹字通用字。"可见"兹"也是"益"。例（13）也是程度副词同义连用。

也有三字式、四字式，但不多见。三字式一般是一个单音副词与另一个同义的双音副词并列组合，《史记》共出现6例，如：

（14）乃相与共立羽为假上将军。（《项羽本纪》）

"相与"是副词性结构，可表示"相互之间"，也可表示"共同"，如《齐太公世家》："田、鲍、高、栾氏相与谋庆氏。""共"是副词，如《屈原贾生列传》：
"其后诸侯共击楚，大破之。""相与共"也是同义连用。先秦文献中已有如此用例，
如《左传·昭公二十九年》："相与偕出，请相与偕告。"又如《韩非子·存韩》：
"前时五诸侯尝相与共伐韩，秦发兵以救之。"

（15）人穷则反本，故劳苦倦极，未尝不呼天也；疾痛惨怛，未尝不呼父母也。
（《屈原贾生列传》）

"未尝"是否定性副词结构，相当于"从（来）没有"、"不曾"等。如《刺客列传》：
"北蕃蛮夷之鄙人，未尝见天子，故振慑。""不"也是否定性副词，二者连文，
是双重否定表示肯定，相当于"总是"等。

（16）朕与单于俱由此道，顺天恤民，世世相传，施之无穷，天下莫不咸便。（《匈
奴列传》）

"莫"表示否定存在某对象，与"不"连用，构成双重否定，变成统括性肯定，
相当于"没有谁不"、"大家都"等。如《诗经·小雅·十月之交》："民莫不逸，
我独不敢休。""咸"也是统括性副词。《说文解字》："咸，皆也；悉也。"按
朱骏声的说法，"鹹"本当是"咸"字的古文，训皆、悉，是假借。借义所专，遂
昧本训。可见"莫不"与"咸"二者同义连用。

（17）故其著书十余万言，大抵率寓言也。（《老子韩非列传》）

"大抵"是表示对一般情况推测的副词，相当于"大概""大都"，如《太史公自序》：
"诗三百篇，大抵贤圣发愤之所为作也。""率"义同"大抵"，如《礼记·祭义》：
"古之献丝者，其率用此欤？""大抵"、"率"同义连用。

《史记》中"大抵"除与单音节"率"同义连用外，还与单音词"皆"、"尽"
同义连用，"皆"、"尽"都和"大抵"意义相近，都作副词用。如：

（18）至于高祖，光有四海，叔孙通颇有所增益减损，大抵皆袭秦故。（《礼书》）

（19）奸猾穷治，大抵尽靡烂狱中，行论无出者。其爪牙吏虎而冠。（《酷
吏列传》）

罗正坚（1994）认为，三个字同义并列连用，并非司马迁首创，早在《诗经》
中就已经出现了。《诗经·周颂·我将》："仪式刑文王之典。"中的"仪式刑"
三个字在这里有效法的意思，都作动词，它们共同的宾语是"文王之典"。且三个
字两组意义相同并列连用，先秦古籍尤其是《楚辞》中较为常见，只不过实词较多。
如：《离骚》："忳郁邑余侘傺兮，吾独穷困乎此时也。"王逸注："忳，忧貌。""郁

邑"，这里也是忧愁的意思。

四字式与五字式的副词同义连用更为少见，《史记》中各只有1个用例：

（20）初先是往十余岁河决观，梁楚之地固已数困。（《平准书》）

"初"，时间副词，"当初"的意思；"先是"即"在此之前"；"往"用作时间副词，相当于"以前"。《助字辨略》说："初先是者，重言也，往亦先是之辞。此以四字为重言者也。"

（21）天下大抵无虑皆铸金钱矣。（《平准书》，按：《汉书·食货志下》字作"大氐无虑"。颜师古注："氐读曰抵。抵，归也。大归犹言大凡也。无虑亦谓大率，无小计虑耳。"）

"无虑"即"无小计虑耳"（《助字辨略》卷四引师古云），表示不十分精确或不十分详尽，与"大抵"同义。如《汉书·冯奉世传》："今反房无虑三万人。""大抵无虑"连文，就是"大约"、"大概"的意思。

"皆"也为范围副词。可见"大抵无虑皆"同义连用。

四个字同义连用 [例（20）]，《诗经》、《楚辞》以及先秦散文中都可以见到，只不过大多都是实词。例如《诗经·大雅·公刘》："既庶既繁，既顺乃宣。"《楚辞·离骚》："心犹豫而狐疑，欲自适而不可。"《墨子·非命上》："是以衣食之财不足，而饥寒冻馁之忧至。"《庄子·庚桑楚》："是乃所谓冰解冻释者。"

以上例句中，连用的两个（或两个以上）副词意义相同或相近，都是显而易见的。《史记》中还有些副词同义连用现象不明显。这主要是因为，一些副词有多种意义，而连用时用的是它的不常用的意义，所以不易觉察。如：

（22）且救赵之务，宜若奉漏瓮沃焦釜也。（《田敬仲完世家》）

副词"宜"常见的用法是表示"应当"，但有时也表示对情况的推测，相当于"大概"、"似乎"。所以《助字辨略》说："宜"，"意计而未定之辞"。《陈涉世家》："今诚以吾众诈自称公子扶苏、项燕，为天下唱，宜多应者。"（1951）"宜"就是这个意思。例（22）中的"宜"也是这种用法，它与副词"若"（"似乎"、"好像"）意义相近，"宜若"属于同义连用。

《史记》中还有一些连用的副词，其中之一用了通假字，从字面上看，它们并不同义，因而难以辨识。如果破其通假，还以本字，便可看出它们是同义连用。如：

（23）卒买鱼烹食，得鱼腹中书，固以怪之矣。（《陈涉世家》）

"固"是描摹性副词，"原本"的意思，"以"是介词，当然不同义。但这里的"以"

是"已"的通假字，"已"是时间副词，"已经"的意思。"原本"与"已经"的意思相近。所以《助字辨略》云："此固字犹既也，已也。亘以即固已，并重言也。"

又如"何讵"，《广韵》："讵，岂也。"是表示反问的副词。"何"也可表示反问。"何讵"是同义连用。但"讵"有时又写作"渠"或"遽"，"何渠"、"何遽"当然也是同义连用。如：

（24）使我居中国，何渠不若汉？（《郦生陆贾列传》）

（25）我不如往，往何遽必辱，且又何至是！（《郑世家》）

类似的情况还有"宁渠"，"宁渠"即"宁岂"，是反诘副词同义连用，如：

（26）且苏君在，仪宁渠能乎！（《张仪列传》）

以上说的是同义词语紧紧并列在一起连用，《史记》中还有同义词语在一句中分开上下两处重复出现的同义连用类型，这可算同义词语连用的另一种类型。例如：

（27）最大将军青，凡七出击匈奴，斩捕首房五万余级。（《卫将军骠骑列传》）

《集韵泰韵》："最，凡也。"《史记索隐》："最，谓凡计也。""最"和"凡"都有总共、总计的意思，意义相同，用法也相同，都做副词用。这里一句之中两处用两个同意义的副词。

一句之中上下重复使用两个同义副词，这不是司马迁首创，在他之前就已经有先例了。《楚辞离骚》："不吾知其亦已兮，苟余情其信芳。"又："苟余情其信姱以练要兮，长顑颔亦何伤。"朱熹《楚辞集注》："苟，诚也；信，实也。""苟"和"信"这里都作副词用，都是表示确实、实在的意思。

4.1.2　同义连用的特点

《史记》副词的同义连用，明显地具有与实词的同义临时组合相同的结构特点。实词的同义临时组合"只是两个同义词的并列，还没有凝结成为一个整体，一个词"[1]，因此，在结构上，两个同义词的组合还不紧密，还没有固定的形式。《史记》副词同义连用也是如此。

4.1.2.1　具有一定的独立性

连用的同义副词大都保存着一定的独立性，既可连用，又可单用。例如：

---

[1] 参见王力主编：《古代汉语》（修订本）（第1册），中华书局1981年第2版，第86页。编者以"阻、隘、险"可自由组合成"阻隘、阻险、险阻、险隘"为例，说明同义词组合时，各自的独立性很强，没有固定的形式。

（28）秦将闻之，为却军五十里。适会魏公子无忌夺晋鄙军以救赵，击秦军，秦军遂引而去。（《鲁仲连邹阳列传》）

"适"、"会"用作副词，都表示两件事情在时间上正好相合，是"恰好"、"刚好"的意思，这里是同义连用。在《史记》里也单用，如《魏其武安侯列传》："夫身中大创十余，适有万金良药，故得无死。"（2846）《高祖本纪》："会天寒，士卒堕指者什二三，遂至平城。"（385）

（29）有司礼官皆曰："古者天子夏躬亲礼祀上帝于郊，故曰郊。"（《孝文本纪》）

《说文解字》："躬，身也。"本义指人的身体、自身。如《诗·邶风·谷风》："我躬不阅，遑恤我后。"郑玄笺："躬，身也。"由本义引申出虚词的用法，作副词，义为"亲自"、"亲身"。《说文解字》："亲，至也。"由本义引申出副词"亲自"、"自己"等义。可见，"躬"、"亲"皆用作副词，表示动作行为是施动者亲自去做的，是同义连用。在《史记》里也单用，如《平津侯主父列传》："今陛下躬行大孝，鉴三王，建周道，兼文武，厉贤予禄，量能授官。"《魏公子列传》："朱亥笑曰：'臣乃市井鼓刀屠者，而公子亲数存之，所以不报谢者，以为小礼无所用。'"

（30）今萧何未尝有汗马之劳，徒持文墨议论，不战，顾反居臣等上，何也？（《萧相国世家》）

《词诠》："顾，反也。按反首而视谓之顾，故引申为反义。""顾"、"反"用作副词，都表示事态与常情、常理相违背，有"却反"、"反而"等意，这里是同义连用。先秦已有用例，两汉时多见。在《史记》里也常常单用，如《张仪列传》："今三川、周室，天下之朝市也，而王不争焉，顾争于戎翟，去王业远矣。"《淮阴侯列传》："为将数岁，反不如一竖儒之功乎？"

（31）瞽叟尚复欲杀之，使舜上涂廪，瞽叟从下纵火焚廪。舜乃以两笠自扞而下，去，得不死。（《五帝本纪》）

（32）夫千乘之王，万家之侯，百室之君，尚犹患贫，而况匹夫编户之民乎！（《货殖列传》）

4.1.2.2 自由组合，形式灵活多样

有些同义副词连用，还可以自由组合，形式灵活多样，例如：

（33）天下士郡诸侯愈益附武安。（《魏其武安侯列传》）

这里"愈益"是同义连用。同时，该篇中也有单用"愈"或"益"的，如："籍

福起为谢,案灌夫项令谢。夫愈怒,不肯谢。""武安日益横。"

连文的同义副词,词序往往还可以互相颠倒,有时甲在前,乙在后,有时则乙在前,甲在后。如:

（34）齐城之不下者,独唯聊、莒、即墨,其馀皆属燕,六岁。（《燕召公世家》）

（35）主父方贵幸时,宾客以千数,及其族死,无一人收者,唯独洨孔车收葬之。（《平津侯主父列传》）

《词诠》:"独,唯也、仅也。但也。""唯,独也、但也。""唯"与"独"二字互训,又同训"但也",此二字词性、词义完全相同。例（34）用"独唯",例（35）用"唯独",都是范围副词的同义连用。二字的词序可以互换。

又如:

（36）其先苗裔繇王居股等犹尚封为万户侯,由此知越世世为公侯矣。（《东越列传》）

（37）夫千乘之王,万家之侯,百室之君,尚犹患贫,而况匹夫编户之民乎!（《货殖列传》）

（38）太后左右皆大惊。业已许其军法,无以罪也。（《齐悼惠王世家》）

（39）天子已业诛宛,宛小国而不能下,则大夏之属轻汉。（《大宛列传》）

《史记》中同意连用的副词还有反诘副词"何"、"庸"、"宁"、"岂"、"讵",可以组成"何讵（渠、遽）"、"庸何"、"庸岂"、"庸讵（渠、遽）"、"宁渠"等。

《史记》副词同义连用的这些结构特点表明,连用的副词尚未凝固成词。但是,从表示的意义来看,又与词组不同,它不是两个副词意义的相加,而是由两个副词共同表示一个意义,因而又具有词的性质。这一点也与实词的同义临时组合近似。[1]《史记》副词同义连用在表意上不外乎下列两种情况。

第一,如果两个副词意义完全相同,它们连用后意义无变化,等于表示了其中任何一个副词的意义。如:

（40）既已振人之命,不矜其功,其阴贼着于心,卒发于睚眦如故云。（《游侠列传》）

"既"、"已"同义,都是"已经"的意思,"既已"连用,还是"已经"的意思。

（41）信由此日夜怨望,居常鞅鞅,羞与绛、灌等列。（《淮阴侯列传》）

---

[1]　参见王力:《古代汉语》[古代汉语通论三:"今天我们读古书的时候,应当把这些词（指同义词临时组合——引者）当作复音词来理解,这样才能得到一个完整的概念。"],中华书局 1999 年版。

"居"、"常"同义，都是"经常"、"时常"、"平时"的意思，"居常"连用，还是"经常"、"时常"、"平时"的意思。

（42）赵盾患之，恐其宗与大夫袭诛之，乃遂立太子，是为灵公。（《赵世家》）

"乃"、"遂"同义，都是表示前后两个动作行为或事情的紧相承接，相当于"于是"、"于是就"的意思。"乃遂"连用，与单用义同。

（43）今将军为秦将三岁矣，所亡失以十万数，而诸侯并起兹益多。（《项羽本纪》）

第二，如果两个副词意义不完全相同，只是相近，那么，它们连用后表示的是其中某一个副词的意义，另一个只起陪衬作用。类似实词中的复词偏义。如：

（44）于是荆轲就车而去，终已不顾。（《刺客列传》）

副词"已"表示事情完成，相当于"已经"。副词"终"表示经过较长过程最后出现的结果，是"终于"的意思。"最后出现的结果"，当然是"事情完成"了。在这一点上，"终"与"已"意义相近。但二者又有差异，并不完全相同。例（44）"终已"连文，表示的是"终"的意义，"终已不顾"就等于说"终（终于）不顾"。

（45）孝景时，上郡以西旱，亦复修卖爵令，而贱其价以招民。（《平准书》）

"复"表示动作行为的重复，相当于"再"；"亦"除了表示类同关系，还可表示动作行为的相继，相当于"又"，如《左传·文公七年》："先君何罪，其嗣亦何罪？""动作行为的相继"就有"重复"的意思，故"亦"、"复"意义相近。但二者又非同义。例（45）"亦复"连文，表示的是"复"的意义，"亦复修卖爵令"等于说"复（再）修卖爵令"。

（46）其明年，骠骑仍再[1]出击胡，获首四万。（《平准书》，按：《汉书·食货志下》字同《平准书》。）

"仍"和"再"都可以表示动作行为的多次出现，但"仍"侧重于"频繁"，"再"侧重于"反复"，二者连用为词，表示的是"仍"的意义，"仍再出击胡"等于说"频繁出击胡"。

从以上分析可以看出，副词的同义连用在结构上具有词组的灵活性，在意义上又有词的单一性。这恰好说明，同义连用在词汇发展史上处于由词组向复音词过渡的阶段。

---

[1]　按：王引之《经传释词》认为"仍再"中的"仍"是"乃"的通假字。今未从此说。古汉语"仍再"、"频再"、"比再"其义略同。

4.1.3　同义连用的训释及其意义

副词同义连用既然是两个副词共同表示一个意义，当然就不能分开解释。这一点，古人早已注意到了。王念孙指出："凡连语之字皆上下同义，不可分训。"《读书杂志·汉书》认为"连语之字"包括实词同义连用，也应该包括副词的同义连用。如果对同义连用的副词分训，难免要牵强附会，望文生义。在《史记》的注释翻译中就存在着这种现象。如：

（47）令既具，未布，恐民之不信，已乃立三丈之木于国都市南门，募民有能徙置北门者予十金。（《商君列传》）

这句话，《史记会注考证》将"已"改为"己"，以"恐民之不信己"连读。[1] 王伯祥《史记选》也用此说。[2] 而中华书局《史记》则认为"已乃"连读，比较恰当。"已乃"也是副词同义连用。"已"用作时间副词，有时"表示某一事刚完，不久又发生另一事，两事相隔极近，和'旋即'义相同"。[3] 如《项羽本纪》："韩王成无军功，项王不使之国，与俱至彭城，废以为侯，已又杀之。"（320）副词"乃"则经常表示事理顺承相因，相当于"于是"、"就"。"旋即"就有顺承相因的意思，故"已"与"乃"意义相近。"已乃"连用，等于说"乃"。这在《史记》中还可以找到用例。如《周本纪》："武王已乃出复军。"（125）实际上，"恐民之不信己"是讲不通的。"令既具，未布"，无施事者，后"恐民之不信己"的"己"就没有着落，不知其所指。从上下文看，"恐民之不信"是说怕百姓不相信"令"，并非怕百姓不相信"己"。

古汉语中的一些单音副词同实词一样，也往往一词多义。有的既是副词又是实词，有的作为副词又有多种意义和用法，因而在句中容易发生歧义。如果同义连用，两个副词可以互相制约，互相衬托，它们所表示的意义就更单一、更明确了。如：

（48）夫创少瘳，又复请将军。（《魏其武安侯列传》）

"又"表示动作行为的继续或重复；"复"是动词（返回），也是副词，表示动作行为的重复。例（48）如单用"又"，是表示行为的继续（做完了一件别的事情，接着又去"请将军"），还是表示重复（再一次"请将军"），不很明确；如果单用"复"，它是动词（回来"请将军"），还是副词（再一次"请将军"），也在两可之间。而"又复"连用，表示动作行为的重复确定无疑了，避免了词义的含混不明。

---

[1]　（日）泷川资言：《史记会注考证》卷六十八，文学古籍刊行社 1955 年版，第 9 页。

[2]　参见王伯祥：《史记选》，人民文学出版社 1982 年第 2 版，第 153 页。

[3]　杨伯峻：《古汉语虚词》，中华书局 1982 年版，第 251 页。

《史记》中的副词同义连用有些是从先秦继承下来的，如"方且、何遽、既已"等，在先秦都有用例。但更多的不见于先秦典籍，是汉代才出现的。据初步考察，"业已（已业）、滋益、愈益、尤益、终已、皆通、又复、已乃、大抵率、大抵无虑、相与共"等，都属于这一类。

《史记》的副词同义连用，不少为后代所沿用，发展成为双音虚词。如"既已"。其中"唯独、业已"等，至今还保留在现代汉语中。

《史记》是汉代有代表性的典籍之一。通过对《史记》副词同义连用的分析，不难发现汉代的副词同义连用为古汉语双音词的形成奠定了基础，促进了虚词由以单音词为主向以双音词为主的发展，它在汉语史上的作用是不容忽视的。这正是本研究对《史记》副词同义连用探讨的意义所在。

4.2 从韵律句法角度看《史记》指代性副词"相"和"见"

从战国到西汉初，"相"字已成为一个普遍使用的副词，"相"字指代性用法也在萌芽阶段。到 1 世纪前后，"相"字指代性用法有了很大的发展，而在司马迁《史记》中，除了积极的继承外，更为突出地表现为"空前绝后"的发展。"相"字这种特殊语言现象，吕叔湘先生早在 20 世纪 40 年代就注意到了，指出："此类偏指用法先秦经籍不数数见，两汉渐多，魏晋以后滋盛。"吕叔湘先生分析了偏指的成因，并把具有偏指用法的"相"字看成是指代性副词（pmominalabverb）。（吕叔湘，1958）此后对"相"字的分析没有更新的突破。本书试图通过《史记》与同期文献中指代性副词"相"的使用情况的综合比较，从韵律句法角度描写并解释这一特殊语言现象。

对于汉语中韵律与句子结构的关系，国内外语言学家都有所注意，赵元任（1968）、汤廷池（1985）、冯胜利（1996）等都对韵律对句法的制约关系有所论述。其中，冯胜利在前人已有研究成果的基础之上，提出了普通重音指派规则[1]（1996）。这一规则认为每个汉语句子都有一个并且只能有一个普通重音，这一普通重音是以后一个主要动词为中心建立起来的。在有动宾结构的句子里，动词的论元成分是宾语，宾语与动词组成一个韵律范域，动词就把重音指派到宾语上去。假如动词后无宾语，动词自身就承担重音。这一理论为汉语的句法研究提供了一条新的思路，很有启发性。

---

[1] 普通重音指派规则的确定方法为：①先找到最后的主要动词，再找到该动词的论元成分，然后由动词跟它支配的成分组成最后一个韵律范域；②从左向右把普通重音指派到该范域的最后一个成分上。

本书将利用这一理论来研究《史记》中指代性副词"相"与"见"。本书所选定的比较对象为《淮南子》、《韩诗外传》、《春秋繁露》。

4.2.1　指代性副词"相"在《史记》中的运用及语法功能

4.2.1.1　动词宾语是已知信息

"相"字结构中动词的宾语[1]是已知信息。在这种情况下，如果宾语仍然占据动词后的位置，那么语义焦点和韵律重音的位置就不一致了，而这两者的一致是句子结构组织的最佳选择。因此，当宾语是已知信息时，人们就会采用其他结构设法使它不出现在动词后的重音位置上，而把这一位置让给语义焦点。要做到这一点，可以把属于已知信息的宾语提到动词前，这样就造成了不少宾语位于动词前的结构，如话题化、"把"字句、形式动词句等。

第一，当动词的宾语是第一人称或第二人称时，"相"字结构多是出现在对话或书信中。

"相"字结构中动词的宾语为第一人称的例子。如[2]：

（1）张耳大怒，……往让陈馀曰："始吾与公为刎颈交，今王与耳旦暮且死，而公拥兵数万，不肯相救……"（《张耳陈馀列传》）

此例出现在对话中，"不肯相救"指不肯救我们。

（2）子夫上车，平阳主拊其背曰："行矣，强饭，勉之！即贵，无相忘。"（《外戚世家》）

"相忘"指忘我。下皆仿此。

（3）郦生入，揖沛公曰："……且吾度足下之智不如吾，勇又不如吾。若欲就天下而不相见，窃为足下失之。"（《郦生陆贾列传》）

（4）杜大夫及石氏使人谢，谓田少卿曰："吾非敢有语言也，愿少卿无相诬污也。"（《田叔列传》）

"相"字结构中动词的宾语为第二人称的例子。如：

（5）贾谢曰："不佞大夫亲戚送之，故留。"穰苴曰："……何谓相送乎！"（《司马穰苴列传》）

"相送"义为送你。下皆仿此。

---

[1]　这里说的宾语是从语义上来讲的，在句法结构上，"相"充当了其后动词的宾语。

[2]　本书中的有些例子转引自吕叔湘《"相"字偏指释例》一文。

（6）天子召见三人，谓曰："公等皆安在？何相见之晚也！"（《平津侯主父列传》）

（7）意气勤勤恳恳，若望仆不相师。（《报任安书》）

在含有动宾结构的句子中，宾语一般代表新信息。因此，在正常情况下，即无其他特殊强调成分的情况下，宾语也是语义的焦点。这时韵律重音的位置与语义焦点的位置是一致的。当宾语代表的是已知信息时，很多时候就不再是语义重心了。在这种情况下，如果宾语仍然占据动词后的位置，那么语义焦点和韵律重音的位置就不一致了。而这两者的一致是句子结构组织的最佳选择。

在对话中，"相"字结构中动词的宾语就是说话者或听话者，因而是听话者或说话者都了解的信息，根据普通重音指派规则（Feng，1995；冯胜利，1996），动词承担了普通重音[1]，"相"字不是语义重心所在（书信可以看作书面上的对话，与这里分析的情况是一样的）。正是这一原因使其不可以出现在动词后的普通重音位置上，而要用"相"字结构的形式，使作为语义表达重点的动词位于句末，获得重音，从而达到语义重心与韵律重心的一致。

第二，宾语是第三人称时，表示的必须是一个在上文语境中已提到过的人或事物。

（8）击盗不相见。（《龟策列传》）

"见"的宾语是"盗"，前面已出现。

（9）窦姬涕泣，怨其宦者，不欲往，相强，乃肯行。（《外戚列传》）

"强"的宾语是"窦姬"，在前面的句子中已出现。

只要语境能提供足够的信息使动词后的宾语被准确无误地识别出来，"相"字结构就可以使用。这一点可以从下面这一事实中清楚地看出来：连续出现的"相"字结构中省略的宾语即"相"字的指称对象可以转换。如：

（10）使张黡、陈泽往让陈馀曰："……今王与耳旦暮且死，而公拥兵数万，不肯相救，安在其相为死！"（《张耳陈馀列传》）

"不肯相救"义为"救我们"，这里的"我们"指的是王与张耳。"相为死"义为"为我死"，这里的"我"指的是张耳。由于张耳、陈馀"始居约时，相然信以死"，所以"救"与"为"这两个动词所表示的动作行为的对象，陈馀都是明白的，而张耳也知道这一点，因而可以连用两个"相"字结构，而其中省略的宾语又不一样。

---

[1] 普通重音是与焦点重音相对而言的，指句子在一般情况下即不有意强调某个成分时的重音。当一个句子是回答"发生了什么事"这种问题时，句子中的重音就是普通重音，参看冯胜利《论汉语的韵律结构及其对句法构造的制约》。

可见，"相"字结构的使用在很大程度上受语用环境的制约。

4.2.1.2 动词宾语是第三人称

当动词的宾语是第三人称时，如果动词与宾语相隔较远，宾语应是包括"相"字结构在内的一个语段的话题。

（11）今文君已失身于司马长卿，长卿故倦游，虽贫，其人材足依也，且又令客，独奈何相辱如此！（《司马相如列传》）

例（11）中"相"字结构中动词"辱"的宾语"长卿"虽然离"相"字结构很远，但仍是包括"相"字结构在内的整个语段的话题。虽然其中有一个隐含的施事，但不构成新的话题，整个语段连贯地以"长卿"为陈述对象。

当动词的宾语不是话题时，一般会采用照应代词：

（12）相如辞谢，为鼓一再行。是时卓王孙有女文君新寡，好音，故相如缪与令相重，而以琴心挑之。（《司马相如列传》）

在这个语段中，"相如"是话题，而"文君"不是话题，因此没有使用"相"字结构——"相挑"，而是采用了"挑之"这一结构，以代词"之"充当宾语。

如果宾语是一个或几个分句或句子的话题，但其后又有新的话题被引入，打断了它的连续性，将宾语与支配它的动词分隔在两个语段中，这时也会使用代词做宾语的结构。如：

（13）象乃止舜宫居，鼓其琴。舜往见之。（《五帝本纪》）

动词"见"的宾语"象"是开首的话题，但这一话题只维持到"鼓其琴"这一分句，以下"舜"成为一个新插入的话题。因而这里面包含了两个语段，一个以"象"为陈述对象，一个以"舜"为陈述对象。在这种情况下，"相"字结构就让位于代词宾语结构：文中没有用"相见"而是用了"见之"。

4.2.1.3 不再有其他谓词性成分

在"相"字结构中，动词处于句末的普通重音位置，其后一般不再有别的谓词性成分。与此相对照，用代词"之"作宾语的结构后可以出现其他谓词性成分。如：

（14）楚王闻之大怒，曰："田需与寡人约，而犀首之燕、赵，是欺我也。"（《张仪列传》）

（15）然公子遇臣厚，公子往而臣不送，以是知公子恨之复返也。（《魏公子列传》）

（16）昭王闻之大惧，曰："善。"（《范雎蔡泽列传》）

当句中有多于一个的谓词性成分时，重音一般会落在最后一个谓词性成分上。在以上 3 例中，"V 之"结构都不是句子的重音承担者。

4.2.2　指代性副词"相"演变

指代性副词"相"最早萌芽于春秋战国，如：

（17）夏，四月，光伏甲于堀室而享王。王使甲坐于道及其门。门、阶、户、席，皆王亲也，夹之以铍。羞者献体改服于门外。执羞者坐行而入，执铍者夹承之，及体，以相授也。（《左传·昭公二十七年》）

（18）管仲、鲍叔相谓曰："君乱甚矣，必失国。齐国之诸公子其可辅者，非公子纠则小白也，与子人事一人焉，先达者相收。"（《韩非子·说林下》）

例（17）中，晋代杜预对"及体，以相授也"注云："铍及进羞者体，以所食授王。"此"相"用于指代吴王僚。唐代孔颖达疏云："铍之锋刃及进羞者体也。王之左右必更有人受羞以进王，故言相授。"依孔之见，这句话可译为："持剑的人用剑夹着他，剑尖快碰到身上，然后才递给上菜的人。"杜、孔两注，区别在于"相"字是指吴王还是指"上菜的人"，但偏指一方，却是一致的。可以说它是最早最可信的偏指一方的"相"字的用例。例（18）"相收"，即收容、录用未达者。

西汉初期，《淮南子》有 2 例，约占"相"字全部用例的 0.51%，如：

（19）昔舜耕于历山，期年而田者争处硗，以封壤肥饶相让。钓天河滨，期年而渔者争处湍濑，以曲隈深潭相予。（《淮南子·原道训》）

同一时期，《韩诗外传》、《春秋繁露》的"相"无偏指用法。偏指用法在西汉集中出现在《史记》中，共出现 18 例，占"相"字全部用例的 1.24% [1]。

从先秦到西汉，指代性副词的发展基本上只在《史记》中有所表现。在笔者看来，这个"一枝独秀"的特殊现象，不是时代、地域语法特征的反映，而应当归因于司马迁个人语言风格以及语言自身的原因。

关于司马迁个人语言风格的原因在此不想论及，而语言自身的原因主要有二：一是词义本身的引申与虚化，这是根本性原因；二是语言的发展必须遵守平衡性的原则，这是辅助性的原因。在此，笔者对前者也不想论及。因为吕叔湘先生已经从句法结构的角度论述了"相"字由互指转为偏指的过程。就后者来说，从上面的分析可以看出，"相"字结构中动词的宾语是已知信息，当"相"字结构中动词的宾

---

[1]　引自兰和群先生的统计结果，参见兰和群：《特殊副词"相"的历史流变及其用词特点》，载《河南理工大学学报》2005 年第 3 期。

语是第一人称或第二人称时，由于经常出现在对话或书信当中，语境保证了"相"字结构动词宾语所指的确定性，因而"相"字结构的使用是很自由的。如果涉及第三人称，那么就需要有另外的条件才能使用"相"字结构。这个附加的条件就是：若宾语与动词相隔较远，宾语必须是一个覆盖包括"相"字结构在内的一个或几个分句或句子的话题，从而使先行语和"相"能处于同一连贯的语段中。同一语段内的语义延续性增加了语言接受者对它的熟悉程度，这为它在"相"字结构中的省略提供了充分条件。已知信息当然没有必要占据句中的显要位置、语境或者同一语段的话题中的话题角色又使得这一已知信息的可预测度很高，达到了不言自明的地步，所以可以不在句中出现。"相"字结构后一般不出现其他成分，省略宾语之后，动词就得以占据句末的重音位置，这与其语义焦点的地位正相匹配。因此，"相"字结构的使用是韵律与语义、语用相互调节的结果，这一结构是古汉语为使语义焦点位置与韵律重音位置相协调而提供的一种机制。

当动词的宾语是第三人称、与动词相隔较远时，如果它不是话题，虽然是已知信息，但与语段中的话题相比，语言接受者对它的熟悉程度就要相对低一些，如果宾语虽然是话题，但仅是几个句子或分句的话题，其后又有新话题被引进，那么新引进的话题就会削弱它在语段中的信息密度，从而降低语言接受者对它的预测能力，在这两种情况下要使用代词对其进行复指。当动词后有其他谓词性结构时，动词的语义中心的地位被动摇了，这时也要使用照应代词。这些从反面证明了"相"字结构的使用动机，即省略已为语言接受者熟悉的宾语，突显支配宾语的动词的语义。

现代汉语中如话题化、"把"字句、形式动词句等，就是为使语义焦点与韵律重音位置一致而采用的种种手段，同时也为我们所论述的指代性副词"相"字的使用动机提供了有力的佐证。

类似的情况在其他语言中也存在。法语中一般宾语的位置是在动词之后，但有一类直接宾语人称代词（包括各种人称，共有 7 个），其位置是在动词之前。如：

（20）Quelqu'un demande Pauline.　（21）Pauline, quequ'un te demande.
　　某人　　　找　　波琳　　　　　波琳　某人　　你　找
　　有人找波琳。　　　　　　　　　　波琳，有人找你。

第一个句子中名词 Pauline 作宾语，位于动词的后面。第二个句子发生在对话语境中，表示第二人称单数的代词 te 放在了动词的前面，法语中的这一类直接宾语人称代词所代表的人或事都是可以确定的。这些代词形式在语音上都是弱读形式（法语有一套重读人称代词，在强调时使用），句子的重音落在其后的动词上。法语中的这种直接宾语人称代词加动词构成的句法结构与古汉语中的"相"字结构在功能与使用动机上都是很接近的。

有一类情况似乎对本书的结论构成反例：有些"相"字结构后又出现了宾语。如：

（22）念生之言不志乎利，卿相为言之。（《答李翊书》）

（23）帝将赐之妾，皇后相闻晞妻。（《北齐书·王晞传》）

（24）誓不相隔卿。（《古诗为焦仲卿妻作》）

此类"相"字结构与上文所论述的"相"字结构不能相提并论。但这两类是有联系的，带宾语的"相"字结构是从普通的不带宾语的"相"字结构演变出来的。"相"字由于使用频率高，渐渐在某些结构中与其后的动词发生了粘合[1]，逐渐丧失了它的语法意义而成为一个构词成分。"相与"、"相信"、"相扰"、"相烦"都是这种粘合构成的词[2]。这种粘合也和韵律有关，在这里本书不详细论述。可以设想，"相"与其后动词的粘合这一过程是在"相"字结构普遍使用之后才出现的。"相"与动词粘合之后，其原有的语法功能不复存在了，因而在动词后仍然可以出现宾语。

4.2.3 余　论

《史记》中和"相"字功能类似的还有"见"。用"见"的例子有：

（25）楚王曰："寡人自料以楚当秦，不见胜也；内与群臣谋，不足恃也。"（《苏秦列传》）

对"不见胜"有两种解释可供选择：①"不胜之"，即"不能胜过它"；②"看不到胜利"。从文义上讲，应以前者为优；从语法上讲，如果采用前者，那么，"见胜"就跟下文的"足恃"一样，都是虚词＋实词的结构，这样更符合本例的句法。而采用后者，无论在文义和句法上都不甚妥当。所以，把"不见胜"看成"不胜之"是比较合适的。

（26）初，苏秦之燕，贷人百钱为资，乃的富贵，以百金偿之。遍报诸所尝见德者。（《苏秦列传》）

有的虚词词典认为此例中"见"指代的是"自己"，其实这种"自己"是"他自己"，

---

[1]　粘合：是指两个或者几个原来分开的但常在句子内部的句段里相遇的要素，互相融合成为一个绝对的或者难于分析的单位。参看索绪尔：《普通语言学教程》，高名凯译，商务印书馆1983年版，第248页。

[2]　这种演变过程在吕叔湘（1958）一文中有所论述。

也就是"他"，与表示第一人称的"自己"是不同的。

吕叔湘先生指出："见字之指代用法，其兴起视相字之指代用法为略后，而并盛于魏晋六朝。"（吕叔湘，1942）"见"字指代用法的出现很可能受了"相"字用法的类化。在这里本书不去详细推究。吕先生还观察到"见"字起指代作用时的一个特点："见字表被动，其主语（亦即见后动词之受事，R）不限于三身之任何一身，……至于指代性用法盛见之后，则率施于 R 为第一身之句。"（吕叔湘，1942）但董志翘认为："见字不仅可以表示第一身代词作宾语的省略，也可以表示第二、第三身代词作宾语的省略。"（董志翘，1986）朱家平也曾指出："'见'不但可以指代第一人称宾语和第三人称宾语，还可以指代第二人称宾语。这种用法在古代文献中虽不多见，但也不是非常罕见的偶然现象。"又"'见'指代第三人称宾语的用法早在西汉时期就已经出现了"。（朱家平，1999）笔者在考辨《史记》一书中指代性副词见的用法时，发现例（25）和例（26）两例句中的"见"无论解释为指代性副词第一身"我"或解释为助词"被"在文理情理上都讲不通，而解释为指代性副词第三身"他"或"它"在文理、情理上都讲得通。可见吕叔湘先生关于"见"字指代性用法人称问题的论断是值得商榷的。

总之，指代性副词只是有"相互"义的"相"、表被动的"见"在演化过程中的一种特殊现象。这种特殊现象虽然秦以后还存在过一段时期，但发展至现代汉语，则基本上消失了（只有书面语言还残存着）。

4.3 "更"类副词

《史记》中表示"更加"、"越发"、"尤其"义的副词主要有"加"、"愈（俞、逾）"、"弥"、"滋（兹）"、"尤"、"更"、"益"等，这些副词由于表示的意义大体相同，本书暂且称其为"更"类副词。由于它们的用法大体相同，所以放在一起加以讨论。

4.3.1 "更"类副词在《史记》中的语法意义与用法

"愈"在《史记》中共出现 29 例，可修饰单音节形容词如"怒、甚、多、弱、恭、和、重、贵、顺、深、吕、安、急、惧、惊"等和双音节形容词如"贫贱、愈恨"等，也可修饰单音节动词如"欲、信、疑、殖、充、恐"等，还可修饰短语如"淫乱不止"。各举一例如下：

（1）乙卯夜，弃疾使船人从江上走呼曰："灵王至矣！"国人愈惊。（《楚世家》）

（2）汉十二年，上从击破布军归，疾益甚，愈欲易太子。（《留侯世家》）

（3）景帝遂案诛大行，而废太子为临江王。粟姬愈患恨，不得见，以忧死。（《外戚世家》）

（4）纣愈淫乱不止，微子数谏不听。（《殷本记》）

"愈"与"益"同义连用，构成复音副词"愈益"，上古中期已见其例，此期使用频繁，可修饰单音节形容词"怒、骄、贵"等（共4次），也可接双音节形容词"发舒、谨肃"（共2次），还可修饰单音节动词如"厚、幸、闭、附、治、慕、亲、任"等（共9次）。如：

（5）张耳之国，陈馀愈益怒。（《苏秦列传》）

（6）相如初尚见之，后称病，使从者谢吉，吉愈益谨肃。（《司马相如列传》）

（7）王心以为上无太子，天下有变，诸侯并争，愈益治器械、攻战具。（《淮南衡山列传》）

"更"在《史记》中用例有所增多，共3例，可修饰单音节形容词（2次）并首次出现了修饰双音节形容词的用例（1次）。如：

（8）是以廉吏久，久更富，廉贾归富。（《货殖列传》）

（9）吾尝为鲍叔谋事而更贫困，鲍叔不以我为愚，知时有利不利也。（《管晏列传》）

"更"还可与"益"同义连用，构成复音副词"更益"，修饰短语。如：

（10）佗封赐皆倍军法，其他故爵邑者，更益勿因。（《吴王濞列传》）

"加"在《史记》中可修饰单音节形容词"亲、疏、厚、广、缓、疾"等（共6次），亦可修饰单音节动词"胜"（1次）和短语形式（1次）。如：

（11）秦王竟酒，终不能加胜于赵。（《廉颇蔺相如列传》）

（12）然且王行之者，将从取信于齐也。齐加不相于王，而忌燕愈甚，是王之计过矣。（《苏秦列传》）

"弥"，其后可修饰单音节形容词如"谨、众、笃、大、高、坚、厚、妒、博"等（共9次），其中多为"弥……弥……"连用式，亦有"弥……愈……"连用式，此例不赘举。

益，使用比较多，几乎可修饰所有能表示程度的形容词，如"笃、衰、疏、严、礼甚、多、小、轻、喜、烦、大、众、希、虚深、至、异、少、鲜、杂、饶、广、强、迟、骄、卑、弱、光、慢、近、奢、恭、固、明、下、彰、显、亲、贤、善、盛、重、匰、宽、壮、安、危、厉、清"等（共221次）；也可修饰单音节动词"专、进、信、附、玩、厌"等（共 6 次）；还可修饰双音节形容词如"迷昧、悲伤、刻薄、怠厌、惨急、轻薄、尊重、淫侈、骄溢、凋敝"及短语形式"不善"等（共 16 次），如：

（13）（尹齐）迁为关内都尉，声甚于宁成。上以为能，迁为中尉，吏民益凋敝。（《酷吏列传》）

（14）由此田氏得齐众心，宗族益强，民思田氏。（《田敬仲完世家》）

此外，上古中期产生的"兹（滋）益"一词仍然使用，共 3 见，均修饰单音节形容词，并产生了一个新的复音副词"尤益"，亦可表示"更加"义（1 次）。如：

（15）灌夫为人刚直使酒，……诸士在己之左，愈贫贱，尤益敬，与均。（《魏其武安侯列传》）

"滋（兹）"，此期沿用，修饰单音词"甚、多、厚、骄"等（共 9 次）。如：

（16）擅变更律令，侵夺诸侯之地，征求滋多，诛罚良善，日以益甚。（《吴王濞列传》）

（17）（端）数犯上法，汉公卿数请诛端，天子为兄弟之故不忍，而端所为滋甚。（《五宗世家》）

表 4-1　《史记》"更"类单音副词简况表

词语	次数	使用频率	"更"类副词与他类词之比
愈（俞、逾）	42/70（3）	12%	42∶28
兄（况）	0/52	0	0∶52
兹（滋）	14/75	4%	14∶59
更	3/294（1）	1%	3∶291
加	6/20（1）	2%	6∶14
弥	13/38（1）	4%	13∶25
益	245/460（15）	53%	245∶215

说明：凡复音词所含成分均不记入，后同。

综合上述分析可知：①"兄（况）"作为程度副词的用法已经消失。②此期没有新生的"更"类单音副词，但"更"类单音副词的使用情况有了较大的变化。从使用频率上看，"益"的使用频率是最高的，其百分率高达 71.1%，使用也很灵活，后可修饰单音词、双音词以及短语形式，取代了"愈"在上古中期的核心词地位。

③在所有的 305 例"更"类单音副词中，共有 21 例修饰复音词或短语形式，占全部用例的 6.9%。④此期使用的复音副词有"滋（兹）益"、"愈益"、"尤益"3 个，其中最后一个是新产生的，系同义连用而成（"尤"也有表示程度深的用法）；可修饰单音词，也可修饰复音词或短语形式（3 次），这是前期没有的现象。

表 4-2　《史记》"更"类复音副词简况表

词语	沿用的		新生的
	滋（兹）益	愈益	尤益
使用频率	3	10	1
总计	13		1

4.3.2　"更"类副词的产生和发展

汉语的历史源远流长，从古至今的变化非常显著。在"更"类副词家族中，不断有新的成员产生和旧的成员消亡。同时，在不同的历史时期，各个成员在"更"类副词家族中的地位也存在着差异。首先让我们来看上古汉语中的"更"类副词。

4.3.2.1　上古汉语的"更"类副词

本书所说的上古汉语指的是从商周到西汉这一历史时期的汉语。下面分三个时期对上古汉语的"更"类副词进行描写与分析。

1. 上古前期（商周）

上古前期的汉语是汉语的产生期，这个时期可资利用的研究资料是甲骨文、金文、《尚书》、《诗经》等。笔者检阅了于省吾《甲骨文字诂林》、汪仁寿《金石大字典》、孔昭明《卜辞通纂》，没有发现该类副词，只在《尚书》和《诗经》里发现了该类用法。通过考察，笔者认为，这一时期用来表示"更加"、"越发"义的副词有"兄、况、愈"3 个，下面分别讨论。

"兄"，《说文解字·兄部》："兄，长也。"段玉裁注："口之言无尽也，故以儿口为滋长之意。"引申有"增益"义，如"彼疏斯粺，胡不自替？职兄斯引。"[《诗经》毛传："兄，兹（滋）也。"]"增益"就是在原来的基础上有所增加，是"更进一步"，虚化为副词。如：

（18）不殄心忧，仓兄填兮。（《诗经》，毛传："兄，滋也。"郑笺："民心之忧无绝已，丧亡之道滋久长。"）

（19）厥或告之曰："小人怨汝詈汝。"则兄自敬德。（《尚书·无逸》）[1]

"况"，《说文解字·水部》："况，寒水也。"做虚词用与本义没有关联，应该是"兄"的假借字。况，属晓纽阳部，与"兄"晓晓双声，阳阳叠韵。《说文通训定声》："况，假借为兄。"《说文解字》段注谓"兄"乃加益之词，"俗人乃改作从水之'況'，又伪作'况'"。《广雅·释言》："况，兹也。"如：

（20）脊令在原，兄弟急难。每有良朋，况也永叹。（《诗·小雅·常棣》，毛传："况，兹。"）

（21）忧心悄悄，仆夫况瘁。（《诗·小雅·出车》，郑玄笺："况，兹也。……御夫则兹益憔悴，忧其马之不正。"）

"兄"与"况"在此义上相同，因而在有的版本中，"兄"、"况"不分。如上举例（18）陆德明释文："兄，音况，本亦作况。"例（19）《汉石经》作"兄"，王肃本作"况"。这为我们认为"况"之"更加"义假借于"兄"提供了有力的佐证。

"愈"，本义是病情好转。《玉篇·心部》："愈，差也。"如："今病小愈，我不识能至否乎？"（《孟子·公孙丑下》）后引申为"贤、胜过"。《玉篇·心部》："愈，胜也。"如："子谓子贡曰：'女与回也孰愈？'"（《论语·公冶长》，何晏《论语集解》引孔安国曰："愈，犹胜也。"）后词义抽象，虚化为副词。如：

（22）昔我往矣，日月方奥。易云其还，政事愈蹙。（《诗·小雅·小明》，郑玄笺："愈，益也。"）

表4-3 上古前期"更"类副词简况表

	《尚书》	《诗经》	使用频率	"更"类副词与他类词之比
愈	0/20	1/5	20%	1：24
兄（况）	1/8	3/4	80%	4：8

说明：①此期"兄"、"况"二词在此意义上使用混同，由于文字假借的缘故，同一引文在不同的版本中文字不同，因而把这两个词合在一起统计。此据《汉石经》本，《十三经注疏》本作"皇"，"皇"有大义，表程度深。王肃本作"况"，孔颖达正义云："况，滋益用敬德也。"②斜线左边的数字表示该词做"更"类副词在语料中出现的次数，斜线右边的数字表示此词出现的总次数，后同。③"0"表示该词在该书没有这种用法，后同。④使用频率指该词作为"更"类副词占此期所有"更"类副词的百分率，后同。⑤吕雅贤（1992）对《诗经》及上古时期其他的部分语料有统计，请参看。

---

[1]　此据《汉石经》本。《十三经注疏》本作"皇"，"皇"有大义，表程度深。王肃本作"况"，孔颖达正义云："况，滋益用敬德也。"

综上可以看出：①此期"更"类副词极不发达，仅有"兄、况、愈"3个，且使用很少。②从产生来源看，有实词虚化和文字假借两种途径。③从使用频率看，"兄（况）"似乎更为常见。当然，这也许与上古前期流传下来的文献过少的情况有关。④修饰单音节词是此类词语占优势的用法。

2. 上古中期（春秋战国）

上古中期是指春秋战国时期，这一时期社会变动很大，人们思想比较活跃，著书立说的也不少见，留下了较多的作品，给我们的研究提供了方便。本书重点考查的语料是《论语》、《孟子》、《左传》、《墨子》、《荀子》、《庄子》、《韩非子》、《老子》、《国语》、《商君书》、《吕氏春秋》等。

这一时期，上古前期产生的"愈"继续使用，且使用的范围大大扩展：其后不仅可以修饰单音节形容词如"深、章、多、厚、弱、乱、侈、郁、卑、乱、疏、甚、况、坚、衰、固、众、迟、博、恭、远、弛"等，也可以修饰单音节动词如"瞬、怒、出、有、亡、丧、得、往、下、务、高"等，还可接否定式短语形式"不冀"。如：至此至此至此

（23）及壬子，驷带卒，国人益惧。齐燕平之月，壬寅，公孙段卒，国人愈惧。（《左传·昭公七年》）

（24）我不以货事上求迁者，则如以狸饵鼠耳，必不冀矣；若以情事上而求迁者，则如引诸绝绳而求乘枉木也，愈不冀矣。（《商君书·农战》）

（25）使者往而复来，辞愈卑，礼愈尊，王又欲许之。（《国语·越语下》，韦昭注："愈，益也。"）

此外，还出现了"愈……愈……"、"愈……益……"、"滋……愈……"、"弥……愈……"等固定格式，表示两项有因果关系的事情各自的程度成比例地变化，前项是后项变化的条件，在前的副词所修饰的往往是表示状态的形容词，在后的副词所修饰的往往是表示程度的词语。如：

（26）人有畏影恶迹而去之走者，举足愈数，而迹愈多。（《庄子·渔人》）

（27）故主上愈卑，私门益尊。（《韩非子·孤愤》）

（28）孙叔教曰："吾三相楚而心愈卑，……位滋尊而礼愈恭。"（《荀子·尧问》）

（29）亏人愈多，其不仁兹甚，罪益厚。（《墨子·非攻上》）

在这个时期，产生了几个与"愈"形体相近、读音相同的词，也可表示"更加、

越发"义。它们是"俞、瘉、逾"。"俞",本为应答之词,属喻纽侯部,与"愈"双声叠韵,其副词义由"愈"假借而来。如:

(30)是故得地而权弥轻,兼人而国俞贫。(《荀子·论兵》)

例(26),《四部备要》本作"愈",其他版本作"俞"。可知,在这个意义上,"俞、愈"有时是不分的。这也是"俞"、"愈"假借的佐证之一。"瘉",本义是病,与"愈"均是喻纽侯部,同音通假,因而有"更加"义,如例(28)中的"愈"有的版本即作"瘉",二者在古籍中时有混用的情况。

"逾",本义是越过、经过。《说文解字》:"逾,越进也。"段玉裁注:"越进,有所超越而进也。"如:"浮于江、沱、潜、汉,逾于洛,至于南河。"(《尚书·禹贡》,孔传:"逾,越也。")后来词义引申,变得抽象,越过的不限于具体的地点,可以用于抽象的事物,因而有"胜过、超过"义。如:"使黯任职居官,无以逾人。"(《汲郑列传》)"胜过、超过"便是对原来情况的改变,表现为"更进一步",因而虚化为副词,有"更加、越发"义。[1] 如:

(31)乱乃逾甚。(《韩非子·全术训》)

又有"逾……逾……"的固定格式,用法同"愈……愈……"。如:

(32)故其乐逾繁者,其治逾寡。(《墨子·三辨》)

兄(况)亦沿用,但使用极少,在本书所考察的文献中,仅有2例,全部列举如下:

(33)天雨血,棘生乎国道,王兄自纵也。(《墨子·非攻下》,王念孙《读书杂志·墨子二》:"兄与况同,况,益也。言封益自放纵也。")

(34)以众故不敢爱亲,众况厚之。(《国语·晋语一》,韦昭注:"况,益也。言以众故杀君,除民害,众益以为厚。")

这个时期令人注意的是产生了许多其他的表示"更加、越发"义的副词,它们是"更、加、弥、益、兹、滋"等。

更,《说文解字·支部》:"更,改也。"本义是改变。如:"君之过也,如日月之食焉;过也,人皆见之;更也,人皆仰之。"(《论语·子张》,何晏集解引孔安国曰:"更,改也。")从词汇意义上看,"改变"这一动作造成了结果与原来的不同。因为"更"除焦点义〔+改变〕之外,还含有〔+结果的变化(如程度的加深等)〕这样一个非焦点义。在语言的发展中,一个非焦点义在特定的语境中

---

[1] "逾"属俞纽侯部字,与"愈"双声委韵,因而有的学者认为其副词用法当由与"愈"同音通假而来,我们不赞同这一种意见,因为"逾"有其引申虚化的条件,符合"更"类副词的虚化规律。(详参 2.1.2 节)

会成为特别强调的重点，被凸显强化出来，而它的这些被凸显的特征就会与这种语境本身具有的某些特征结合，从而产生新的义项。因而，"更"含有的"程度的加深"这一特征在人们认知心理上被凸显强化，当它处在状语位置上，在与它物或自身过去作比较这一特定的语境下，"更"虚化为副词。如：

（35）修士不能以货赂事人，恃其精洁而更不能以枉法为治。（《韩非子·孤愤》）

"加"，本为"诬枉"义。《说文解字·口部》："加，语相增加也。"段玉裁改为"语相譄加也"，并注云："'譄'下曰'加也'，'诬'下曰'加也'，此云'语相譄加也'。知'譄''诬''加'三字同义矣。"如："我不欲人之加诸我也，吾亦欲无加诸人。"（《论语·公冶长》）因诬枉总是强加于人，故可引申为"增益"义。又如："加我数年，五十以学《易》，可以无大过矣。"（《论语·述而》）程度上的加深也是"增益"的结果之一，因而又虚化为副词，义为"更加、越发"。请看下面的例子：

（36）察邻国之政无如寡人之用心者。邻国之民不加少，寡人之民不加多，何也？（《孟子·梁惠王上》）

（37）战斗之士，俘鼓方用，赏不加厚，罚不加重，一言而士皆乐为其上死。（《吕氏春秋·贵真》）

例（36）的"加"的词性和意义在语言学界存在着争论，有的学者认为是动词"加"，义为"增益"；有的学者认为是副词"加"，义为"更加"。笔者认为，这二者都有可能。语言学中有一种"临界"状态，即同一种语言现象不同的人从不同的角度可以有不同的理解。在词义的产生中，这是词义变化的关键。在语言的变化中，当词义可以被接受它的人作不同的理解时，就意味着一个新的意义产生了，而随着时间的增强的"触发经验"，人们逐步接受这一新义，从而导致了词义的演变的完成。[1]因而例（36）的理解上的分歧，其实正是"加"词义变化的关键。而到了例（37），"加"就只能理解为副词"更加"了；这一时期副词"加"修饰的都是单音词，除上面所说的"聪、明"外，还可修饰"嚣、敬、勇、厚、长、疾、甘、乐、隆、重、大"等；亦可与"益"连用，构成复音副词"益加"。如：

（38）徐行翔佯而归，绝学捐书，弟子无抱于前，其爱益加进。（《庄子·山木》）

"弥"，有"满"义。如："国有大故天灾，弥祀社稷祷祠。"（《周礼·春官·大祝》，郑玄注："弥，犹遍也。"）"遍"有程度深的意思，用作动词，并引申虚化，

---

[1]　参见汪维辉：《东汉—隋常用词演变研究》，南京大学出版社1996年版。

从而有了副词"更加"的用法。修饰单音节形容词如"白、笃、章、兴、远、近、少、纯、约、大、小、轻、富、贫、烦、表、重、侈、厚、众"等。如：

（39）今天下弥衰，圣王之道废绝。（《吕氏春秋·听言》）

亦有"弥……弥……"连用的固定格式，用法同"愈……愈……"。如：

（40）王者之封建也，弥近弥大，弥远弥小。（《吕氏春秋·慎势》）

"益"，本义是水溢出皿。《说文解字·皿部》："益，饶也。从水皿，水益之意也。"如："瘫水暴益"。（《吕氏春秋·察今》）器皿中的水之所以漫出来，是因为过多的缘故，故"益"由动词转为形容词，引申为"多"。如："可以益割于楚"。（《战国策·齐策》）同时，"多"是由"增益"所致，因而又转为动词，义为"增益"。例如："天道亏盈而益谦。"（《周易·谦》，孔颖达疏："减损盈满而增益谦退。"）程度上的加深也是增益的结果之一，因而虚化为副词。其后可修饰单音节形容词如"厚、富、虔、广、多、聪、长、茂、强、急、热、明、轻、少、侈、尊、众、远、大"等，亦可修饰双音节形容词或短语形式如"邪多、裕广、好礼、行义"等，还可修饰单音节动词如"敬、惧、长、起、备、戒、进、树"等。兹各举1例：

（41）居十日，扁鹊复见，曰："君之病在肠胃，不治将益深。"（《韩非子·喻老》）

（42）故说义而王公大人益好理矣，士民黔首益行义矣。（《吕氏春秋·怀宠》）

（43）及壬子，驷带卒，国人益惧。（《左传·昭公七年》）

还有"愈……益……"［如例（27）］、"愈……兹……益……"［如例（29）］、"益……益……"［如例（42）］等固定格式，亦可与"加"同义连用构成复音副词"益加"［如例（38）］。

此外，"益"还可与"兹"连用，构成复音副词"兹益"［如例（34）］；亦可与"愈"同义连用构成复音副词"愈益"。如：

（44）魏王虽无以应，韩之为不义，愈益厚也。（《吕氏春秋·审应》）

"滋"，本义是滋生、生长。如："树德务滋，除恶务本。"（《尚书·秦誓下》，孔传："立德务滋长，去恶务除本。"）后引申出"增益"义。《说文解字·木部》："滋，益也。"如："物生而后有象，象而后有滋，滋而后有数。"（《左传·僖公十五年》，孔颖达疏："既为形象而后滋多。"）增益的结果是对原来事物或情况的超越，可造成程度上的加深，因而又虚化为副词。其后可修饰单音节形容词如"甚、萃、久、深、多、侈、丰、大、怒、尊、章、速、厚、昏、彰"等，也可修饰单音节动词"起"

或否定式短语形式"无成"。如：

（45）不若战也，不战而反，我罪滋厚。（《国语·晋语一》）

（46）以此天下多忌讳，而民弥贫；……人多伎巧，奇物滋起。（《老子·五十七章》）

（47）谋之多族，民之多违，事滋无成。（《左传·襄公八年》）

同时，亦有"滋……滋……"[如例（48）]、"滋……愈……"[如例（26）]等固定格式，意义与用法同"愈……愈……"。如：

（48）不亦去人滋久，思人滋深乎？（《庄子·徐无鬼》）

"兹"，本义是草木生长很多，与"滋"双声叠韵，其副词用法当由文字假借而来，二者在古籍中时有通用的情况。如：

（49）凡能其于府也殆，殆之成也不给改，祸之长也兹萃。（《庄子·徐无鬼》）

此外，还有"愈……兹……益……"格式，如例（36）。"兹"还可与"益"连用构成复音副词"兹益"。如：

（50）其祖弗父何以有宋而授历公；及正考父佐戴、武、宣，三命兹益恭，故其鼎铭云："一命……。"（《左传·昭公七年》）

表4-4　上古中期"更"类单音副词简况表

	《国语》	《左传》	《论语》	《墨子》	《荀子》	《庄子》	《孟子》	《韩非子》	《吕氏春秋》	使用频率	"更"类副词与他类词之比
更	0/9	0/21	0/1	0/7	0/4	0/11	0/1	1/21	0/26	0.9%	1：101
加	2/32	2/69	0/8	5/54	4/38	5/17	0/10	3/52	8/44	0.6%	1：111
兄	1/26	0/63	0	1/9	0/6	0/45	0/14	0/24	0/76	0.6%	2：267
愈	6/8	2/9	0/2	13/17	18/26	12/15	2/27	23/27	47/48	66.3%	130：196
弥	3/3	1/149	2/2	0/4	9/10	0/2	0/2	8/21	38/39	26.3%	61：232
滋	7/25	11/68	0/1	3/10	1/6	3/5	2/6	0/5	4/10	22.8%	31：136
益	8/30	4/58	0/15	6/39	1/44	3/29	0/20	16/55	25/70	17.5%	63：360

说明：①因先秦文献中由于同音通假或其他情况的影响，同一引文在不同的版本中写法不同，因而本书将它们合在一起统计，而不加以区分。即"俞、愈、偷、逾"合为"愈"，"兄、况"合为"兄"，"兹、滋"合为"滋"。②复音词"益加"、"兹益"、"愈益"未统计在内。③《吕氏春秋》的数据参看了张双棣（2000）。

表 4-5　上古中期"更"类复音副词简况表

词语	滋（兹）益	愈益	益加	总计
使用次数	3	15	1	19

综上可知：①此期使用的"更"类副词大大增多，出现了"更、加、弥、益、滋、兹、逾、俞、疠"等新的单音副词。其产生途径有二：一是通过文字假借，如"俞、庸"通"愈"，"兹"通"滋"。二是通过词义的引申虚化，如"更、加、弥、益、滋、逾"等的虚化。②上古前期产生的"兄（况）"使用很少，仅 2 见。③从使用频率上看，"愈"是此期使用最多的，使用也最为灵活。可修饰单音词，也可修饰复音词，并且出现了"愈……愈……"、"益……愈……"、"滋……愈……"、"弥……愈……"等固定格式。其次是"益"、"弥"。"弥"在做副词与其他类词的比例上比"益"更高些，但多为"弥……弥……"固定格式（《吕氏春秋》"弥"38 例，其中有 32 例"弥…弥…"格式），使用有很大的局限性。④此期"更"类单音副词多修饰单音词，修饰复音词仅 7 次（其中"益"4 次，"愈"2 次，"滋"1 次），占全部用例的 2.2%。⑤出现了复音副词"兹益、愈益、益加"，系同义复用而成，均修饰单音词。

3. 上古后期（西汉）

上古后期主要是指西汉时期，此期"更"类单音副词共有 7 个，复音副词共有 13 个。此期没有新生的"更"类单音副词，但"更"类单音副词的使用情况有了较大的变化："益"取代了"愈"在上古中期的核心词地位；"兄（况）"作为程度副词的用法已经消失。此期使用的复音副词有"滋（兹）益"、"愈益'、"尤益"、"更益"5 个，其中后两个是新产生的，系同义、近义连用而成（"尤"也有表示程度深的用法）；可修饰单音词，也可修饰复音词或短语形式（3 次），这是前期没有的现象。

4.3.2.2　中古汉语的"更"类副词

中古汉语是指东汉魏晋南北朝时期的汉语，这个时期的语料的选择，本书主要集中在汉译佛经、小说、书简等方面，因为这个时期的汉语和"上古汉语"有其不同的地方，那就是它的语汇的口语化。而这个口语化的现象主要表现在汉译佛经、小说等方面。因为佛经译语和小说要适应一般市民的领受能力，需要采用通俗的语言，这都是很自然的。[1] 当然，有些高文典册如"正史"中也渗透着一些通俗的成分，因而本书也适当地选择一些这方面的语料。下面分三个阶段进行讨论。

---

[1]　参见蒋礼鸿：《中古汉语语词例释·序》，吉林教育出版社 1990 年版。

1. 汉魏时期

汉魏时期包括东汉和三国，此期笔者研究的语料主要是《汉书》、《论衡》、《风俗通义》、《六度集经》、《佛开解梵志阿助经》、《菩萨本缘经》等。

"更"，共有 9 次用作程度副词，其中 6 次修饰单音词，3 次修饰复音词或短语形式。如：

（51）而我沙门，亦忧苦此，自念生死，久系五阴，更苦无量。（三国吴支谦译《佛开解梵志阿助经》）[1]

（52）如实而论之，汉更难及。（《论衡·须颂篇》）

"愈"，做程度副词 67 次，5 次修饰复音词或短语形式。如：

（53）或接祝妄言，伦救之愈急，后遂断。（《风俗通义》卷第九）

（54）卧者纵横，犹如死尸，愈不乐焉，一心得惮。（三国吴支谦译《菩萨本缘经》，3/41c）

"益"，做程度副词用 137 次，其中 19 次修饰复音词或短语形式，如：

（55）钱益轻薄而物贵，则远方用弊烦费不省。（《汉书·食货志》）

前期产生的"兹益"仍见使用。如：

（56）孝武皇帝兹益迷谬文成五利，处之不疑。（《风俗通义》卷第二）

"弥"，作程度副词用 38 次，修饰复音词 4 次，出现了用"以"连接弥与滋的"弥以滋"的形式。如：

（57）自是丰后，弥以滋甚。（《风俗通义》卷第五）

"加"，用作程度副词 8 次，均修饰单音词。如：

（58）若子长大，明经行高，蹄于父母，汝加敬之。（三国吴支谦译《佛开解梵志阿助经》，1/260b）

这个时期值得注意的现象是产生了一些新的复音副词："逾自、倍加、转更、倍更"，大多见于汉译佛经。

"逾自"应是词根"逾"与词缀"自"构成，因为"自"在此期可以作词缀。[2] 此期 1 例，修饰短语形式。如：

（59）第二之禅，如人避怨，虽处深山，惧怨寻之，逾自深藏。（三国吴支谦译《菩萨本缘经》）

---

[1]　本书使用的佛经版本是台湾新文丰公司影印的日本《大正大藏经》，括号内依次注明其卷数、页数和行数，a、b、c 分别表示上、中、下三栏，后同。

[2]　参见蒋绍愚：《杜诗词语札记》，载《语言学论丛》（第六辑），商务印书馆 1980 年版；王瑛：《诗词典语辞例释》，中华书局 1990 年版；江蓝生：《魏晋南北朝小说词语汇释》，语文出版社 1988 年版。

"转更"、"倍更"、"倍加"均系近义连用而成。如：

（60）譬如大火，投之于薪，其炎转更，倍常增多。（三国吴康僧会译《六度集经》）

（61）闻已倍更，增益镇患，犹如膏油，投之猛火。（三国吴康僧会译《六度集经》）

（62）我今要当，倍加精进，以不休息，而往救之。（三国吴康僧会译《六度集经》）

表4-6 汉魏时期"更"类单音副词简况表

	《汉书》	《论衡》	《风俗通义》	《六度集经》	《菩萨本缘经》	《佛开解梵志阿助经》	使用频率	"更"类副词与他类副词之比
更	4/634（1）	4/115（2）	0/22	0/37	2/22	1/7	1.3%	11：837
愈	62/75（4）	3/40	1/18	1/12（1）	0/1	0/1	45.6%	67：47
益	124/582（15）	7/182	6/22（4）	0/8	0/23	0/1	16.7%	137：818
弥	18/35（4）	16/19	4/11（3）	0/8	0/9	0/6	1.1%	38：88
加	5/342	0/100	2/17	0/9	0/2	1/4	1.7%	8：474
逾	0/5	0/30	0/18	0/27	0	0	0	0：80
滋	0/174	0/8	0/8	0/17	0/4	0	0	0：211

表4-7 汉魏时期"更"类复音副词简况表

词语	新生的				沿用的			
	逾自	转更	倍更	倍加	愈益	尤益	兹益	益加
使用频数	1（1）	1（1）	1（1）	1（1）	18（6）	1	2（1）	1
总计	4（4）				22（7）			

综合上述分析可获得如下信息：①滋（兹）的程度副词的用法在本书调查的语料中没有用例，似乎这一用法已经消失。②此期使用频率最高的是"益"，分布最广的是"愈"，在本书所调查的6种资料的4种里都有用例。③此期没有新生的单音副词，在沿用的单音副词中，除"加"、"弥"外，其他词都可修饰单、复音词或短语形式。在全部259例用法中，修饰复音词或短语形式共11例，占全部用例的13.5%。④此期新生4个复音副词："逾自、倍加、转更、倍更"。其构成方式有两种：一是附加式，由词根加词尾构成，如"逾自"；二是并列式，由两个近义词连用而成，如"倍加、转更、倍更"。⑤此期产生的复音词都是修饰复音词或短语形式。沿用的"愈益"出现18次，6次修饰复音词（班固作《汉书》时，西汉前期的内容直接引用《史记》，但《史记》"愈益"出现15次，修饰复音词或短语形式的仅有2次）。所有复音副词修饰复音词或短语形式占全部用例的42.3%。

2. 两晋时期

此期本书考查的语料主要是小说《搜神记》、《搜神后记》，史书《三国志》，汉译佛经《生经》、《大般涅槃经》。

通过考查，笔者发现前期使用的"更"、"加"、"愈"、"弥"、"益"等单音词及"愈益"等复音词继续使用，它们的用法与前期基本一致，只有使用频率上的差异，故不再举例。在"更"类副词这个大家族里产生了新的单音词"倍"及复音词"更愈"、"益更"、"转加"等，兹分述如下。

"倍"，本义是背反、背叛。《说文解字·人部》："倍，反也。"引申为照原数等加。因为"反者，覆之，覆之则有二面，故二之曰倍"[1]。《正字通·人部》："物财人事加等曰倍。"如："墨辟疑赦，其罚百援，……荆辟疑赦，其罚维倍。"（《尚书·吕刑》，孔传："倍百为二百缓。"）后意义抽象，凡"增益"皆可曰倍。如："焉用亡郑而倍郑。"（《左传·公元三十年》，杜预注："倍，益也。"）在此基础上，意义进一步抽象，虚化为副词。如：

（63）诸离车等，倍增悲坳，前诣佛所。（西晋竺法护译《生经》，3/193e）

"更愈"、"转加"均系同义复用而成，修饰单音词。如：

（64）帝复问曰："吾梦摩钱文，欲令灭而更愈明，此何谓邪？"（《三国志·魏志·周宣传》）

（65）梵志懊恼，吾本呼暖，而转加剧。（北凉昙无徽译《大般涅槃经》，4/78a）

由"益"与"更"同义复用而成，修饰复音词。如：

（66）自步阐之后，益更损耗。（《三国志·吴志·陆逊传》）

表 4-8　两晋时期"更"类单音副词简况表

	《搜神记》	《搜神后记》	《三国志》	《生经》	《大般涅槃经》	使用频率	"更"类副词与他类词之比
更	0/21	0/23	15/208（7）	0/19	2/15	5.9%	17：286
加	0/10	0/100	0/368	0/23	0/8	0	0：509
愈	4/23（1）	5/5（2）	20/41（5）	0/2	0	40.8%	29：71
弥	0/2	0	14/77（2）	0/23	0/17	11.8%	14：119
逾	0/3	0/1	0/2	0/6	0	0	0：12
益	2/5	0	59/250（11）	2/22	1/13	22.1%	64：290
倍	0/9	0/8	0/27	0/2	7/8	13.2%	7：53

---

[1]　参见段玉裁：《说文解字注》，上海古籍出版社 1981 年版。

表 4-9　两晋时期"更"类复音副词简况表

词语	新生的			沿用的
	更愈	益更	转加	愈益
使用频数	1	1（1）	1（1）	2（1）
总计	3（2）			2（1）

综合上述分析可知：①"加"、"逾"不用作程度副词（"加"作为语素保留在复音词中）。②新增一个单音副词"倍"，由实词虚化而成。③从使用频率上看，使用得最多的单音副词是"益"，并且分布最广，在本书所调查的 5 种作品中有 4 种作品都有使用。其次是"愈"用得较多，"弥"的使用大为减少。④在所有的 136 例单音副词的用例中，修饰复音词或短语形式的有 28 例，占全部用例的20.6%。⑤新增 3 个复音副词"更愈"、"益更"、"转加"，由同义或近义连用而成，使用频率很低。复音副词修饰复音词或短语形式的比例为 60%。新生的复音副词修饰复音词的比例略高些。

3. 南北朝时期

此期本书考查的语料主要是《世说新语》、《颜氏家训》、《百喻经》、《杂宝藏经》、《魏书》等。通过考查，笔者发现前期使用的"更、愈、益、弥、倍"等单音副词仍然使用，但它们在使用频率上有了变化，同时产生了"转"表示"更加"义；"益加、倍加、倍更"等复音副词仍旧使用，新的复音副词"更加"、"更自"、"更为"、"倍复"、"转复"等加入了"更"类副词的行列。分述如下：

"转"，本义是运转物体。《说文解字·车部》："转，运也。"把物体从此地运往彼地，便是对物体位置的改变，因而引申出"改变、变化"的意思。例如："独有一丈夫，儒服而立乎公门，公即召而问以国事，千转万变而不穷。"（《庄子·田子方》）改变的结果可能是与原来相反而引申出副词"反而、反倒"义，也可能是程度或数量上的进一步加深或增多，因而又虚化为副词，表"更加"、"越发"义，修饰单音词和复音词或短语形式。如：

（67）宣武双重表，辞转苦切。（《世说新语·黜免》）

（68）自惟身先，不作福业，今日穷苦；今若不作，恐后转苦。（北魏吉迦夜共昙曜译《杂宝藏经》，4/476a）

"转复"是由副词"转"加上词尾"复"构成的。[1]此期1例，修饰双音节形容词。如：

（69）时难陀王，转复脉漫。（北魏吉迦夜共昙耀译《杂宝藏经》，4/468e）

"倍复"是由副词"倍"加上词尾"复"构成的，此期有1例，见于《杂宝藏经》，修饰双音节形容词。如：

（70）见佛在中，倍复庆悦，求欲出家。（北魏吉迦夜共昙耀译《杂宝藏经》，4/488b）

"更自"由副词"更"与词尾"自"构成，《魏书》中有2例，修饰双音节形容词。如：

（71）超宗在河东，更自修厉，清靖爱民，百姓追思之。（《魏书·超宗列传》）

《魏书》中又有"更为"可表"更加"义，由副词"更"与"为"词汇粘合而成，修饰双音节形容词。如：

（72）若不时扑灭，更为深害。（《魏书·卒雄列传》）

"更加"一词是由副词"更"与"加"同义复用而成，《魏书》有2例，修饰双音节形容词。如：

（73）或因此更加富贵，是以人人怀于利欲。（《魏书·皇后列传》）

表4-10 南北朝时期"更"类单音副词简况表

	《魏书》	《世说新语》	《颜氏家训》	《百喻经》	《杂宝藏经》	使用频率	更类副词与他类词之比
更	52/455（18）	7/34（3）	5/26	1/25（1）	1/49	11.2%	66：589
加	0/852	1/18	0/35	0/9	0/17	0.1%	1：931
愈	7/27（1）	4/7（1）	3/6	0	0/3	32.6%	14：43
弥	55/110（7）	6/12	3/6	1/1	0/6	48.1%	65：135
逾	25/32（2）	1/2（1）	0/6	1/2	1/4	60.9%	28：46
益	24/369（3）	3/15（1）	10/32（2）	0/6	1/5	8.9%	38：427
倍	0/284	0/2	0/3	0/7	12/52（1）	3.5%	12：348
转	0/373	7/28（2）	0/4	0/4	12/43（2）	4.2%	19：448

---

[1] 中古时期"复"可作词尾使用，可参见刘瑞明：《〈世说新语〉中的词尾"自"和"复"》，载《中国语文》1989年第3期；蒋宗许：《也谈词尾"复"》，载《中国语文》1990年第4期；朱庆之：《佛典与中古汉语词汇研究》，文津出版社1992年版；王云路：《中古诗歌附加式双音词举例》，载《中国语文》1999年第5期。

表 4-11 南北朝时期"更"类复音副词简况表

词语	新生的					沿用的		
	更加	更自	更为	倍复	转复	益加	倍加	倍更
使用频次	2	2	1	1	1	3	4	1
总计	7					8		

综上可得到如下信息：①前一时期没有副词用例的"加"、"逾"这个时期又有了副词的用法。不过"加"的用法极少，在930个含"加"的用例中仅有1例副词用法，可以说这一用法已趋于消亡（后期文言文中仍见使用，如王安石《游褒禅山记》："盖其又深，则其至又加少矣。"）。"逾"的用例较多些，但大多（89.3%）见于史书《魏书》中，在其他书中用例极少，使用范围不广。②从使用频率上看，"更"与"弥"似乎处于不相上下的地位；从分布上看，"更"在本书所调查的5种作品中均有用例，分布更广些，但优势并不明显，这反映出"更"类副词内部竞争的激烈性。③此期新产生了单音副词"转"，由引申义虚化而来。④在所有的243例单音副词的用法中，共有45例修饰复音词或短语形式，占全部用例的18.5%。⑤复音副词"更加、更自、更为、倍复、转复"成为"更"类副词家族新的成员。其中，除"更加"系同义复用而成外，其他的都是由词根加词尾构成。在所有的15例复音副词的用法中，都是修饰复音词或短语形式，占100%。

4.3.2.3 近代汉语的"更"类副词

近代汉语是汉语发展中的一个重要时期，也是与现代汉语联系最为密切的时期，很多词汇是在近代汉语时期产生或成型的。

1. 唐五代时期

此期本书考查的语料是《敦煌变文集》、《入唐求法巡礼行记》、《游仙窟》、《祖堂集》等。首先请看下表：

表 4-12 唐五代时期"更"类副词简况表

	《敦煌变文集》	《入唐求法巡礼行记》	《游仙窟》	《祖堂集》	使用频率	"更"类副词与他类副词之比
更	47/449（18）	7/12（2）	4/17（2）	12/295（3）	9.1%	70：773
愈	2/15	0/1	0	0/4	10%	2：20
弥	2/11	0/31	0	0/108	1.3%	2：152
益	2/29	0/6	1/3（1）	4/50	8%	7：88
转	2/48	0/43	0/9	0/73	1.2%	2：173

分析表4-12可知：①从使用频率上看，"更"在此期占据了核心词的地位，在本书所调查的这些语料里，其他"更"类单音副词极少使用。②此期单音副词修饰复音词或短语形式的共有26例，占全部用例的31.3%。

此外，据考察，此期新增3个复音副词，分别为"更转"、"更乃"、"转为"，分述如下。

"更转"，由副词"更"与"转"同义复用而成。如：

（74）敢得五色云现，人更转多，无数听众，踏破冲筵，开启不得。（《敦煌变文集》，174）

"更乃"、"转为"，由副词"更"、"转"分别与"乃"、"为"词汇粘合而成。如：

（75）太子吟咏已了，更乃愁忧，磋叹我辈凡夫，如何免得此事。（《敦煌变文集》，338）

（76）善庆闻语，转为高声。（《敦煌变文集》，187）

表4-13　唐五代时期"更"类复音副词简况表

词语	新生的				沿用的		
	转加	转更	更加	倍加	转为	更转	更乃
使用频数	5（5）	8（6）	4（3）	2（2）	1（1）	1	3（3）
总计	19（16）				5（4）		

由表4-13可知，此期共使用复音副词24例，其中修饰复音词或短语形式20例，占全部用例的83.3%。

2. 宋代时期

此期本书考查的语料主要是《朱子语类》。该书是朱熹语录的汇集，虽然仍有一定的文言成分或书面语色彩，但口语程度相对较高，并且篇幅达230万字（据中华书局1986年版《朱子语类》版权页显示），能够比较客观全面地反映南宋语言实际。

调查情况如表4-14：

表 4-14 宋代时期"更"类单音副词简况表

	使用频数	使用频率	"更"类副词与他类词之比	后接单、复音词之比
更	325/1208	26.9%	325：883	155：170
加	8/348	2.3%	8：340	2：6
愈	227/263	86.3%	227：36	184：43
益	96/443	21.7%	96：347	84：12
倍	0/69	0	0：69	0
转	17/417	4.1%	17：400	10：7
越	85/243	35%	85：158	64：21

说明：表中复音词包含复音词和短语形式，是指该词做"更"类副词的用法。

从表 4-14 我们可以看出：

首先，此期新增了一个单音词"越"。《说文解字·走部》："越，度也。"本义为"度过"、"跨过"。如："阻穷西征，岩何越焉？"（《楚辞·天问》，王逸注："越，度也。"）后来度过的不限于具体的地点或事物，可用于抽象的事物，意义是超过、胜过。如："是大王威加于天下，而功越于汤武也。"（汉·枚乘《上书重谏·五》）而后词义进一步抽象，虚化为副词，义为"更加"。如：

（77）乡要做大功名底人，越要谨密，未闻粗鲁阔略而能有成者。（《朱子语类》卷 135）

同时，亦见有"越……越……"的固定格式。如：

（78）先生曰："我则异于是，越明眼底，越当面谩他。"（《朱子语类》卷 119）

其次，从使用频率上看，"更"是此期"更"类副词中当之无愧的核心词，几乎占了全部用例的一半。[1]

再次，在所有的 758 例单音副词的用法中，修饰复音词有 259 例，占全部用例的 34.2%。

---

[1] 但此期表"更加"义还不是副词"更"的主要用法。参见吴福祥：《敦煌变文语法研究》，岳麓书社 1996 年版。

从次，前期产生的"转"有了新的用法，即出现了"转……转……"式，共4例。如：

（79）且圣人之意尽有高远处，转穷究，转有深义。（《朱子语类》卷15）

最后，此期复音副词除沿用前期的"更自、更加、愈益、益更、益加"外，还产生了新的复音副词"更是、愈加、愈更、愈是、愈自"等，分述如下：

"更是"、"愈是"由词汇粘合而成。如：

（80）若更剔去得，岂不更是明亮。（《朱子语类》卷73）

（81）昨闻先生云人所不知而己所独知处，自然见得愈是分晓。（《朱子语类》卷62）

"愈自"由副词"愈"与词缀"自"构成，此期4例，都修饰复音词。如：

（82）今人多于操时不见其存，过而操之，愈自执捉，故有纷扰之患。（《朱子语类》卷119）

"愈加"、"愈更"是由副词"愈"分别与副词"加"、"更"同义复合而成的，都修饰复音词。如：

（83）二子亦因夫子哂子路，故其言愈加谦逊。（《朱子语类》卷40）

（84）读书若有所见，未必便是，不可便执着；且放在一边，益更读书，以来新见。（《朱子语类》卷3）

表4-15 宋代时期"更"类复音副词简况表

词语	沿用的					新生的				
	更加	更自	益更	益加	愈益	更是	愈更	愈自	愈加	愈是
使用频数	6（5）	8（8）	1（1）	5（4）	2（2）	18（14）	2（2）	1（1）	3（3）	4（4）
总计	22（20）					28（24）				

由表4-15可知，此期复音副词修饰复音词或短语形式占全部用例的88%。

3. 元代时期

此期本书考查的文献主要是《大宋宣和遗事》、《五代史平话》、《元刊杂剧三十种》、《西厢记》、《老乞大》、《关汉卿戏曲集》等。使用情况见表4-16：

表 4-16　元代时期"更"类单音副词简况表

	《大宋宣和遗事》	《五代史平话》	《元刊杂剧三十种》	《西厢记》	《老乞大》	《关汉卿戏曲集》	使用频率	"更"类副词与他类词之比
更	2/42	0/39	37/121（26）	4/22（1）	0/8	0/28（5）	16.5%	43：260
弥	0/3	0/2	0/2	0/4	0	0	0	0：11
愈	6/6	9/12	0	0	0	0	83.3%	15：18
益	1/8	4/23	0/3	0	0	0	14.7%	5：34
转	0/11	1/21	2/43	0/12	0/2	0/11	3%	3：100
越	1/6	0/19	26/46（23）	4/8（2）	0	7/9（7）	43.2%	38：88

综合表 4-16 及本书考查的语料，可以获得如下信息：

首先，使用频率最高的是"更"，其次是"越"，并出现了"更"与"比"搭配使用的例子，这样，"更"与其他事物相比，表程度进一步加深的意思更为明显。如：

（85）据文学比温娇更聪明。（《关汉卿戏曲集·温太真玉镜台》）

其次，在全部 106 例单音副词的用例中，有 64 例修饰复音词或短语形式，占全部用例的 60.4%。

此外，还出现了"越越（的）"、"转转"、"越更"3 个新的复音副词表"更加"义：

"越越（的）"，由副词"越"重叠而成（加"的"当是为了协韵的需要），有 2 例。如：

（86）饭多时也，天子带酒观师师之貌，越越的风韵。（《大宋宣和遗事·享集》）

"转转"，由副词"转"重叠而成，仅见于元剧，可能是为了追求音韵和谐的效果。如：

（87）相公的言语更怕不中，委付妾身教教我转转猜疑。（《关汉卿戏曲集·钱太尹智宠谢天香》）

"越更"，由副词"越"与"更"同义复用而成，仅见于元剧，与"比"搭配使用，修饰单音词，如：

（88）比我那初使唤，如今越更稀。（《关汉卿戏曲集·钱太尹智宠谢天香》）

表4-17 元代时期"更"类复音副词简况表

词语	沿用的		新生的		
	更是	愈是	转转	越更	越越
使用频数	3（3）	1（1）	1（1）	1	2（2）
总计	4（4）		4（3）		

由表4-17可知，此期复音副词修饰复音词和短语形式的占全部用例的87.5%。

4. 明代时期

此期本书主要考查的语料是白话小说《金瓶梅》、《三遂平妖传》、《训世平话》等。调查情况如表4-18：

表4-18 明代时期"更"类单音副词简况表

	《金瓶梅》	《三遂平妖传》	《训世平话》	使用频率	"更"类副词与他类词之比
更	10/85（3）	10/99（5）	0/15	10%	20：199
益	4/11（1）	3/13	1/5（1）	27.6%	8：29
愈	5/6（3）	0/2	0/6	35.7%	5：14
转	0/146	2/112	0/12	0.7%	2：270
越	30/44（9）	18/50（16）	3/5（3）	51.5%	51：99

分析表4-18可知：

首先，使用最多的是"越"，其次是"更"。不过据调查，其中"越……越……"的固定格式出现11次。从组合关系上看，"更"的使用更为自由，应用范围更广，只有"更"能同介词"比"构成"比……更……"式，其他的都不能。

其次，修饰复音词或短语形式的有41例，占全部用例的47.7%。此期有新的复音副词加入了"更"类副词的大家庭。它们是"益发"、"一发"、"越加"、"越发"，分述如下。

"益发"，由词根"益"和词尾"发"构成。如：

（89）不知吃了甚么行货子，顺了这一日，益发顺的没些事儿。（《金瓶梅》50回）

又有与"比"搭配使用的。如：

（90）李瓶儿因过门日子近了，比常时益发欢喜。（《金瓶梅》16回）

"一发"也可以做副词，表示"更加、越发"义，是"益发"的同音假借词。因为"益"、"一"都是入声字，但这时入声韵尾已经消失，"益"、"一"同音，"益发"写成"一发"，是很自然的。[1] 如：

（91）西门庆听言未了，又鼻子里觉得异香馥馥，乐声一发近了。（《金瓶梅》54 回）

"越加"，由副词"越"和"加"同义复合而成。如：

（92）武二见他不则声，越加恼怒。（《金瓶梅》9 回）

"越发"一词产生于元代，在此期有了新的发展，能与"比"字搭配使用，因而意义更加明确。如：

（93）西门庆注目停视，比初见时节越发齐整。（《金瓶梅》58 回）

"更是"、"愈加"产生于宋代，此期可与"比"搭配使用。如：

（94）今日如何把四两银子与我们，比往常更是加厚。（《三遂平妖传》22 回）

（95）（媂儿）比前愈加妖丽。（《金瓶梅》5 回）

此期复音副词全部修饰复音词或短语形式，具体情况见表 4-19：

表 4-19　明代时期"更"类复音副词简况表

词语	沿用的					新生的			
	更是	更为	更自	愈加	益加	益发	一发	越发	越加
使用频数	3	1	1	6	2	3	4	38	2
总计	13					47			

5. 清代时期

此期本书主要考查的语料是《红楼梦》、《醒世姻缘传》等，考查情况见表 4-20：

表 4-20　清代时期"更"类单音副词简况表

	《红楼梦》	《醒世姻缘传》	使用频率	"更"类副词与他类词之比
更	288/1025（132）	74/249（18）	28.4%	362∶1274
益	1/52	2/8（1）	5%	3∶60
愈	33/61（4）	27/33（3）	63.8%	60∶94
转	0/451	0/327	0	0∶778
越	109/120（36）	34/52（4）	83.1%	143∶172

说明："愈……愈……"连用 20 次，"越……越……"连用 57 次。

---

[1]　参见（日）坂顺一：《〈水浒〉词汇研究》（虚词部分），（日）植田均译、李思明校，文津出版社 1992 年版。

分析表 4-20 可知：首先，从使用频率上看，"更"最高，其次是"越"。其次，单音副词修饰复音词或短语形式共 198 例，占全部用例的 35.0%。出现了"更比……更……"式（共 21 例）。如：

（96）（宝玉）更比才在林黛玉跟前更不好意思。（《红楼梦》28 回）

此期有一个"还"字的意义略同于"更"，但一般用于"比……还……"中。例如：

（97）他竟比盖这园子还费工夫了。（《红楼梦》45 回）

此外，产生了新的复音副词"愈发"、"更还"、"还更"，全都是修饰复音词或短语形式，分述如下。

"愈发"，构词同于"越发"。如：

（98）他叔嫂二人愈发糊涂，不省人事。（《红楼梦》24 回）

"更还"、"还更"，均由同义复合而成。如：

（99）他要不叫我出去，只怕他那遭更还狠呢！（《醒世姻缘传》97 回）

（100）宝钗一旁笑道："……，他穿衣裳还更爱穿别人的衣裳。"（《红楼梦》46 回）

也可与"比"连用，构成"比……还更……"式。如：

（101）你不要揭挑我们，你想想，你那老子娘在那边管家爷们跟前比我们还更会溜呢。（《红楼梦》65 回）

下面笔者将此期"更"类复音副词使用情况列表如下。

表 4-21　清代时期"更"类复音副词简况表

	沿用的										新生的		
	更是	更为	更自	更加	愈是	愈加	越加	越发	益发	一发	更还	还更	愈发
《红楼梦》	41	2	3	10	3	5	1	199	29	5	0	5	1
《醒世姻缘传》	27	0	12	7	0	5	0	107	2	9	1	1	0
总计	462										8		

4.3.2.4　现代汉语方言中"更"类副词的核心词的演变

核心词的特点是在同样表示这一语义的若干同义记号中使用频率最高、组合能力较强。"更"类副词中，在"更"广泛使用以前，"愈"和"益"分别是上古、中古汉语"更"类副词的核心词。"更"虽然在上古即已产生，但使用很少。随着时间的推移，其使用频率逐渐增加。大约到了中古后期，即南北朝时期，其使用频率在"更"类副词中稍微占了优势，首次超过其他副词。到晚唐五代时期，"更"的使用频率大大超过"愈"和"益"，成为"更"类副词当之无愧的核心词。而大约产生于宋代的"越"发展迅速，在明代即与"更"并驾齐驱，与"更"同为"更"类副词的核心词。清代"越发"取代了"越"的地位，使用次数仅次于核心词"更"。

现代汉语普通话中"更"类副词的核心词无疑是"更"，但在如下方言中"更"类副词的核心词不一定是"更"，见表4-22。

表4-22　现代汉语方言"更"类副词的核心词简况表

方言点	核心词	方言点	核心词	方言点	核心词
北京	更	天津	更	承德	更（加）/越
唐山	更	保定	更/越	沧州	更（加）/越发
石家庄	更	邯郸	更（加）	平山	越发
张家口	更（加）	阳原	更（加）/越发	大同	越发/觉利
临汾	越	离石	更/越（发）	太原	更
集宁	更（加）	长治	更（加）	临河	更加/越
二连浩特	更	呼和浩特	更/越发	赤峰	更（加）
齐齐哈尔	更	海拉尔	更	黑河	更（加）/越发
白城	更加	哈尔滨	更（加）	佳木斯	更（加）
沈阳	更（加）/愈/越	长春	更（加）	通化	更
大连	更	丹东	更（加）/越发/越加	锦州	更（加）/越发
利津	更	烟台	更/打迓儿	青岛	更/越发儿
济宁	更	诸城	更（加）	济南	更（加）
原阳	更（愈儿）	商丘	更（加）/愈	林县	越
信阳	更（加）	郑州	更/越巴	灵宝	更加
西安	更（加）/越发	白河	更（加）	汉口	更（加）
银川	更加	宝鸡	更/越	绥德	更（加）
天水	更（加）/越发/越来越	蒙自	愈发	徐州	更/越来越
兰州	更加/越发	遵义	更加	连云港	更（加）

续表 4-22

方言点	核心词	方言点	核心词	方言点	核心词
敦煌	更加	华节	更其	涟水	更
西宁	越发	贵阳	更（加）	扬州	更加
哈密	更加	黎平	越来越	南京	更加
乌鲁木齐	更	柳州	更（加）	南通	更加／越发
成都	更加／越是	桂林	更加	苏州	加二／更加
南充	更加／越更	常德	更	温州	俗格
达县	更	宜昌	更（加）	长沙	更发／更经／更发更／越更／越经
汉源	更（加）	襄樊	更（加）	双峰	更（加）
西昌	更	天门	越发	南昌	更（加）
自贡	更（加）	武汉	更（发）／更其／越发／越更	梅县	又过
重庆	更加	红安	更（加）	广州	更／重
昭通	更（加）	阜阳	更（加）	阳江	更
大理	更发	芜湖	更（加）	厦门	各恰
昆明	更（加）／越（加）／越发	合肥	更（加）	潮州	愈（更）／愈
福州	更／固	建瓯	更	金华	越记／愈发
耒阳	越加	增城	越加	恩施咸丰	越更
文水	越例	苍南	越管	车平	越住越
忻州	越发利	揭阳	愈更	台湾	愈恰
宁波	转转	常熟	加二	长岛	越住越

　　说明：①表中内容参阅《普通话基础方言基本词汇》、《汉语方言词汇》（第二版）、《现代汉语方言大词典》。②各方言词语与普通话词语相同的，不论其使用频率的高低，一律放在最前面，与普通话不同的方言词语，大致按使用频率排列：使用频率高的放在前面，低的放在后面。

4.3.3　"更"类副词的虚化机制

　　考察汉语的发展历史，汉语的单音副词大多是由实词虚化而来的。所谓虚化，是指实词向虚词转化，或者较虚的词向更虚的词转化。即词汇单位在使用过程中由于某种因素的影响逐渐失去其原有的意义，转而获得一种新的语法意义，其语法性质和语法功能也随之发生根本性变化的过程。

虚化是汉语语法发展过程中的一种重要现象，它不是自然而然地发生的，而是在一定条件下由于某种因素的影响和制约而发生的。能够引起词汇单位丧失其原有的词汇意义和语法意义，使其获得某种新的语法意义，并使其语法性质和语法功能发生根本性的变化，这样的因素本书称为虚化机制。下面本书来探讨"更"类副词的虚化机制。

4.3.3.1　"更"类单音副词的虚化机制

"更"类单音副词的来源大体有两个：同音假借；实词虚化。同音假借，是指"本无其字"的假借，即所谓造字的假借。如"俞"假借"愈"，"况"假借"兄"，"兹"假借"滋"等。这种情况，文字训诂学家已多有论述。如袁子让《字学元元》："而，颊毛也，借为语助。""焉，本江淮黄鸟名，借为语助。"郝懿行《尔雅义疏·释诂下》："凡语词之字，多非本义，但取其声。"许瀚《说文解字注笺一》："凡语辞多借音，不必深求其义也。"

假借而来的单音副词，在古代汉语常用虚词中只占一小部分。同音假借是文字学研究的内容，本书不作讨论。本书主要探讨由实词虚化而形成的"加、更、越"等的机制。

1. 句法语义因素

由句法语义机制引起的实词虚化有两种情况，一种是以句法结构为条件以句法意义为机制而引起虚化，另一种是单纯地由句法机制引起虚化。

以句法结构为条件以句法意义为机制而引起的虚化是句法语义机制的主要方面，介词、连词、助词、一部分副词和部分语气词都是受这种机制的影响而从其他类词虚化出来的。如由动词虚化来的假设连词"使"与由指示代词虚化来的助词"夫"。表示"使令"意义的动词"使"最常出现的句法结构是所谓的兼语式，即 $S_1 + O_1$（S_2）$+ V_2 + O_2$，这里的"$S_1 + O_1$（S_2）$+ V_2 + O_2$"部分是可以独立成句的，这为"使"字的虚化提供了句法条件。在先秦时期，由"使"字构成的这种兼语式经常出现在假设复句里充当假设条件分句。在假设复句里，"使"构成的假设条件分句表示的是一种假设的情况，"使"字所表示的使令行为的使令者是不存在的，因而"使"字前头不可能出现主语（S_1），这样"使"字就处在句首的位置上，而它的使令意义也因为无使令者而弱化了，而它后面的部分又可以独立成句，因而假设条件分句的假设意义就逐渐依附在"使"字上，使它虚化为一个假设连词；"夫"字由指示代词虚化为助词，在句法方面有两个条件：分布于句首做定语，起指别作用；所在的句子是论断性的说明句或判断句。而它之所以发生虚化，一方面是由于它出现在它的后面且缺乏语境照应，从而使得它的指别作用弱化了；另一方面是由于"夫"字指别的对象在语用上是句子的话题，这样它所指别的对象就与句子的话题重合了，从而使它具有了标记话题的作用。标记话题功能的获得使它本来已经弱化了的指别作用最终丧失了，"夫"字虚化为助词。

汉语里有相当多的形容词或动词虚化为副词就是单纯由句法机制而引起的虚化。其中，"更"类副词就属于此种情况。下面试以"更"的虚化为例来说明：

（102）此则寡人之过也，寡人请更。（《国语·越语上》）

（103）公膳日又鸡，妻人窃更之以鹜。（《左传·襄公二十八年》）

（104）吾尝为鲍叔谋事而更穷困，鲍叔不以我为愚，知时有利不利也。（《管晏列传》）

例（102）、（103）的"更"是动词，意思是"改变"；例（104）的"更"是动词，意思是"更加"。"改变"是"更"的本义，为"更"的虚化提供了词汇意义上的依据，但从句法结构上看，"更"带体词宾语（"更之以鹜"）或单独充当句子的谓语（"寡人请更"）时，都不可能虚化，只有"更"与形容词结合，形成状中结构（"更穷困"），才彻底完成了自己的虚化。

又如"越"：

（105）阻穷西征，岩何越焉？（《辞·天问》，王逸注："越，度也。"）

（106）秦地已并巴、蜀、汉中，越宛有郢，置南郡矣。（《秦始皇本纪》）

（107）歌欲颦时还浅笑，醉逢笑处却轻颦，宜颦宜笑越精神。（辛弃疾《浣溪沙·赠子文侍人名笑笑》）

其"胜过"义为"越"提供了虚化的词义基础，但它处于非状语的句法位置（"岩何越焉"、"越宛有郢"）时，不能虚化，只有"越"处在状语位置，与后面的成分形成状中结构（"越精神"），"越"的动词义才完全弱化，最终完成了自己的虚化。

解惠全（1982）指出：实词的虚化，要以句法地位为途径。这无疑是正确的，一个词由实词转化为虚词，一般是由于它经常出现在一些适于表现某种语法关系的位置上而引起词义的虚化，并进而实现句法地位的固定而转化虚词的。本书在 4.3.2 节考查"更"类单音副词的产生时就发现，尽管"更"类单音副词的虚化存在着文字假借和词义引申两条途径，但它们毫无例外都是在句中处于状语位置上而实现的。

这是什么原因呢？笔者认为，尽管汉语句子的主语、谓语、宾语、定语、状语、补语 6 个句法成分，早在先秦就已经具备，而且语序相当固定，实词的虚化多数情况都是在按照这种相当固定的语序构成的语法框架或模式中实现的。但由于它们在句子结构中的地位不同，所以发生虚化的可能性也很不相同。其中主语、谓语、宾语是句子的核心部分，这一句法位置主要是由实词来承担，一般是不能发生虚化的；状语、补语是句子的非核心成分，表示范围、程度、时间以及处所、工具、方式、原因等语法范畴的词汇一般都出现在这个位置上，因而最容易诱发语法化；而定语虽然也是句子的非核心成分，但由于是修饰限制名词的，而虚词不能起这种作用，因而它很难发生虚化。所以，"更"类单音副词的虚化，都是在状语位置这一句法环境中实现的，这是与整个汉语实词虚化的大趋势相一致的。

2. 认知因素

虚化是一种词汇—语法现象，同时也是一个认知过程，是从一个认知域向另一个认知域的转变。作为一种语言发展的客观趋势，虚化现象通过主观的认识作用而得到确认，并最终得以完成其虚化过程。认知因素大致包含两个方面：隐喻、推理。

A. 隐喻

隐喻（metaphor）是从一个认知域到另一个认知域的投射，是一种用一个具体概念来理解一个抽象概念的认知方式。比如形容词"弥"虚化为程度副词就是一个例子。形容词"弥"的意义是指"空间的满"，可以出现在状语的位置上。在状语位置上，通过隐喻，它可以表示程度达到极端，并由此虚化为程度副词。试比较下面 3 例：

（108）茝兰桂树，郁弥路兮。（《楚辞·大招》，王逸注："郁郁然满路。"）

（109）于是乎离宫别馆，弥山跨谷。（《司马相如列传》）

（110）容态好比，顺弥代些。（《楚辞·招魂》，王逸注："弥，久也。"）

（111）弥霜雪而不凋兮，当春夏而滋荣。（蔡邕《胡栗赋》）

（112）仰之弥高，钻之弥坚。（《论语·子罕》）

（113）弄机行掩泪，弥令织素迟。（南朝·陈·徐陵《咏织妇》）

例（108）、（109）的"弥"是本义，例（110）、（111）的"弥"是引申义，是"久远、久经"的意思，"满"的意义虽然没有消失，但只是作为一种隐喻的表象。

例（112）、（113）的"弥"，"满"的意义完全消失了，只表示程度的极端，"弥"遂虚化为程度副词。

B 推理

推理（inference）是在一定的语境中，通过类推或推导，使得一些词语的隐含义逐渐明确化，伴随义逐步独立化，联想义渐趋固定化。

下面，本书试图从宏观上对"更"类单音副词作些探讨。

首先看"兄、加、益、滋、倍"的虚化情况，这一组词的引申轨迹是：

第一组："兄"本义：长—增益、更加

"加"本义：诬枉—增益、更加

"益"本义：水溢出皿—增益、更加

"滋"本义：生长—增益、更加

"倍"本义：照原数等加—增益、更加

从上面这组词的引申轨迹看，虽然每个词语的本义不相同，但它们都无一例外地经由动词义"增益"而虚化为副词。

其次看"愈、逾、越"的虚化情况，这一组词的虚化轨迹是：

第二组："愈"本义：病情好转—超过，胜过—更加

"逾"本义：越过，跨过—超过，胜过—更加

"越"本义：越过，跨过—超过，胜过，更加

从这组词的引申线路看，尽管这组词的本义有些不同，但它们虚化为副词的过程都经历了动词义"超过，胜过"这一阶段。

再看"转"、"更"的虚化，它们的虚化轨迹是：

第三组："转"本义：运转物体—变化，改变—更加

"更"本义：变化，改变—更加

这组词的本义也不相同，但在虚化为副词的过程中都经历了"变化，改变"这一意义阶段。

可见，尽管"更"类单音副词的各个词的本义都不相同，看起来似乎各有其演变的轨迹。但实际上，它们的引申并不是词的个体孤立地、一个词一个"模样"地进行的，而是有着相类似的线路引申。它们之间似乎存在着某种内在的联系。

这又是为什么呢？这里，本书不能不用语言的推理作用做出解释。以第二组为例："愈"在动词义"胜过，超过"的基础上并处于状语位置，从而虚化为副词，义为

"更加"。而"逾"、"越"均有动词"超过，胜过"的用法，根据语言的推理作用，当甲、乙两个实词如果在某义位（通常是核心义位）上是同义关系，当甲词由某义位虚化为某一虚词时，受其类化影响，乙词可能也会由某义位沿着同样的途径产生语法化。[1] 因而，当"愈"产生出副词的用法之后，被全社会所接受，语言使用者根据同义的特征而推广到与它相关的词"逾"、"越"上，觉得既然"愈"可以表示"更加"义，那么相关者也应该是这样，于是照着"愈"的新用法使用"逾"和"越"。从而，"逾"、"越"也具备了副词"更加"的用法。[2]

关于虚化机制，国外一些学者很重视认知因素对虚化的影响，Bernd Heine 等学者认为认知上的隐喻是虚化的主要机制。就汉语来说，认知因素对于某些词汇单位的虚化确实有着直接影响。不过，这种影响的范围是有限的。据考察，它只对少数动词或形容词向副词虚化起作用。在汉语动词向介词虚化过程中，认知因素虽然也有一定作用，但只是间接作用。因此，认知因素不是汉语实词虚化的主要机制。

3. 实词义基础

从上面的分析可以得知"更"类单音副词的产生都是建立在某个实词义的基础上的（通过文字假借产生的副词不在此例），这与整个汉语词汇语法化的大趋势相一致，因为词汇语法化是在某个实词的某一义位上发生的。不仅如此，"更"类单音副词的副词义"更加"与其相应的实词义具有不同程度的相关性和一致性。（参看本书 4.3.2 节）我们先看前文第一组词，这组词虚化的实词义基础是"增益"，意味着程度上进一步加深或数量上的增多或减少。第二组词虚化的实词义基础是"胜过"，同样意味着程度上进一步加深或数量上的增多或减少。第三组词虚化的实词义基础是"变化"，也可能意味着程度上进一步加深或数量上的增多或减少。并且，"增益"、"胜过"等也意味着"变化、改变"。因而这三组词虚化的实词义基础其实可以统一为：[改变＋与前比在数量或程度上更为突出]。这一实词义是"更"类单音副词产生的虚化源，它的语义特征决定了由此产生的副词的语义的特点，即表示程度上或数量上进一步加深。可见，具有相同语义特征的词语比较容易集中地演变为另一类词语。

---

[1]　参见吴福祥：《敦煌变文语法研究》，岳麓书社 1996 年版。

[2]　当然，这种类推作用并不是促使它们引申的速度、发生的时代完全一致，只是从历时的角度看，它们的引申轨迹大致平行而已 .。如："愈、遗"在上古即已如此使用，而"越"至近代才有了副词的用法，它们是在不同的历史时期按照同一方向演变的。

4.3.3.2 "更"类复音副词的虚化机制

"更"类复音副词是在单音副词的基础上形成的，有以下几种方式：同义复用、词汇粘合、重叠、附加等等，后二者在前文已经论述过，故此不赘，下面分别对前两种方式进行论述。

1. 同义复用

在"更"类复音副词中，有一大部分是由同义复用形成的。如："愈益、滋益、益加、更益、更加、更转、愈更、愈加、尤益、倍更、倍加、转更、益更、更愈、越更、转加、越加、更还、还更"等。这些复音副词都是在已有的虚词语素的基础上再加上同类的或相关的虚化要素，使原有的虚化的句法语义作用得到加强。[1] 将几个同义的虚词加在一起构成一个同义的新虚词，这是一种同义并列强化，这种并列强化符合了虚词强化的普遍趋势，同时也符合汉语词汇复音化的趋势，因而在"更"类副词的生成中占据了重要的位置。

2. 词汇粘合

在"更"类复音副词中，有一部分是由词汇粘合形成的。所谓"词汇粘合"，指的是一个句子里没有直接组合关系而位置相邻的两个词虚化而粘合成一个虚词。（吴福祥，1996：283）这部分词语有"更乃、更为、更是、愈是"等。

先以"更是"为例，其凝固的过程大致是这样的：在成为复合词之前，"更"是程度副词，"是"为系词。当"更"用在"是"字式的判断句里，便和"是"位置相邻。这时，"更是"还属非直接成分关系的两个词，其间的句法关系是"〔更〕＋〔是〕＋〔表语〕"，当"是"的表语由名词性成分变成动词性或形容词性成分时，"是"原有的系词功能就会逐渐变弱、虚化，加之复音化趋势的影响，最终变为构词成分而成为程度副词"更"的后缀，从而其句法关系变为〔更是〕＋〔谓语〕。下边的3个例子大致反映了这一虚化过程。

（114）见人校书，常笑曰："何愚之甚，天下书至死读不可遍，焉能始复校此。且误书思之，更是一适。"（《北齐书·邢昺列传》）

（115）以此去事人，固是无见识，且是为官长者安乐受而不疑，更是怪。（《朱子语类》卷55）

（116）若更剔丢得，岂不更是明亮。（《朱子语类》卷73）

例（114）还是副词"更"与系词"是"的邻接，而例（115）则既可以理解为副词"更"与系词"是"的组合，也可理解为副词"更"与词缀"是"构成的复音副词，处于

---

[1] 参见刘丹青：《语法化中的更新、强化与叠加》，载《语言研究》2001年第2期。

语言中的一种"临界"状态，而正是这种两可的分析，促使了"更是"这一复音副词的形成。因而到了例（116）则只能被理解为"更是"复音副词了。

"愈是"的形成过程与"更是"一致，下面 3 例大致反映了这一过程。

（117）火犹略有作为，智一知便了，愈是束敛。（《朱子语类》卷 17）

（118）初见他说出来自有道理，从他说愈深，愈是害人。（《朱子语类》卷 24）

（119）昨闻先生云人所不知而已所独知处。自然见得愈是分晓。（《朱子语类》卷 62）

4.3.4 "更"类副词的演变原因

"更"类副词在不同的历史时期是不同的，这是语言的求新原则、经济原则、明确原则共同作用的结果。

4.3.4.1 新旧词替代—求新原则

在"更"类副词的发展演变中，不断有新的成员加入，这从 4.3.2 节的描写中可以得到这种明确的印象。具体情况如表 4-23：

表 4-23 "更"类单音副词简况表

	上古前期	上古中期	上古后期	汉魏	两晋	南北朝	唐五代	宋代	元代	明代	清代	现代
兄（况）	+	+	−	−	−	−	−	−	−	−	−	−
愈（俞）	+	+	+	+	+	+	+	+	+	+	+	×
逾	−	+	+	÷	−	+	−	−	−	−	−	−
更	−	+	+	+	+	+	+	+	+	+	+	+
加	−	+	+	+	+	÷	+	÷	+	+	÷	÷
益	−	+	+	+	+	+	+	+	+	+	+	÷
弥	−	+	+	+	+	+	+	+	−	−	−	−
滋（兹）	−	+	+	−	−	−	−	−	−	−	−	−
倍	−	−	−	−	+	+	÷	−	−	−	−	−
转	−	−	−	−	−	+	+	+	+	+	−	−
越	−	−	−	−	−	−	−	+	+	+	+	+

说明："＋"表示本书调查的语料中有该词；"×"表示有该词，但一般不用于口语；"—"表示没有该词；"÷"表示在此期该符号只作为复音词的一个语素存在。

为什么会出现这种情况呢？原来，人类语言交际有一种重要的倾向，即用新颖的说法取代陈旧的说法以取得更强的语用力量。[1] "语不惊人誓不休"，说的就是这个道理。"更"类副词有较强的语用功能，是程度进一步加深的标志。用"旧"了的词语难以发挥这种功能，需要用新词来唤起听话人的注意，因而新旧替代就不可避免。

4.3.4.2　同义词竞争——经济原则

由于语言的求新原则，在汉语的不同历史时期都有新的"更"类副词产生，大量的同义词加入了"更"类副词的行列。因而在不同的历史时期，都不止一个"更"类副词在使用（如表4-23）。大量同义词的出现和使用丰富了汉语的语言，但同时也带来了语言交际的难度，因为语言表达要求的总趋势是经济与精确，因而这是不符合语言发展的总体方向的，按照语言发展的"精简原则"与"择一原则"，一部分不合时宜的"更"类副词必将被淘汰。在上述单音副词中，"愈、弥"等的使用有着明显的局限性（一般用于连用式）；而在除"更"外的其他单音副词中，表"更加"义的副词用法始终没有占据过其主要的用法；此外，只有"更"可以与表进一步明确这种程度比较关系的"比"字连用。所有这些，使得"更"在"更"类副词的竞争中取胜，而其他词逐步消亡。

同时，随着汉语词语的极其强大的复音化趋势，大量的复音词加入了"更"类副词的行列，前后有35个。这些词中的大多数使用甚少，除少数几个如"更加、越发、越加、愈发、愈加"等存在于现代汉语口语或书面语外，其他在现代汉语中全部消亡。这是什么原因呢？美国语言学家鲍林杰曾经提出过一个著名的观点，认为真正完全同义的语词是不存在的。任何一个词语，必须要有区别于其他词的用法和意义，才能有其存在的价值，否则将会被淘汰。因而，笔者认为，这些复音词的消亡是与它们自身存在有先天的弱点分不开的。复音词的大量产生不仅标志着词的数量的增加，更意味着概念的丰富和明细。对实词来说，这是很有必要的。对虚词而言，这并不一定意味着概念的丰富和明细，因为虚词主要是表示语法意义的，而语法意义在任何一种语言中都是有限的。因此，虚词尽管是汉语表示语法意义的极为重要的手段，但汉语对它的要求终归也是有限的。严格地从这个意义上说，一个语法意义一般有一种手段（包括虚词）就可以了。可是，就上述"更"类复音副词而言，无论是意义还是语义指向，大多没有明显的差别，甚至完全相等。这就使得它们的存在不但没有带来意义明确、分工细致的效果，反而造成形式的繁复和分歧，违背了语言的

---

[1]　参见刘丹青：《语法化中的更新、强化与叠加》，载《语言研究》2001年第2期。

经济原则，给交际和表达带来不便，自然要被淘汰。

4.3.4.3 词汇复音化—明确原则

在"更"类副词的历时发展中，有明显的复音化倾向。

首先，从组合关系角度来看。"更"类副词修饰复音词和短语形式的比例逐渐升高。从上古前期到元代，单音节副词修饰复音词和短语形式的比例依次是0，2.3%，6.9%，13.5%，20.6%，18.5%[1]，31.3%，34.2%，57.1%（明、清分别是47.7%、34.9%）。复音副词的情况与此类似，上古中期产生的3个复音副词均修饰单音词，而上古后期则出现了修饰复音词的形式。此后，比例逐渐增大，即0，18.8%，42.3%，60%，100%，83%，88%，100%，100%，100%。从南北朝开始，复音副词修饰的基本是复音词或短语形式。

其次，从聚合关系角度来看。第一，"更"类副词中的单音词大多产生于上古，共12个。上古以后只产生了3个，而复音词上古仅出现了6个，上古以后共产生了30个。可见，从"更"类副词的产生上看，有明显的复音化趋势，具体情况见表4-24。

表4-24 各时期"更"类副词产生简况

	单音词	复音词	复音词所占百分率
上古	12	6	33%
中古	2	12	85%
近代	1	18	95%

第二，在"更"类单音副词与复音副词的使用中，也有复音化的趋势，见表4-25。

表4-25 各时期"更"类单音词与复音词使用情况比较表

时期	单音词		复音词	
	使用次数	使用频率	使用次数	使用频率
上古	653	95%	35	5%
中古	643	93%	48	7%
唐宋	831	92%	74	8%
元明	202	59%	68	25%
清	568	55%	475	45%

---

[1] 将复音副词修饰复音词或短语形式的计入即为23%，比例高于两晋时期。

由表 4-25 可知，明代开始，复音词的使用频率大大提高。[1]

"更"类副词为什么会有这么明显的复音化倾向呢？这与人类思维的发展是分不开的。人们逻辑思维由简单向复杂的发展，随之带来了思想的复杂化，因而也必然要求作为思维工具与思想载体的语言形式容量不断扩大，表达方式日趋清晰来与之相适应。这在客观上引起了汉语的词汇复音化倾向，"更"类副词就是随着汉语词汇的强大的复音化趋势而复音化的。

4.3.5　余　论

通过对汉语各个历史时期的"更"类副词的全面考察，笔者发现"更"类副词都是在处于状语的句法位置上、由"改变"实词义上虚化而来的，并且有着相同的虚化模式。"更"在南北朝时期就

成为"更"类副词的核心词，而不是太田辰夫先生所说的唐五代时期。"更"类副词核心词的演变是在汉语求新、经济、明确的大趋势下实现的，与整个汉语史发展的大趋势相一致。

王云路（2003）说，我们不能只对词语做单个的零散的分析，要对一组词、一类词或相似类型的词做整体考察，概括出同类词的本质特色。应该从史的角度考察词义的发展演变，从整体上系统地探讨词汇构成、变化的规律和内部机制，使语汇研究更加科学化、系统化。"更"类副词尽管只是汉语中大量副词的一部分，但是通过对它的历时性考察，笔者发现，对词汇进行"类"的考察不仅是必要的，而且是可行的，有助于我们从系统的角度把握汉语词汇的发展。如果我们对大量的副词做这样的"类"的考察，必将对汉语副词的研究起到巨大的推动作用。如果我们把每一类词都进行这样的研究，那么完整的汉语史的出现就不是可望而不可即的了。

诚然，汉语的典籍浩如烟海，本书考察的只不过是其中的极其有限的一部分，难免挂一漏万，一些结论肯定还值得商榷。同时，本书只是对汉语的副词做"类"的考察的初步尝试，由于时间和学识的限制，尚有许多问题不能在书中详细讨论。比如说，"更"类副词与其他类程度副词的关系，甚至在更大范围内与其他副词的关系；词汇是一个系统，他们之间的关系如何？等等。这都有待以后进一步的探讨和研究。

---

[1]　这也是明清时期"更"类单音副词修饰复音词或短语形式的比例少于前期的原因之一。

4.4 "稍"类副词

"稍"类副词中的"稍"、"微"和"略"这三个单音节词直到今天仍然被广泛使用着,它们并不像其他副词有个逐渐取代的过程,如历史上的"才"类副词由刚开始的"始、方、恰、才"等最后逐渐演变只剩下一个"才"最常用。本书所讨论的这三个单音节词语现在已经完全虚化成只表程度意义的副词。按照语法理论,虚词一般是由实词发展变化而来的。那么这三个词语又是通过什么样的过程和机制来实现"实词虚化"的呢?为什么最后都会拥有相同的虚化目的?

由于单音节副词在古代汉语占有相当大的比重,而且曰单音节词汇向双音节词汇发展是汉语的一般演变规律。所以本书拟首先选取"稍、微、略"三个单音节副词,通过对它们的细致描绘,来认识这一类别中的以"稍微"一词为代表的双音节副词。本书重点归纳出这类副词虚化的一般机制,同时也着力考察"稍"类副词与"有点、有些"、"一点、一些"等词语共现配合的历时原因。

4.4.1 单音副词化

在先秦两汉时期"稍"、"微"和"略"这三个单音节词的使用相当频繁,但开始并不都以副词面目出现,而是经历了一系列虚化过程。

4.4.1.1 "稍"的副词化

"稍"详见 3.1.1.3 节表弱度的程度副词。

4.4.1.2 "微"的副词化

1. 副词"微"在《史记》中的运用

副词"微"在《史记》中共出现了 159 例,修饰形容词的有 87 例(包括 16 例否定用法),其中不少可以用作程度副词,相当于"稍微"、"略微"等。如:

(1)昭王之时,王道微缺。(《周本纪》,2085)

(2)秦之先伯翳,尝有勋于唐虞之际,受土赐姓。及殷夏之闲微散。(《秦始皇本纪》,474)

(3)北落若微亡,军星动角益希,及五星犯北落,入军,军起。(《天官书》,2738)

(4)郑、卫俗与赵相类,然近梁、鲁,微重而矜节。(《货殖列传》)

从《史记》来看,"微"用作程度副词时多修饰动词或动词短语,表示程度轻微。

此外，《史记》中的"微"除了用作程度副词以外，还可以作状态副词，"微"的状态副词的用法出现了56例，如：

（5）诸侯微闻其计，以告项羽。（《项羽本纪》，2961）

（6）侯生下见其客朱亥，俾倪故久立，与其客语，微察公子。（《魏公子列传》，276）

（7）王后从官皆诸吕，擅权，微伺赵王，赵王不得自恣。（《吕太后本纪》，326）

（8）愿公试使人之周微考之。（《晋世家》，2073）

（9）李牧不受命，赵使人微捕得李牧，斩之。（《廉颇蔺相如列传》，3108）

以上各例均用作状态副词，表示动作行为的隐秘。相当于"暗中"、"偷偷地"、"悄悄地"等。

副词"微"在《史记》中还有否定副词的用法，仅有1例，表示否定，相当于"不"，如：

（10）微独赵，诸侯有在者乎？（《赵世家》）

通过以上比较，我们可以看出，"微"用作程度副词与状态副词时均修饰动词或动词短语；用作否定副词时则还可以与副词共现，如例（10）。

2. 副词"微"的演变

副词"微"的虚化，和"稍"类似，同样是由形容词转化为副词，只不过更加曲折些。"微"作形容词，可以与"小"连用，如：

（11）叶公子高，微小短瘠，行若将不胜其衣然。（《荀子》）

而在《诗经》中已经发现"微行"这类凝固词汇了，如：

（12）女执懿筐，遵彼微行，爰求柔桑。（《诗经·豳风》）

根据陈明富、张鹏丽的研究，《楚辞》中表示程度浅的副词共2例，如：

（13）离娄微睇兮，瞽谓之不明。（《楚辞·九章》）

（14）欲少留此灵琐兮，日忽忽其将暮。（《离骚》）

例（13）是目前发现最早的"微"作为程度副词的例子。副词"微"的程度意义就是通过词义的抽象泛化由形容词虚化而来的。由"细小"引申为动作程度的轻微。我们同样可以认为是由数量空间向程度空间的投射，这一点和"稍"中的"小、少"义发展为"稍微"义特别相似。而后它多用在动词谓语前，用以限定程度。如：

（15）视为止，行为迟，动刀甚微。（《庄子》）

（16）欲内相存之言，则必以美名明之，而微见其合于私利也。（《韩非子》）

例（15）"甚微"是"甚"作为副词而"微"仍是形容词；而例（16）"微"是副词修饰动词成分，表示程度低微。

4.4.1.3 "略"的副词化

1. "略"在《史记》中的运用

副词"略"在《史记》中共出现了 147 例，修饰动词共 146 例，如：

（17）于是项梁乃教籍兵法，籍大喜，略知其意，又不肯竟学。（《项羽本纪》）

（18）维三代尚矣，年纪不可考，盖取之谱牒旧闻，本于兹，于是略推，作三代世表第一。（《太史公自序》）

（19）略记其大指，不写其图。（《龟策列传》）

修饰介宾词组 1 例，如：

（20）冬至短极，县土炭，炭动，鹿解角，兰根出，泉水跃，略以知日至，要决晷景。（《天官书》）

"略"在《史记》中运用比较简单，均用作程度副词，相当于"大略"、"大致"、"简要"等。多修饰动词或动词短语，只有 1 例修饰介宾词组。

2. 副词"略"的演变

"略"在先秦两汉时期程度副词的用法也不明显。《说文解字》："略，经略土地也。"它的本义为"疆界，地域"。如：

（21）王与之武公之略，自虎牢以东。（《左传·庄公二十一年》）

我们知道"疆界"一般呈线性，或凸起或凹下，所占面积较少，所以后来由此义泛指"凡举其要而用功少皆曰略"（清段玉裁注释）。最初引申作"简要、粗略"的名词义。如：

（22）噫，未可知也，我为汝言其大略。（《庄子·内篇·大宗师》）

"略"获得此义后，引申为形容词，常与"详"字对举出现，如：

（23）传者久则论略，近则论详，略则举大，详则举小。（《荀子·非相》）

（24）愚者闻其略而不知其详，闻其详而不知其大也。（《荀子·非相》）

"简略"的形容词意义有时为了强调的需要，经常置于动词前；又在语义上"言少"，从而逐渐虚化为"略微"的程度副词意义，在句中作状语，如：

（25）略法先王而不知其统，犹然而犹材剧志大，闻见杂博。（《荀子·非十二子》）

（26）墙之外，目不见也；里之前，耳不闻也；而人主之守司，远者天下，近者境内，不可不略知也。（《荀子·君道》）

到汉朝时，本书以"略"在《史记》中的出现量为例，在《史记》中一共出现了 147 次，其中"略"作为程度副词只有 2 例，如：

（27）维三代尚矣，年纪不可考，盖取之谱牒旧闻，本于兹，於是略推，作三代世表第一。 （《太史公自序》）

（28）于是项梁乃教籍兵法，籍大喜，略知其意，又不肯竟学。（《项羽本纪》）

这三个单音节词语在先秦到汉朝这一时期虽然都由实词逐步虚化为副词，但由于实词意义并未完全虚化，原始意义和虚化意义并存。如"微"的本义是"隐藏"，即使程度副词意义产生，它还仍然存在。或在虚化过程中，其他类虚化意义占主导地位，甚至在相当长时期内都会与程度副词用法并存，如"稍"作为时间副词"逐渐、渐渐"的使用频率远比程度副词高，直到唐宋时期才被程度副词义所取代。所以这一时期的程度副词用法只能归结为刚刚兴起的阶段。

4.4.2 微量程度化

"稍"、"微"和"略"这三个单音节词语在虚化过程中有着很多共性，比如都是由形容词虚化为程度副词。但仔细观察它们的抽象化过程，我们会发现其中有很多不同的阶段值得研究。最明显的如"稍"和"略"语义的兼容性，就是说它们在中间某一段时期内既可以表达少量也可以表达多量。但经过并存阶段后，这对相反意义最终会产生竞争，最后都只保留了一个少量意义。

4.4.2.1 逐渐义与稍微义

"稍"在前面已有过相关介绍，在汉朝时，"稍"所表示的"小、少"义逐渐发展为表示程度不高的"很、甚"意义。这一平行现象在汉朝以后仍然存在并在相当长的时间内持续下去。表 4-26 中的两首唐诗就是最好的例证．

表 4-26 "稍"在唐诗中使用情况

词性	程度副词	程度副词
表义	很、甚	稍微
例句	稍喜临边王相同，肯销金甲事春农。	赖多山水趣，稍解别离情。
出处	杜甫《诸将五首》	王维《晓巴行峡》

就目前所掌握的文献资料来看，这种并存局面一直保持到宋金时期。例如：

（29）老李咸名八十年，壁间精悍见遗颜。自闻出首风流似，稍觉承平气象还。（《次韵王雄州还朝留别》）

（30）姐姐稍亲文墨，张三博通今古。（《西厢记诸宫调》）

根据王静的研究，"很"和"狠"作为程度副词的用法最早出现于元代，到清朝时期已经大规模得到使用，至于现代汉语中"很"的句法功能也秉承了清朝时的用法。张亚军也曾细致考察了"非常"的虚化过程。"非常"一词在唐宋时期出现词化的倾向，到明清时期由于受到"很"的压制，未能成为主要形式。直到20世纪30年代以后，才被当作程度副词得到大规模的使用。可见，"很"和"非常"等一批高量级程度副词的出现，已经不需要"稍"兼有两种意思，它的一部分功能已经为"很"所取代。

（31）唐太宗是唐家很好底皇帝。（《吴文正集》）

（32）二人即引南行，至一城，非常险峻。（《太平广记》）

4.4.2.2 概略义与略微义

本义为"疆界、地域"的"略"，一方面突显面积较少，逐渐引申为言少义的"略微"等；一方面由于疆界易于从总体上加以把握辨认"举其要"的特点，在使用中也获得了表言多义的"大体上，基本上"。这对相反意义从东汉时期到北宋时期一直并存使用。

（33）备叹息曰："孤时危急，当有所求，故不得不往，殆不免周瑜之手！天下智谋之士，所见略同耳。"（《三国志·蜀书》）

在表达后一种意义时，"略"通常与"不"或"无"组成偏正词组。如下面前句中"略不"表示"完全没有"，后句的"略无"表示"一点没有"。

（34）至如荥阳左右，周数百里，岁略不收，元元之命，实可矜伤。（《三国志·魏书》）

（35）许侍中、顾司空俱作丞相从事，尔时已被遇，游宴集聚，略无不同。（《世说新语·雅量》）

"稍"、"略"这两个词语大致到宋朝时表言多义的义项就逐渐处于下风，至今只作为语素义在为数不多的词语中得到保留。如"所见略同"。而言少义自此成为主要义项。究其原因是因为宋朝时期言少义的义项使用频率增多，表言多义的义项为其他词语所取代，这类词语已经基本定性。本书统计了宋朝时期的《朱子语类》

中所有的程度副词，如下：

差　大略　大小　较　儊　尽自　绝　略　略略　稍　稍稍　稍自　少　少少　微　粗　大　大段　大故　顶　多少　分外　更　怪　过于　极　及其　加　颇　煞　甚　十分　太　特　忒　益　尤　尤其　愈　愈加　愈益　越　至　最

我们可以清楚地看到表示程度高的词语远远多于表示程度低的词语，所以在这一时期"稍"和"略"的兼用已无必要。

4.4.2.3　程度化的共性与个性

"稍"和"略"的兼用实质上都与它们各自的本源意义有关，它们并不是个别现象。葛佳才曾针对东汉时期副词混同兼用现象做了详细研究，共发现有"甚、大、尤、太、过、已、独、极、绝、偏、颇、差、稍、略、仅、重"等相当一批词语在程度副词不同量极间有跨极使用现象。由此可见，单音节程度副词刚产生时就带有模糊语义特征，刚开始在一个封闭性的小类中它们数量不多，双音节程度副词也未产生，所以也需要一词多用来缓解指称上的纷繁难题。但词语使用过程中表达的精确化、明细化又决定了它们会产生各自分工；同时某个程度副词的高频使用会产生语义磨损，从而使使用者寻找其他词语加以代替，这一点在表达高量的词语身上表现得尤为明显，所以这也是高量程度副词多于低量程度副词的原因之一。

"稍"、"略"这两个副词具体的虚化过程如下图所示：

$$稍 \begin{cases} （禾的末端）渐小处→小、少→稍微 \\ \qquad\qquad\qquad\qquad\qquad\qquad →稍微 \\ （禾的末端）末端→尽→很、甚……消失 \end{cases}$$

$$略 \begin{cases} （疆界，地域）面积少→用功少→简略，稍微 \\ \qquad\qquad\qquad\qquad\qquad\qquad →简略，稍微 \\ （疆界，地域）概貌→举其要 \\ 大体上，基本上……少用 \end{cases}$$

张谊生曾总结过与副词有关的虚化现象有三个阶段：名动形实词向副词的转化；副词内部由略虚向较虚的变化；副词向更虚的词类，譬如连词、语气词的转变。我们通过图中的不同虚化阶段加以对比，可以发现这两个词符合一般的虚化规律。其中它们刚开始时由本源义引申为具有一定特征的类属义，泛指某一类事物总体面貌，一般作形容词。如"稍：（禾的末端）渐小处→小、少"；"略：（疆界，地域）面积少→用功少"。后逐渐虚化为副词，"稍：小、少→稍微"；"略：用功少→简略，稍微"。但它们的特殊性在于要产生进一步的竞争，最终达到词义的稳定。我们现在仍能从一些仍然使用的文言成分中窥得以前旧义，如"英雄所见略同"中的"略"就是"完全，基本上"的意思。

4.4.2.4 搭配功能的进一步扩展

随着表义的固定化，单音节的句法功能也随之扩大。如在《朱子语类》中，它们除了可以修饰形容词和动词以外，还可以修饰动宾短语，甚至已经可以和"有些"连用。具体用例如下：

（36）学者读书，须要敛身正坐，缓视微吟，虚心涵泳，切己省一作"体"。（《朱子语类·学五》）

（37）如水清冷，便有极清处，有稍清处。恶者一向恶，恶亦有浅深。如水浑浊，亦有极浑处，有稍浑处。（《朱子语类·学七》）

（38）上面气渐清，风渐紧，虽微有雾气，都吹散了，所以不结。（《朱子语类·理气下》）

（39）先生略抬身，露开两手，如闪出之状。（《朱子语类·大学四》）

（40）不愠，不是大故怒，但心里略有些不平底意思便是愠了。（《朱子语类·论语二》）

至此，"稍"、"略"、"微"这三个单音节词语微量程度化过程已经正式形成，随着使用频率增多，它们双音节化的趋向也愈加明显。

4.4.3 双音词汇化

4.4.3.1 萌发阶段

双音节副词虽从东汉时就已经出现，但并未出现程度副词意义。如："稍稍"在《史记》中共出现了 9 次，表示"逐渐、渐渐"的意义。它们在魏晋南北朝时期文献中用频也极低，《世说新语》中就没有出现用例。例（41）"稍稍"为"逐渐"义，例（42）、（43）"微微"表示"身份低贱"。

（41）营府素畏服中官，于是武军稍稍归甫。（《后汉书·窦何列传》）

（42）微微小子，既耆且陋，岂不牵位，秽我王朝。（《汉书·魏相丙吉传》）

（43）夫区区之晋国，微微之重耳，欲用其民，先示以信，是故原虽将降，顾信而归，

用能一战而霸，于今见称。（《三国志·魏书》）

在文献中笔者也发现了这样的用例：

（44）臣百疾所锺，气力稍微，辄自舆出，归还里舍，若遂沉沦，魂而有知，结草以报。（《三国志·魏书》）

（45）本涓奴部为王，稍微弱，今桂娄部代之。（《三国志·魏书》）

例（44）句中"稍微"表示"（人的气力）逐渐衰弱"，例（45）句表示"（部落势力）逐渐衰弱"时则用了 3 个词语，这时我们可认为"弱"的使用是为了强调语义之故，是一种同义连用的羡余现象。本书依据两本汉朝时期的文献和两本魏晋南北朝时期的文献，分别统计了这类副词在其中的用量并加以对比如下，单音节副词整体上比双音节副词使用量要大得多。

表 4-27　两汉至魏晋南北朝"稍"类副词简况表

	稍	稍微	稍稍	微	微微	略
《史记》	60	1	9	153	0	157
《汉书》	112	0	10	243	3	160
《后汉书》	159	2	8	195	0	268
《三国志》	158	2	7	75	1	166

4.4.3.2　发展阶段

"稍微"类程度副词在唐宋时期的发展无疑是一个关键阶段，它逐渐脱离了以单音节词语为主的局面，双音节词语不断增多，并且程度副词意义已经显露萌芽，为以后词义的稳定打下基础。唐朝时期，双音节词语在诗歌中表现尤为明显，特别是重叠式的双音节词语。因为唐诗有入歌的需要，所以借用叠词这一表现手段可以使韵律优美，意境深化，而这正好促使了一批重叠式词语的大量产生和使用。这些词语产生之初是构形重叠，后来经常使用后逐渐凝固化成构词重叠，如在《全唐诗》中"稍稍"出现了 39 次，"微微"出现了 96 次，"略略"出现了 4 次。它们既可以用作形容词，也可以表"逐渐"义，但还没有虚化成程度副词。如：

（46）微微西风生，稍稍东方明。（白居易《寄崔少监》）

（47）轻风略略柳欣欣，晴色空濛远似尘。（元稹《送友封》）

到宋朝时笔者发现一个重大变化，双音节副词使用量大大增加，且多表程度意义。徐时仪指出："《朱子语类》反映了上古汉语和近代汉语相交义的中间状态。

唐宋这一时期正是汉语词汇从单音词向复音词过渡的重要阶段，双音节结构的语言单位已占多数，这些新产生的复音词多数是文言文中不用或很少用，而在口语中则大量存在。因此，理论上可以假定，《朱子语类》作为经过加工的宋代口语，糅合了当时的口语和书面语。正好是上古汉语和近代汉语成分的均衡混合，处于周代的上古汉语和以话本为代表的近代汉语的中间状态。"因此，本书选取了《朱子语类》的前40卷，研究这一时期"稍"类副词的具体变化。

表4-28　《朱子语类》"稍"类副词简况表

	稍	微	稍稍	微微	略	略略	略为
程度副词	31	34	55	1	0	12	2
其他词类	0	131	73	0	1	3	0
总数	31	165	128	1	1	15	2

从表4-28中可以观察到这类程度副词逐渐由一些零散现象发展到逐渐占有一席之地了，特别是单音节副词的使用量正成倍增加。而此时双音节副词也正逐步稳定，特别是产生了如"略为"等新兴双音节副词。如：

（48）先生批云："此一条论得甚分明。昨晚朋友正有讲及此者，亦已略为言之，然不及此之有条理也。"（《朱子语类·理气上》）

从唐宋这一时期的部分文献统计来看，"稍微"类程度副词正在逐渐稳定下来，但总体上还未完全取代其他意义。双音节副词虽已经产生，但并未大规模地运用，数量上不及单音节副词，还处在不太规范的时期。

4.4.3.3　定型阶段

元朝时，这类程度副词在一些口语文献中出现率不高，笔者通过《元曲选》、《老乞大》和《朴事通》3部文献只找到2例，其中一例虽然"微微"与"有些"连用，但中间却有"的"字，这里的"有些"是"动词＋量词"的词组形式，不是副词，可见那时"稍"类副词与"有点/有些"连用的表达方式仍未固定下来。如：

（49）我尝得微微的有些淡，再着上些盐着。（《老乞大》）

到明清时，虽然"稍微"类词语的一些新旧意义在一定的时间段内并存，但表程度浅的副词意义最终取代了其他副词意义，并最终稳定下来。特别是到清末双音节副词取代单音节副词处于上风。笔者注意到这一时期"稍为、略为"作为程度副词使用频率有所增加。前面提到过在宋朝时"略为"一词的产生，其中"为"是一个构词词缀，太田辰夫把它归为"接尾辞"。志村良治也有相关论述："从整体上看，中古时期'～自'、'～为'、'～在'、'～地'、'～来'、'～然'、'～经'、'～复'、'～是'等词尾化的现象极为明显。"就目前所掌握语料来看，"稍为"最早见到是在唐朝，但是尚未形成一个词语，如在唐朝和北宋时期，"稍"是程度副词，而"为"作"被"解。如：

（50）后孙翌撰《正声集》以希夷为集中之最，由是稍为时人所称。（《大唐新语》）

（51）系之数月，稍为狱吏所护。（《新五代史》）

到明朝时，"稍为"才作为程度副词修饰其后成分。

（52）又军中僚伍偏裨，以及幕宾，稍为雅谈者，每呼正任总兵官为兵主。（《万历野获编》）

（53）其子承裕，以直内撰玄文，亦得赐，稍为出格。（《万历野获编》）

但同时以前的那种表达方式仍然存在：

（54）南曲则《四节》、《连环》、《绣襦》之属，出于成弘间，稍为时所称。（《万历野获编》）

正式固定下来是在清朝末年。

（55）只得用言安慰父亲，并请安心调理元神，待等稍为好些，再行筹措就是了。（《乾隆南巡记》）

（56）还是陶子尧的姊夫，洋务局的老总，他办事办熟了，稍为有点把握，就开口说道："国人的事情是没有情理讲的，你依着他也是如此，你不依他也是如此。"（《官场现形记》）

在清末，"稍许"这个程度副词也得到大规模的使用，它最早见于北宋笔记小说《太平广记》，后来一直用频极低甚至出现使用的"空白"时期。

（57）兹人诚志可赏，况是道流，稍许从容，亦何伤也！（《太平广记》）

（58）难道说我是生来苦命，该一辈子受那尘网的羁束，连自己想要稍许活泼一点也不可教训么？（《八仙得道》）

到清朝时，"稍"类副词已经完全虚化成只表程度低微的副词，且内部呈现成员扩大化，搭配功能多样化、表义功能单一化的趋势。

4.4.4   配合层次化

本书在4.4.4节"配合层次化"部分曾详细讨论过在现代汉语中"稍微"类词

语中为什么有时候必须是要和"有点／有些"、"一点／一些"等词语共现配合，而这一现象在历时中的情况本书并未探究。下面笔者打算结合更多的历时材料来分析它们产生的根源及原因。

4.4.4.1 与"有点／有些"的配合

我们知道"有点"和"有些"也是程度副词，它们可以单独使用用来修饰形容词、动词、动宾短语、状中短语等。陈群对"有点（儿／子）"在几部明清小说中做过统计，它还可以修饰述补短语、主谓短语和联合短语等。既然这样，为何前面要再用一个程度低量的副词对其进行加以限定呢？

香坂顺一曾提到过这样的现象，他认为："这大概是汉语习惯上总是喜欢对同一个方向趋势进行强调，即使意义有一定的重复。"笔者基本上同意他的观点，在汉语表达中，说话人往往担心所强调的量级不够，于是就会在原来基础上继续使用程度词或提升或降低程度量。但这只是一方面原因，其历时原因具体如下。

"有点（儿）"和"有些"刚开始时并不是副词，而是"动＋量"。如：

（59）叮咛善保护，勿令有点痕。（唐《寒山诗》）

（60）女儿不是村天乐，有些话你不知道。（北宋《快嘴李翠莲记》）

后来"有"在与"点"和"些"的使用过程中，分界逐渐消失（boundary loss），形成可以独立使用的词语。"稍"类副词与"有点"和"有些"的连用可认为是一种"二次量化"。说话人对所修饰的程度进行弱化后，觉得语义强度不够，就再用"稍"类副词进行二度弱化。这种现象最早见于明朝，其后一般修饰形容词和动词及常见的动宾短语等。

（61）终日叫书童打扫门窗梁柱之类，略有点染不洁，便要匠人连夜换得过，心里方掉得下。（《二刻拍案惊奇》）

（62）文若虚一发嘿嘿无言，自心里也微微有些懊悔道："我前日该听他们劝，置些货来的，是今枉有几百银子在囊中，说不得一句话。"（《初刻拍案惊奇》）

4.4.4.2 与"（一）点／（一）些"的共现

"稍微"类程度副词与"（一）点／（一）些"的共现使用最早见于明朝，如：

（63）只有木骨都束国稍大些，那两个国又都小些。（《三宝太监西洋记》）

（64）你小船稍远些，待我和你通报。（《三宝太监西洋记》）

到清朝时也保留了这样的格式：

（65）皆因为那豹三天没喂啦，一开笼门的时候，人是稍微慢一点，那豹要撞出笼来，不用说是吃，一爪就把人要了命啦。（《三侠剑》）

（66）只见华忠头上微微出了一点儿汗，才说出话来。（《儿女英雄传》）

"稍微"类程度副词的语义特征最明显的是数量不多或程度不深，所以要求它所修饰的其后内容也同样是如此，另外稍微后不能跟具体数量词语，而"（一）点/（一）些"满足了这两个要求，它们一起共现对所要表达的程度量、时间量和数量进行一定的限制。

4.4.4.3　与其他短时量成分共现

笔者所能找到的更多是与"一V"、"V一V"、"一会"等表短时量的成分共现。

（67）既然两位牌头到此，且请便席略坐一坐，吃三杯了去何如？（《二刻拍案惊奇》）

（68）不表王氏胡思乱想，单说美英雄走出去，来到书房，稍微坐了一会，心中异常烦闷，遂出离了董宅，够奔西湖。（《三侠剑》）

此外还有数量不多的成分。如：

（69）横头坐着一个少年，白净面皮，微微几根胡子，眼张失落在船上两边看女人。（《儒林外史》）

（70）等到稍微识了几个字，便不肯再求长进的了。（《二十年目睹之怪现状》）

从例句中，我们看到这种现象虽然最早出现在明朝，但直到清朝末年，这种现象才逐步为人接受且扩大了与其共现的范围，即可以与表短时和少量的成分共现。它们一开始也是先有"一V"、"V一V"、"V一会"等，再由"稍微"类词语进行修饰。所以单独的"稍微"类词语很少能出现在这里。这种表达方法到民国时已经完全固定下来。它们在使用中突显了"稍"类副词本身的语义特征，使所要表达的程度量更加明确化、精确化。

本书所要描述的不是词汇兴替的具体过程，而是词汇具体意义虚化的过程。在词汇意义更迭中体现了语法化的一般规则和发展机制。

我们知道，一个实词虚化为虚词后，它的新用法并不是马上为人所接受，如"稍"类副词产生后，一开始用频并不高。以"稍"为例，尽管它作为程度副词早在西汉时就已出现，但直到宋朝时，它的主要用法还是表示"逐渐"意义的时间副词。这个漫长的虚化过程符合语法化的渐变原则。但一旦为人接受，它的用频就会增多，并逐渐取代原来的主要意义，如"逐渐"意义在明清就慢慢退出舞台。与此同时，

"稍"又取代了"少"、"颇"等词语，整个词汇系统一直在发展中不断调整变化。在其虚化过程中，也经历了新旧形式长期并存的局面。

李宗江在《汉语常用词演变研究》中曾提到过在语法化演变过程中语义特征的决定性作用，"具有相同语义特征的词比较容易集中地演变为另一类词"。他把这种现象称为"平行衍生"。而我们通过上文的部分分析已然知道正因为这三个单音节副词在虚化过程中都拥有表示数量不多的语义基础，才会有可能到达相同的虚化目的地。一旦单音节词语的语义固定以后，在其基础上形成的词语必定含有它们的语义成分，而这也造成了大量的"稍微"类词语的出现。

人的理解认知方式也是这些词语不断虚化的原因之一，因为从一个认知域到另一个认知域的转化，从具体到抽象，都和一些认知规律分不开。比如笔者在前文中所提到的"隐喻"。"稍"由"小、少"义发展为"稍微"义，"微"由"细小"引申为动作程度的轻微，都是由数量空间向程度空间的投射而得到的。

双音节词语的大量出现并在现代汉语中的用频比单音节词语高，是与汉语由单音节词汇向双音节词汇发展的大趋势分不开的。中古汉语时期，还是以单音节词语为主，如笔者在文中统计的大量数据就能充分说明这一点。但到了近代汉语，双音节词语不但在使用上为人接受，而且句法搭配上也更加多样化，从而滋生了更多双音节词语的产生。

通过研究"稍"类副词的历史来源及发展演变，不仅可以进行一次系统的历时梳理工作，还可以帮助我们在纷繁复杂的语言现象背后寻找一些规律，解决一些有分歧的认识，以更好地认清这类副词的产生及发展。比如有些人会对这三个单音节副词产生一定的误解，认为它们本来就是同义实词，所以才会有相同的虚化目的地；还有人在各个副词形成的时间及路径上存在着众多分歧；诸多双音节副词产生的原因是什么等诸多问题在本书中都得到了不同程度的解决。另外，通过本书的分析，我们还可以知道这类副词内部形成的差异，以更好地指导我们在现代汉语中使用辨别。

5 结　　论

5.1　《史记》副词的特点

5.1.1　具有完备的副词体系

依据副词的虚化程度，本书把《史记》的副词分为如下次类：

表 5-1　《史记》副词简况表

次类	程度副词	范围副词	时间副词	情状方式副词	否定副词	关联副词	语气副词	谦敬副词	总计
数目	48	77	110	63	23	23	47	10	401

由此我们得出，《史记》副词的总数为 401 项（包括异体字 28 个）。对比杨荣祥（1997）《近代汉语副词研究》、高育花（1999）《中古汉语副词研究》和张谊生（2000）《现代汉语副词研究》对副词所作的分类，除有些次类有所归并外，基本类别是一致的，可见《史记》的副词体系与以上所说也是一致的。

5.1.2　具有稳定的副词系统

语言的发展是一个新陈代谢的过程，是经过旧的语言现象逐渐衰退、消亡，新的语言现象逐渐兴起、盛行来实现的。语言发展的这一规律决定了《史记》副词系统一方面必须继承先秦时期一批原已普遍使用的副词；另一方面又必然从原副词系统中淘汰一些成员，同时新兴一批副词或者从旧有副词派生出新义以适应语言交际的需要。

5.1.2.1　《史记》具有相对稳定的副词系统

《史记》副词的相对稳定性首先表现在有很大一部分副词都是从先秦汉语中继承而来，见表 5-2。

表 5-2 《史记》副词产生简况

	程度副词	范围副词	时间副词	情状方式副词	否定副词	关联副词	语气副词	谦敬副词	总计	百分率
先秦	37	72	103	57	23	23	45	8	368	91.77%
西汉	11	5	7	6	0	0	2	2	33	8.23%

从表 5-2 可以发现，《史记》由前代继承而来的副词有 368 项，占《史记》副词总数的 91.77%，如"皆、悉、亦、仅、只、止、唯、极、甚、最、颇、终、卒、曾、己、即、忽、忽然、常、尚、犹、素、权、将、渐、复、屡、又、互、本、必、定、自、固、其、盖、几、不、莫、毋、未、非、勿、且"等副词都是先秦汉语就已产生并普遍使用的，后来又为《史记》所继承。

其次，《史记》的很多西汉汉语中新产生的副词，一直保存到现代汉语，而且有些在现代汉语中仍是十分常用的副词，如"更、尤、稍、颇、往往"等。

5.1.2.2 《史记》的副词又是不断发展变化的

这种发展变化是多方面的，最为明显的是出现了一批新兴副词（包括原有副词含义、用法的扩展和新词缀的出现）。《史记》有 33 项副词是西汉产生的，如"殊、绝、尤、倍、良$_1$、雅、滋益、尤益、颇、差、稍、集、齐、通、皆通、各各、始常、旋、暂、辄、动、渐、浸、躬亲、盗、更、更相、别、猥、定、良$_2$、伏、试"等。这一部分副词中，双音节词有 5 个，占新产生的副词总数的 15.16％，这与汉语词汇发展的双音化趋势是一致的。这一部分副词最能反映《史记》副词的特点，有些副词的使用甚至可以作为我们对语料做出时代判断的重要依据。如程度副词"颇"的使用，不会早于西汉，《史记》当为最早语料之一。

5.1.3 具有完美的副词修辞

周祖谟先生（1980）曾说过，古代书籍，叙事载言每每更相祖述。司马迁在《太史公自序》中即申明其"厥协六经异传，整齐百家杂语"，即所撰写的《史记》是言之有故、持之有本的。也就是说，司马迁在撰写《史记》时，博采广引史籍文献。其采用最多的是先秦文献，如《尚书》[1]、《诗经》、《楚辞》、《论语》等，仅在《史记》中被提及的就多达 106 种 [2]，或引全篇，或引章节，或引一句，尤其是《尚书》。《尚书》是众多参考的典籍中他最能放心使用的资料。他指出："《书》以道事。""尧舜之盛，《尚书》载之，礼乐作焉。"认为《尚书》中保存了大量的上古史料，具有可信性。

---

[1] 涉及今、古文《尚书》五十八篇中的大部分篇目。

[2] 安平秋、张大可、俞樟华：《史记教程》，华文出版社 2002 年版，第 83 页。

在《史记》一些篇章中，司马迁直接点明了史料的来源，《殷本纪》："太史公曰："余以《颂》次契之事，自成汤以来，采于《书》、《诗》。'"《三代世表》："余读谍记，黄帝以来皆有年数。稽其历谱谍终始五德之传，古文咸不同，乖异。夫子之弗论次其年月，岂虚哉！于是以《五帝系谍》、《尚书》集世纪黄帝以来讫共和为世表。"《封禅书》："《尚书》曰："舜在璇玑玉衡，以齐七政。遂类于上帝，禋于六宗，望山川，遍群神。辑五瑞，择吉月日，见四岳诸牧，还瑞。岁二月，东巡狩，至于岱宗。岱宗，泰山也。柴，望秩于山川。遂觐东后。东后者，诸侯也。合时月正日，同律度量衡，修五礼，五玉三帛二生一死贽。五月，巡狩至南岳。南岳，衡山也。八月，巡狩至西岳。西岳，华山也。十一月，巡狩至北岳。北岳，恒山也。皆如岱宗之礼。'"因此，《史记》与其征引的文献之间是引用与被引用的关系。对于源自历史文献的材料，司马迁通常会在忠实于历史文献的基础上，做出一定的改动，以便让当时甚至是后代的人能够读懂。"时代有尧、舜，则文字有深浅。汉之于周楚，犹唐宋之于汉魏也。故凡后之引古者，多改今语，以便通晓。"[1] 为了消除时代和地域所造成的语言隔阂，保持《史记》的整体语言风格，司马迁在征引这些文献时，往往不是照抄原文，而是用汉代通语进行改写，尤其在征引《尚书》时，许多结构、句子和语段只是遣词略异，繁简有别，意思基本相同。（钱宗武，1984）正如王彦坤（1996）先生所言的"不同的书记载同一事物，字句互异"[2]。

《史记》征引文献方法多样，范围涉及副词的各个类别。据钱宗武（1984）考查，主要有"增、删、改、换"等手法，借此达到完美的修辞效果。

增加副词是《史记》引文虚词修辞的主要方式，使《史记》语言表达更加明确、严密、生动、丰富。增加副词的有语气副词"其"（详见3.7.1.4）、时间副词"乃"（详见3.6.1.1）、范围副词"悉"（详见3.2.1.1）、否定副词"不"（详见3.5.1.1）4类。删除副词是遵循语言经济的原则，促使《史记》语言更加简洁、流畅，删除的副词有时间副词"既"（详见3.3.1.1）。改易副词主要指单音虚词改易为复音虚词，清人通常称这种改易为以训诂代经，如陈澧《东塾读书记》卷十一："对于《史记》采《尚书》，以训诂代正字，而晓然矣。如'庶绩咸熙'，《史记》作'众功皆兴'。'庶，众也'，'绩，功也'，'咸，皆也'，'熙，兴也'，皆见《释诂》。"[3] 王先谦《〈汉书〉补注》引叶德辉语："《史记》五帝、夏、周记载《尚书》文，多以训诂代经。"[4]

---

[1] 黄侃：《文字声韵训诂笔记》，上海古籍出版社1983年版，第31页。

[2] 王彦坤：《古籍异文研究》，台北万卷楼图书有限公司1996年版，第1页。

[3] （清）陈澧：《东塾读书记》，载《陈澧集（二）》，上海古籍出版社2008年版，第215页。

[4] （清）王先谦：《〈汉书〉补注》，上海古籍出版社2008年版，第216页。

钱玉蓉（2010）认为，除了《五帝本纪》引述《尧典》外，《史记》其他篇目引述今文《尚书》也用"以训诂代经"的方式。[1] 笔者认为，除了《尚书》外，还包括其他先秦文献。总之，引用的实词较为多见，如《尚书》"是"被《史记》改成"于是"，《尚书》"曷"被《史记》改成"何时"等，虚词仅发现"咸"改为"皆"（详见3.2.1.1）及"无"改为"毋"（详见3.5.1.4）2例。替换副词主要指同类副词替换，《史记》常常注意选择常用副词替换冷僻的同类副词，或者以副词的常用义代替冷僻义，使文辞明白易晓。《史记》替换的副词有：否定副词"不"替换"弗"（详见3.5.1.1），"毋"替换"罔"（详见3.5.1.1节）；程度副词"甚"替换"孔"（详见3.1.1.1），"重"替换"申"（详见3.1.1.1节），"尽"替换"斯"（详见3.2.1.1）；范围副词"皆"替换"佥"，"悉"替换"尽"（详见3.2.1.1节），"维"替换"惟"（详见3.2.1.2节）；时间副词"已"替换"既"（3.3.1.1节）；情状方式副词"并"替换"方"（详见3.4.1.5）；语气副词"何"代替"曷"（3.7.1.3节）等等。

汉语词汇一直处于变化发展的状态中，《尚书》、《诗经》、《楚辞》等文献常用词汇，到了汉代就变成冷僻词或者词义成为冷僻义了，通过司马迁的"增、删、改、换"使语言更加精确、具体，表达效果更加生动、传神，反映出汉代修辞方式的日臻完美。

表5-3　《史记》副词修辞分布统计

	增加的副词	删除的副词	改易的副词	替换的副词
程度副词	0	0	0	3
范围副词	2	0	1	1
时间副词	1	1	0	1
情状方式副词	0	0	0	1
否定副词	0	0	0	2
关联副词	0	0	1	0
语气副词	1	0	0	2
谦敬副词	0	0	0	0
合计	4	1	2	10

---

[1]　钱玉蓉：《〈史记〉引〈书〉同义语料研究》，扬州大学2010年博士学位论文。

5.1.4　副词的叠加、强化和更新

刘丹青首先提出"叠加"机制，认为语法化过程中会出现语言形式的叠加、强化和更新现象。这种观点对我们认识西汉副词有较强的指导作用，西汉副词便具有这个特点。

首先是叠加（superposition）。所谓叠加，本书界定为副词语素义的相加连用。它不仅包括同义或近义的语素结合的重叠连用，如"适会、躬自、故尝、大凡、方将"等；还包括异义语素之间的重叠连用，如"何其、而今、乃今、随手、犹然"等；以及相同语素的重叠连用，如"稍稍、往往、时时、各各"等。这种复合副词既丰富了副词的数量，又使副词的发展与汉语词汇的复音化趋势保持了一致。叠加是语法化的顺向产物，是语法化程度达到一定高度下同源或近源的词项在同一句法结构中各司其职。

其次是强化。所谓强化（renforcement），是指在已有虚词语素上加上同类或相关的虚化要素，使原有虚化单位的句法语义作用得到加强。西汉句法结构出现了较大变化，诸如句子成分更加完备、"动·补"式迅速滋长（原来分析式的句法结构或者插入连词的格式这时期都用简单的动补结构来代替）、系词"是"出现、倒装句减少、介词短语大规模前移等，引起了词法的一系列连续反应，比如副词的信息量逐渐降低，因此便促使副词附加语义稍微具体或新兴的副词成分使得词义明确显著。例如"皆通"一词，是在春秋时期新兴的副词"皆"加上有具体词义的"通"的基础上产生的。西汉新兴的"愈益"一词，是在先秦副词"愈"的词义基础上加上同类虚化的要素"益"。副词的强化是语法化的逆向产物，是抵消语法化的损耗的有用机制。

再次是更新（renovation）。所谓更新，是用新兴形式更换旧有形式，新的形式显得更自由，并能起着同样或类似的语法作用。更新是人们追求新奇性的要求，也是语言自我发展的要求。西汉副词的更迭与前代相比，有明显的特色。比如通过对《史记》"更"类副词、"稍"类副词用例的分析，揭示了旧有形式的消亡和新兴形式的发展的原因和轨迹。这种更新，既是语法化的逆向产物，也是抵消语法化的损耗的有用机制。

5.1.5　词义的多义性反映了虚化斜坡

语法化是个逐步演变的过程，几乎每个副词都有从实词到副词或从副词中较为

实在的次类向意义更虚的次类演变的过程。在这个过程中，有的副词在西汉便出现几种意义共存的现象，这种现象正如沈家煊所说的："语言共时平面上的变异（variation）是语言历时演变（change）不同阶段不同层次的反映。"[1] 副词的多义共存反映了语法化的虚化斜坡。

所谓虚化斜坡（cline），就是词语语法化程度由低到高的演变轨迹，试举例如下。

5.1.5.1 否定副词→语气副词

（1）非不说子之道也，力不足也。（《论语·雍也》）

（2）此庸夫之怒也，非士之怒也。（《战国策·魏策四》）

（3）城非不高也，池非不深也，兵革非不坚利也，米粟非不多也，委而去之，是地利不如人和也。（《孟子·公孙丑下》）

先秦时，"非"主要用于判断否定。在表示判断否定时，"非"可以用在表双重否定的假设句的前项中，如：

（4）今欲举大事，将非其人不可。（《项羽本纪》）

再往后发展，假设句中的"非VP"和后面的"不 / 莫VP"可以分离，如：

（5）吩以肺腑为京师相，非痛折节以礼诎之，天下不肃。（《武安侯列传》）

（6）非刘豫州，莫可以当曹操者。（《资治通鉴·汉献帝建安十三年》）

随着"不 / 莫VP"同"非VP"的经常分离乃至完全脱落，又出现了"非……方才 / 才……"类假设句。这样，留在前面的"非"的否定功能就成了羡余（redundancy），它就吸收了双重否定的肯定性情态，演变成了一个表示必须、必然或必欲等情态化功用的副词。[2] 例如：

（7）那少年的，如闺女一般，深居简出，非细相熟的主顾，或是亲戚，方才得见。（《醒世恒言·赫大卿遗恨鸳鸯梦》）

这样，否定副词"非"通过双重否定的和谐机制，终于虚化成了一个强调肯定的语气副词，形成了一个由低到高的虚化斜坡。

5.1.5.2 关联副词→语气副词→连词

（8）伐魏而无功，击赵而顾病，则秦魏之勇力屈矣，楚之故地汉中、析、郦可得而复有也。（《楚世家》）

———————————

[1] 沈家煊：《实词虚化的机制——〈演化而来的语法〉评介》，载《当代语言学》1998年第3期，第45页。

[2] 参见张谊生：《"非X不Y"及其相关句式》，载《徐州师范学院学报》1992年第2期。

（9）以子之才，委质而臣事襄子，襄子必近幸子。近幸子，乃为所欲，顾不易邪？（《刺客列传》）

（10）此在兵法，顾诸君不察耳。（《淮阴侯列传》）

"顾"战国时期便是关联副词，西汉便出现了关联副词（15例）、疑问副词（4例）、连词（8例）共存现象。从虚化程度来看，连词虚化程度最高，语气副词次之，关联副词更次之。

词语语法化的斜坡，形成了副词词义的多义性和朝一个方向发展的单项性的特点。在这种单一方向发展的历程中，如果由于该副词无法承担语言结构中的取消分界或改变分界的作用，即自己又可以单独充当句子中的某一部分，语法化便中止。

《史记》副词的发展与语法关系也相当密切。如"乍……乍……"、"益……益……"等固定格式的出现，表示强度的"最"的产生及表示弱度的"稍"的出现，等等，都是和汉代语言发展的进程分不开的。总之，《史记》副词是西汉甚至是整个汉代中最具特色的词类之一。

5.2 实词虚化与副词的形成

从本书所讨论的《史记》的副词来看，新的副词的产生大都是由实词（名词、动词、形容词）虚化而成，如"并、颇、最、极、良、加、稍、素、暂、雅"等都是由实词虚化而来，有些双音副词虚化前大多需要一个凝固的阶段。对这些由实词虚化而来的副词，我们可以比较明显地观察到每个副词与其所来自的实词之间意义上的联系。

有些合成副词，其构成合成副词的两个语素一开始结合成词就是副词，而不是先用作实词，然后再整个儿地虚化为副词。由两个同义语素构成的并列式合成副词，一开始结合成词就是副词，如"愈益、通皆、唯独、业已"等，没有经过一个逐渐虚化的过程，当然，具体到其中的语素，它们有一个虚化的过程。重叠式副词，通常也是一开始作为一个词出现就是副词。这类副词绝大多数是由一个单音节副词重叠构成的，如"稍稍、往往、各各"等。当然，这些单音节副词也有一个虚化的过程。由此可见，副词的虚化也是相当复杂的。

5.3 副词形成的条件

通过对《史记》副词的全面考察，我们可以得出副词形成的有两个条件。

5.3.1　句法结构的变化是副词形成的决定性条件

汉语实词的虚化首先是由某一实词句法位置的改变而诱发的。一个词（短语），如果经常处于句法结构中的谓语的前面（多数情况下是充当状语），那么，它就极有可能发展成为一个副词，一般说来，状语和补语的位置较容易虚化，这是因为表示范围、程度、时间、工具、方式、原因、对象、结果等语法范畴的词汇一般都出现在这两个位置上。如"尤"先秦是形容词，可以作中心语，如"夫子物之尤也"（《庄子·徐无鬼》）；可以作谓语，如"权势不尤则夸者悲，势物之徒乐变"（《庄子·徐无鬼》）；未见作状语例。在《史记》中，"尤"的句法位置发生变化，只能作状语，因此，西汉虚化为"更加"、"越发"。如"此其章章尤异者也"（《货殖列传》）。

5.3.2　语义的引申虚化是副词形成的基本条件

一个由实词虚化来的副词，总是能找到它与其所来自的实词在意义上的联系。语义演变的特点通常是由具体到抽象、从个别到一般，当然，在虚化过程中，部分实词的基本功能和基本词义可以保持不变，只是某些义项通过词义的发展和引申，派生出一个或几个意义较虚的新义项。如副词"极"本为名词"屋极"，《庄子·则阳》："孔子之楚，舍于蚁丘之浆。其邻有夫妻臣妾登极者。""屋极"，在室中最高处，引申为极点、尽头，《诗经·鸨羽》："悠悠苍天，曷其有极？"郑笺："极，已也。"再进一步发展为表示程度之极点，就虚化为副词。如《刺客列传》："且吾所为者极难耳！"

再如"益"，本义是动词"水满溢出"，《吕氏春秋·察今》："澭水暴益。"注："益，长也。"引申为增加，《左传·襄公廿六》："子木惧，言诸王，益其禄爵而复之。""增加"，较之原状，含"进一步"之义，若再进一步发展，就虚化为程度很深，相当于"更、更加、越发"等。如《酷吏列传》："上以为能，迁为中尉，吏民益凋敝。"（3148）

句法结构与语义演变是相辅相成的，在语义由实到虚的演变过程中，句法结构不断地调整、变化，以适应语义的演变，并最终在语义和句法功能两方面完成词性的转变。

5.4　今后的打算

本书对《史记》副词的研究才刚刚起步，限于个人水平，许多研究工作还没来得及开展，还存在不少薄弱的地方，因而打算今后从以下三个方面进行努力：

5.4.1 结合汉语语言发展史，全面细致地考察每个副词的功能和历史演变轨迹

语言的发展变化，是一个系统的变化过程。我们在分析副词的功能和历史演变过程中要把副词放到整个语言的大环境中去思考。比如，"皆、尽、全"的竞争，本书就考虑了西汉处置式的特点，这些总括副词中谁能与最新的语言现象结合，谁就能获得旺盛的生命力。又如，《史记》"更"类副词在现代汉语方言中的不同表现和方言有很大关系。笔者认为，只有和语音史、词汇史、语法史结合起来，才能比较清晰地揭示西汉副词的面貌及其发展轨迹。

5.4.2 加强理论修养，积极吸收现代语言学理论，为更好地解释副词历史发展提供理论保证

西汉是副词发展的重要时期之一，新旧副词的更迭替换比较明显。比如，"已"在先秦时代是兼强度与时间的副词，到西汉则基本成为表时间的专职副词（《史记》中"已"共出现932例，其中仅10例为表示强度的副词，其余大多数为表示时间的副词）。"稍"在西汉有"逐渐"与"略微"义，汉代以后"稍"成为专表"略微"义的副词。

根据语法化的择一原则，表达同一语法功能的多种并存形式经过筛选和淘汰，最后缩减到一两种。我们现在需要探讨的是，到底是什么机制使得部分副词在西汉整齐划一地出现专职或多义化。因此，从理论上探讨这些语言现象应该是一种有益的尝试。

5.4.3 积极吸收副词研究的最新成果，完善副词研究的方法

语言研究应该继承前辈学者传承下来的朴学的作风，应该根据语言材料来讲观点、说道理。因此，笔者必须认真利用好《史记》的语料资源，做好基础性材料的消化工作，为语言研究打好基础。

同时，还需要积极吸收副词研究的最新成果，完善副词研究的方法。副词研究是语言研究的热点问题之一，研究成果可谓日新月异。笔者坚信，通过努力，一定能比较清晰地整理出西汉副词的发展面貌。

附录：《史记》副词总目

说明：①本总目按程度、范围、时间、情状、否定、关联、语气、谦敬8个次类列举，各次类中再分若干小类；②根据产生或流行时间，各小类词目一分为二："先秦已有"和"西汉新生"，并按音序排列；③多义副词的不同意义和用法以下标数字区别。④括号内的数字分别为出现的项数与频率。

1 表程度（48项）

1.1 表强度（26项）

先秦已有（20项）：大$_1$（254）、太（22）、泰（1）、已$_1$（1）、以$_1$（1）、至（43）、最（40）、孔（2）、甚（247）、万（5）、几$_1$（29）、痛（4）、厚（51）、极（23）、犹$_1$（6）、尽$_1$（33）、重$_1$（2）、奇（1）、稍（1）、何其（15）

西汉新生（6项）：殊（11）、绝（12）、尤（36）、倍（1）、良$_1$（21）、雅$_1$（1）

1.2 表弱度（9项）

先秦已有（6项）：粗$_1$（1）、略$_1$（2）、少$_1$（17）、小（6）、浅（10）、微$_1$（7）

西汉新生（3项）：颇（72）、差（1）、稍（4）

1.3 表比较度（13项）

先秦已有（11项）：更$_1$（4）、愈（41）、弥（14）、俞（1）、益$_1$（215）、滋（10）、兹（4）、重$_2$（6）、兹益（1）、愈益（10）、加（6）

西汉新生（2项）：滋益（1）、尤益（1）

2 范围副词（77项）

2.1 表总括（48项）

先秦已有（44项）：皆（1408）、皆各（6）、胥皆（1）、尽₂（161）、类（1）、悉（109）、咸（24）、凡（136）、毕（9）、偕（10）、遍（13）、徧（4）、𝌄（3）、率（1）、俱（105）、具（37）、全（22）、索（1）、殚（3）、胜（30）、举（1）、亦₁（5）、共（58）、兼（7）、备（1）、相₁（6）、交（4）、同（48）、并（48）、並（6）、大氐（1）、大抵（13）、大底（1）、大凡（1）、大率（2）、大体（1）、各（275）、各自（18）、专（5）、无虑（1）、一体（1）、一切（1）、与皆（2）、与偕（1）

西汉新生（5项）：集（7）、齐（3）、通（2）、皆通（1）、各各（1）

2.2 表限定（29项）

先秦已有（29项）：财（1）、裁（1）、但（6）、唯₁（46）、惟（32）、独₁（124）、唯独（14）、惟独（1）、维（4）、独唯（1）、仅（14）、特₁（21）、徒₁（30）、禔（1）、直₁（4）、董董（1）、专₂（25）、适₁（4）、乃₁（11）、得（1）、更₂（5）、厥（5）、不过（79）、亦₂（2）、以₂（1）、仅然（1）、顾₁（2）、弟（1）、第（5）

3 时间副词

3.1 表过去、已然（36项）

先秦已有（35项）：故₁（18）、初（93）、既（191）、既已（17）、既以（2）、其₁（1）、即₁（1）、固₁（1）、已₂（260）、以₃（2）、业（12）、固已（17）、固以（4）、已尝（2）、已业（2）、业已（8）、而（14）、始（178）、适₂（47）、曾₁（7）、昔（138）、昔者（35）、方₁（4）、豫（4）、预（4）、豫先（1）、早（18）、蚤（58）、尝₁（198）、常₁（9）、未尝（87）、未曾（1）、曩（4）、曩者（3）、乃者（2）

西汉新生（1项）：始常（1）

3.2 表进行、现在（6项）

先秦已有（6项）：方₂（72）、今₁（153）、乃今（7）、乃今日（4）、而今（5）、

适₃（137）

3.3　表将来、未然（10 项）

先秦已有（10 项）：今₂（17）、将（118）、方₃（4）、且₁（103）、且欲（14）、方将（2）、方且（2）、方欲（3）、乃且（3）、便₁（10）

3.4　表短暂、突发（19 项）

先秦已有（17 项）：忽（45）、忽然（2）、忽焉（1）、卒然（9）、须臾（13）、斯须（3）、寻（1）、已₂（5）、已而（103）、既而（2）、新（28）、遽（3）、立（16）、辄₂（18）、即₂（196）、暴（147）、乍（14）

西汉新生（2 项）：旋（4）、暂（1）

3.5　表持续、不变（20 项）

先秦已有（18 项）：素（52）、雅₂（3）、终₁（54）、终已₁（1）、常₂（304）、尝₂（3）、尚₁（89）、每（21）、期₁（1）、屡（4）、数（170）、时₁（12）、时时₁（19）、往往（27）、犹₂（23）、犹尚（3）、犹自（1）、尚将（2）

西汉新生（2 项）：辄（29）、动（1）

3.6　表逐渐、缓慢 8 项）

先秦已有（6 项）：益₂（59）、稍₂（16）、寖（2）、寖以（1）、稍稍（9）、浸淫（2）

西汉新产生（2 项）：渐（16）、浸（3）

3.7　表不定时（3 项）

先秦已有（3 项）：间₁（3）、时₃（19）、或（3）

3.8　表暂且（3 项）

先秦已有（3 项）：且₂（9）、聊（2）、苟（6）

3.9　表最终（5 项）

先秦已有（5 项）：竟（51）、终₂（44）、终已₂（1）、卒（99）、遂₁（19）

4   情状方式副词（63项）

4.1   表躬亲（7项）

先秦已有（6项）：躬（6）、身（10）、自$_1$（57）、亲（15）、亲自（2）、躬自（1）

西汉新生（1项）：躬亲（2）

4.2   表伪诈（9项）

先秦已有（9项）：详（31）、阳（3）、佯（4）、诈（56）、伪（16）、矫（12）、谬（3）、缪（2）、虚$_1$（5）

4.3   表阴密（7项）

先秦已有（6项）：窃$_1$（24）、独$_2$（5）、微$_2$（17）、间$_2$（9）、阴（94）、私（75）

西汉新生（1项）：盗（7）

4.4   表坚决、认真（7项）

先秦已有（7项）：固$_2$（35）、决$_1$（3）、期$_2$（3）、谨1（5）、慎(6)、坚（3）、熟（5）

4.5   表协同、独专、自动、另外（11项）

先秦已有（8项）：相$_2$（258）、互（2）、递（2）、迭（14）、独$_3$（29）、特$_2$（17）、徒$_2$（1）、相与（62）

西汉新生（3项）：更$_2$（46）、别（40）、更相（4）

4.6   表直接（2项）

先秦已有（2项）：直$_2$（31）、径（8）

4.7   表徒然（3项）

先秦已有（3项）：徒$_3$（4）、空$_1$（3）、虚（8）

4.8   表特意、任意、勉强（7项）

先秦已有（6项）：特$_3$（1）、故$_3$（9）、妄（37）、擅（36）、直$_3$（1）、强（8）

西汉新生（1项）：猥（2）

4.9 表尝试（3项）

先秦已有（3项）：尝$_3$（1）、试$_1$（9）、尝试（2）

4.10 表难易（4项）

先秦已有（4项）：重$_2$（6）、易（65）、轻（8）、善$_1$（3）

4.11 表擅长、爱好或好好地对待（2项）

先秦已有（2项）：善$_2$（6）、善$_3$（6）

4.12 表自然（1项）

先秦已有（1项）：自$_2$（7）

5 否定副词

5.1 表单纯否定——"不"类（12项）

先秦已有（12项）：不$_1$（7862）、无$_1$（1083）、弗（196）、莫$_1$（9）、非1（26）、匪$_1$（4）、靡（23）、未$_1$（97）、勿$_1$（5）、毋$_1$（30）、不眼（6）、不其（1）

5.2 表已然否定——"未"类（2项）

先秦已有（2项）：未$_2$（591）、不$_2$（634）

5.3 表判断否定——"非"类 （4项）

先秦已有（4项）：非$_2$（623）匪$_2$（9）、不$_3$（12）、未$_3$（5）

5.4 表禁止否定——"莫"类（5项）

先秦已有（5项）：莫$_2$（5）、勿$_2$（5）、毋$_2$（35）、无$_2$（41）、不$_4$（59）

6 关联副词

6.1 表接续（7项）

先秦已有（7项）：乃$_2$（1144）、迺（90）、乃可（25）、便$_2$（3）、遂$_2$（349）、

亦 $_3$（44）、乃遂（36）

6.2　表转折（7项）

先秦已有（7项）：更 $_3$（1）、乃 $_3$（31）、顾 $_2$（15）、反（24）、又 $_1$（34）、亦 $_4$（25）、顾反（4）

6.3　表递进（7项）

先秦已有（7项）：犹 $_3$（5）、尚 $_2$（8）、尚犹（2）、犹然（1）、犹且（1）、又 $_2$（34）、又况（3）

6.4　表类同（2项）

先秦已有（2项）：亦 $_5$（235）、亦复（4）

7　语气副词（47项）

7.1　表肯定强调语气（19项）

先秦已有（17项）：信（8）、必（428）、曾 $_2$（7）、诚（26）、固 $_3$（26）、期 $_3$（2）、即 $_3$（12）、决 $_2$（3）、审（1）、亦 $_6$（16）、又 $_3$（25）、乃 $_5$（40）、迺 $_3$（3）、本（13）、实（68）、务（30）、真（18）

西汉新生（2项）：定（11）、良 $_2$（3）

7.2　表委婉推断语气（13项）

先秦已有（13项）：殆（9）、盖（32）、似（17）、如（6）、若（6）、容（1）、傥（6）、其 $_2$（6）、其诸（1）、得无（6）、意（6）、意者（4）、意亦（6）

7.3　表疑问反诘语气（13项）

先秦已有（13项）：顾 $_3$（2）、其 $_3$（7）、独 $_4$（27）、盍（4）、岂（140）、宁（18）、何（73）、何尝（2）、何乃（6）、何遽（3）、何渠（1）、庸（7）、几 $_2$（95）

7.4　表祈使语气（2项）

先秦已有：其 $_4$（23）、唯 $_2$（15）

8　谦敬副词（10 项）

8.1　表谦副词（4 项）

先秦已有（3 项）：敢（9）、窃 $_2$（30）、愚（3）

西汉新生（1 项）：试 $_2$（1）

8.2　表敬副词（6 项）

先秦已有（5 项）：谨 $_2$（19）、敬（27）、请（23）、辱（2）、幸（21）

西汉新生（1 项）：伏（3）

参考文献

中文部分：

解惠全：《指代性副词"相"的用法》，载《语言教学与研究》1980 年第 3 期。

曹广顺：《敦煌变文中的双音节副词》，载《语言学论丛》1984 年第十二辑。

曹广顺：《试说"就"和"快"在宋代的使用及有关的断代问题》，载《中国语文》1987 年第 4 期。

曹广顺、李讷：《汉语语法史研究中的地域视角》，载《汉语方言语法研究和探索——首届国际汉语方言学术研讨会论文集》，黑龙江人民出版社 2003 年版。

曹先擢：《并列式同素逆序同义词》，载《中国语文》1979 年第 6 期。

陈爱文、于民：《并列双音词的字序》，载《中国语文》1979 年第 2 期。

陈宝勤：《东汉佛经和世说新语中的"都"的用法》，载《语言研究论丛》1997 年第七辑。

陈宝勤：《副词"都"的产生与发展》，载《辽宁大学学报》1998 年第 2 期。

陈子骄：《"都"的语义指向》，载《汉语学习》1996 年第 6 期。

陈庆祜、周国光：《词汇的性质、地位及其构成》，载《安徽师范大学学学报》1987 年第 3 期。

陈伟琳、贾齐华：《"只"的句法功能和语义指向考察》，载《信阳师范学院学报》1993 年第 3 期。

陈伟：《限定副词"只"、"仅"的句法分布及语义制约辨微》，载《信阳师范学院学报》1996 年第 4 期。

陈月明：《时间副词"在"与"着"》，载《面临新世纪挑战的现代汉语语法研究》，山东教育出版社 1999 年版。

陈望道：《试论专职的动词前加词》，载《中国语文》1989 年第 1 期。

程美珍：《关于表示总括全部的"都"》，载《语言教学与研究》1987 年第 2 期。

程湘清：《先秦双音词研究》，载《先秦汉语研究》，山东教育出版社 1992 年版。

程湘清：《论衡》复音词研究，载《两汉汉语研究》，山东教育出版社 1992 年版。

储泽祥、刘街生：《"细节显现"与"副＋名"》，载《语文建设》1997 年第 6 期。

储泽祥、肖扬、曾庆香：《通比性的"很"字结构》，载《世界汉语教学》1999 年第 1 期。

崔宰荣：《汉语"吃喝"语义场的历史演变》，载《语言学论丛》2001 年第二十四辑。

董秀芳：《"都"的指向目标及相关问题》，载《中国语文》2002 年第 6 期。

董志翘：《也谈中古汉语词汇研究中的推源问题》，载《汉语史研究集刊》1998 年第一辑（上）。

戴耀晶：《试论现代汉语的否定范畴》，载《语言教学与研究》2000 年第 3 期。

邓守信：《汉语动词的时间结构》，载《第一届国际汉语教学讨论会论文选》，北京语言学院出版社 1985 年版。

刁宴斌：《〈朱子语类〉中几种特殊的"被"字句》，载《古汉语研究》1995 年第 3 期。

丁全：《南阳方言中的程度副词》，载《南都学坛》2000 年第 5 期。

段业辉：《试论副词重叠》，载《南京大学学报》1981 年第 1 期。

段业辉：《试论副词重叠》，载《南京师范大学学报》1987 年第 1 期。

段业辉：《语气副词的分布及语用功能》，载《汉语学习》1995 年第 4 期。

戴浩一：《概念结构与非自主性语法：汉语语法概念系统初探》，载《当代语言学》2002 年第 1 期。

范方莲：《程度副词的几个问题》，载《语法研究和探索》（一），北京大学出版社 1983 年版。

范开泰：《语用分析说略》，载《中国语文》1985 年第 6 期。

范开泰：《省略、隐含、暗示》，载《语言教学与研究》1999 年第 2 期。

范开泰：《现代汉语虚词功能探新》，载《语法研究和探索》（九），商务印书馆 2000 年版。

方一新：《东汉语料与词汇史研究刍议》，载《中国语文》1996 年第 1 期。

傅婧：《副词跟形容词的界限问题》，载《中国语文》1954 年第 11 期。

（日）古川裕：《副词修饰"是"字情况考察》，载《中国语文》1989年第11期。

高伟：《敦煌变文的双音副词》，载《敦煌学辑刊》1985年第1期。

龚千炎：《现代汉语的时间系统》，载《世界汉语教学》1994年第1期。

桂时春：《从"这个地方很郊区"谈起》，载《语言文字应用》1995年第3期。

郭春贵：《时间副词"已经"和"都"的异同》，载《世界汉语教学》1995年第2期。

郭风岚：《论副词"在"与"正"的语义特征》，载《语言教学与研究》1998年第2期。

郭继懋：《副词"怪"的意义、用法》，载《对外汉语教学研究论文集》，天津人民出版社1994年版。

葛佳才：《否定副词在东汉的混同兼用》，载《湛江师范学院学报》2004年第2期。

（韩）韩容洙：《现代汉语的程度副词》，载《汉语学习》2000年第2期。

韩陈其：《汉语单音程度副词之间的音义关系》，载《徐州师范学院学报》1988年第4期。

洪波：《论汉语实词虚化的机制》，载《古汉语语法论集》，语文出版社1988年版。

洪成玉：《史记》中的程度副词"颇"》，载《首都师范大学学报》1997年第1期。

黄河：《常用副词共现时的顺序》，载《缀玉集》，北京大学出版社1990年版。

黄景欣：《试论词汇学中的几个问题》，载《中国语文》1961年第3期。

黄盛璋：《论连词跟副词的划分》，载《语文教学》1957年第8期。

洪心衡：《关于名词、动词作状语》，载《福建师范学院学报》1963年第1期。

侯兰笙：《近代汉语里副词"好"的两种特殊用法》，载《中国语文》1996年第5期。

胡明扬：《B.Comrie〈动态〉简介》，载《国外语言学》1996年第3期。

黄国营：《语气副词在"陈述—疑问转换"中的限制作用及其句法性质》，载《语言研究》1992年第1期。

黄祥年：《比较句中的"更"和"还"》，载《语言教学与研究》1984年第1期。

黄志强：《论汉语词汇双音化的原因》，载《复旦学报》1990年第1期。

江蓝生：《疑问副词"颇、可、还"》，载《近代汉语探源》，商务印书馆2000年版。

江蓝生：《演绎法与近代汉语词语考释》，载《近代汉语探源》，商务印书馆2000年版。

江蓝生：《禁止词"别"考源》，载《语文研究》1991年第1期。

江蓝生：《语法化程度的语音表现》，载《中国语言学的新拓展》，香港城市大学出版社 1999 年版。

蒋绍愚：《关于汉语词汇系统及其发展变化的几点想法》，载《中国语文》1989 年第 1 期。

蒋绍愚：《两次分类——再谈词汇系统及其变化》，载《中国语文》1999 年第 5 期。

蒋冀骋：《隋以前汉译佛经虚字笺识》，载《古汉语研究》1994 年第 2 期。

蒋绍愚：《唐诗词语札记（二）》，载《语言学论丛》1983 年第十辑。

蒋绍愚：《白居易诗词语诠释》，载《国学研究》1995 年第二卷。

蒋严、潘海华：《语用推理与"都"的句法／语义特征》，载《现代外语》1998 年第 1 期。

蒋宗许：《也谈词尾"复"》，载《中国语文》1990 年第 4 期。

蒋宗许：《词尾"自"臆说》，载人大复印资料《语言文字学》1991 年第 2 期。

蒋宗许：《再说词尾"自"和"复"》，载《中国语文》1994 年第 6 期。

阚绪良：《〈齐民要术〉词语札记》，载《古籍研究》2002 年第 4 期。

李崇兴：《选择问记号"还是"的来历》，载《语言研究》1990 年第 2 期。

李泉：《副词和副词的再分类》，载胡明扬主编：《词类问题考察》，北京语言学院出版社 1996 年版。

李露蕾：《甚词演变的一种趋势》，载《中国语文》1986 年第 6 期。

李法白：《〈水浒传〉"却"的词义初探》，载《中国语文》1981 年第 1 期。

李杰群：《"甚"的词性演变》，载《语文研究》1986 年第 2 期。

李杰群：《上古汉语程度副词考辨》，载《纪念王力先生九十诞辰文集》，山东教育出版社 1992 年版。

李立成：《近代汉语中的副词"杀"、"煞"及其变伛》，载《黄淮学刊》1995 年第 4 期。

李思明：《〈水浒〉、〈金瓶梅〉、〈红楼梦〉副词"便"、"就"的考察》，载《语言研究》1990 年第 2 期。

李思明：《〈水浒全传〉中的虚词"便"与"就"》，载《安庆师范学院学报》1994 年第 1 期。

李思明：《〈朱子语类〉的处置式》，载《安庆师范学院学报》1991 年第 1 期。

李思明：《中古汉语并列合成词中决定词素次序诸因素考察》，载《安庆师范学院学报（社会科学版）》1997 年第 1 期。

李行健：《〈世说新语〉中副词"都"和"了"的用法比较》，载《语言学论丛》第二辑，上海新知识出版社 1958 年版。

李宗江：《汉语总括副词的来源和演变》，载《汉语史研究集刊》第一辑（上），巴蜀书社 1998 年版。

李宗江：《"即、便、就"的历时关系》，载《语文研究》1997 年第 1 期。

李宇明：《论词语重叠的意义》，载《世界汉语教学》1996 年第 1 期。

李宇明：《程度与否定》，载《世界汉语教学》1999 年第 1 期。

李宇明：《汉语复叠类型综述》，载《汉语学报》2000 年第 1 期。

李运熹：《范围副词的分类及语义指向》，载《辽宁师范大学学报》1993 年第 2 期。

梁晓虹：《试论〈正法华经〉中的同义复合副词》，载《语苑集锦》，上海教育出版社 2001 年版。

林曙：《确定范围副词的原则》，载《上海师范大学学报》1993 年第 1 期。

刘坚等：《论诱发汉语词汇语法化的若干因素》，载《中国语文》1995 年第 3 期。

刘叔新：《论词汇体系问题》，载《中国语文》1964 年第 3 期。

刘丹青、徐烈炯：《焦点与背景、话题及汉语"连"字句》，载《中国语文》1998 年第 4 期。

刘道英：《"隐含"不同于"省略"》，载《汉语学习》1999 年第 6 期。

刘镜芙等：《释〈水浒传〉中的"须"》，载《中国语文通讯》1992 年第 5 期。

刘凯鸣：《副词"伤"源流初探》，载《汉语学习》1987 年第 6 期。

刘凯鸣：《〈世说新语〉里"都"字的用法》，载《中国语文》1982 年第 5 期。

刘瑞明：《助词"复"续说》，载《语文研究》1987 年第 2 期。

刘瑞明：《〈世说新语〉中的词尾"自"和"复"》，载《中国语文》1989 年第 3 期。

刘瑞明：《关于"自"的再讨论》，载《中国语文》1994 年第 6 期。

刘瑞明：《词尾"自"类说》，载《语文研究》1989 年第 4 期。

刘晓南：《朱熹与闽方言》，载《方言》2001 年第 1 期。

卢英顺：《副词"只"的语义指向及其对句法变换的制约》，载《安徽师范大学学报》1996 年第 4 期。

吕叔湘：《助词说略》，载《中国语文》1956 年第 6 期。

吕叔湘、饶长溶：《试论非谓形容词》，载《中国语文》1981 年第 2 期。

吕叔湘：《论底、地之辨及底字的由来》，载《汉语语法论文集（增订本）》，商务印书馆 1943 年版。

吕叔湘:《论毋与勿》,载《汉语语法论文集(增订本)》,商务印书馆 1921 年版。

吕叔湘:《汉语语法分析问题》,载《汉语语法论文集(增订本)》,商务印书馆 1984 年版。

吕叔湘:《疑问·否定·肯定》,载《中国语文》1985 年第 4 期。

吕雅贤:《从先秦到西汉程度副词的发展》,载《北京大学学报》1992 年第 5 期。

陆俭明:《现代汉语副词独用刍议》,载《语言教学与研究》1982 年第 2 期。

陆俭明:《关于语义指向分析》,载《中国语言学论丛》第一辑,北京语言文化大学出版社 1997 年版。

骆晓平:《魏晋六朝汉语词汇双音化倾向三题》,载《古汉语研究》1990 年第 4 期。

马真:《修饰数量词的副词》,载《语言教学与研究》1981 年第 1 期。

马真:《说"也"》,载《中国语文》1982 年第 4 期。

马真:《关于"都/全"所总括的对象的位置》,载《现代汉语虚词散论》,语文出版社 1983 年版。

马真:《程度副词在表示程度比较的句式中的分布情况考察》,载《世界汉语教学》1988 年第 2 期。

马真:《说副词"有一点儿"》,载《世界汉语教学》1989 年第 4 期。

马真:《普通话里的程度副词"很、挺、怪、老"》,载《汉语学习》1991 年第 2 期。

马真:《表加强否定语气的副词"并"和"又"》,载《世界汉语教学》2001 年第 3 期。

马庆株:《含程度补语的述补结构》,载《汉语动词和动词性结构》,北京语言学院出版社 1992 年版。

马庆株:《指称义动词和陈述义名词》,载《语法研究和探索》(七),商务印书馆 1995 年版。

马庆株:《现代汉语词缀的性质、范围和分类》,载《中国语言学报》1995 年第 6 期。

梅祖麟:《从汉代的"动杀"、"动死"来看动补结构的发展》,载《语言学论丛》(16),商务印书馆 1991 年版。

潘维桂、杨天戈:《魏晋南北朝时期"了"字的用法》,载《语言论集》第一辑,中国人民大学出版社 1980 年版。

仇志群:《普通话中副词"正"和"正在"的来源》,载《聊城师范学院学报》1991 年第 1 期。

齐沪扬：《浅谈单音节副词的重叠》，载《中国语文》1987 年第 4 期。

屈承熹：《汉语副词的篇章功能》，载《语言教学与研究》1991 年第 2 期。

邵敬敏：《副词在句法结构中的语义指向初探》，载《汉语论丛》，华东师范大学出版社 1990 年版。

邵敬敏：《八十年代副词研究的新突破》，载朱一之、王正刚选编：《现代汉语语法研究的现状和回顾》，语文出版社 1987 年版。

沈家煊：《语法化研究综观》，载《外语教学与研究》1994 年第 4 期。

沈家煊：《"有界"与"无界"》，载《中国语文》1995 年第 5 期。

沈家煊：《实词虚化的机制——〈演变而来的语法〉评介》，载《当代语言学》1998 年第 3 期。

沈家煊：《语言的"主观性"和"主观化"》，载《外语教学与研究》2001 年第 4 期。

沈家煊：《跟副词"还"有关的两个句式》，载《中国语文》2001 年第 6 期。

沈开木：《"不"字的否定范围和否定中心的探索》，载《中国语文》1985 年第 5 期。

施春宏：《名词的描述性语义特征与副词组合的可能性》，载《中国语文》2001 年第 3 期。

石毓智：《试论汉语的句法重叠》，载《语言研究》1996 年第 2 期。

石安石：《模糊语义再议》，载《语义研究》，语文出版社 1991 年版。

史金生：《时间副词"就、再、才"的语义语法分析》，载《逻辑与语言学习》1993 年第 3 期。

史金生：《试论汉语主题的陈述性——从一种副名组合谈起》，载《解放军外语学院学报》1994 年第 3 期。

史金生：《表反问的"不是"》，载《中国语文》1997 年第 1 期。

史金生：《语气副词的范围、类别和共现顺序》，载《中国语文》2003 年第 1 期。

史锡尧：《副词"又"的语义及其网络系统》，载《语言教学与研究》1990 年第 4 期。

史锡尧：《副词"才"语法组合功能、语义、语用考察》，载《烟台大学学报》1990 年第 2 期。

史锡尧：《副词"才"与"都"、"就"语义的对立和配合》，载《世界汉语教学》1991 年第 1 期。

宋玉珂：《程度副词"最"和"很"的用法》，载《杭州大学学报》1980 年第 1 期。

宋玉柱：《非修饰性"副＋形"结构》，载《中国语言学报》第 7 期，语文出版社 1995 年版。

孙朝奋：《〈虚化论〉评介》，载《国外语言学》1994 年第 4 期。

谭敬训：《"都"字前后相关成分的语义特性》，载《世界汉语教学》1991 年第 2 期。

谭汝为：《同素逆序词四论》，载《词汇学新研究》，语文出版社 1995 年版。

唐贤清：《副词"逐旋"杂议》，载《中南工业大学学报》2002 年第 3 期。

唐贤清：《〈朱子语类〉副词"旋旋"杂议》，载《零陵学院学报》2002 年第 1 期。

唐韵：《近代汉语的程度副词"十分"》，载《四川师范大学学报》1992 年第 4 期。

汪迪惠：《试论动词作状语》，载《语文教学》（华东）1958 年第 10 期。

汪维辉：《系词"是"发展成熟的时代》，载《中国语文》1998 年第 2 期。

汪维辉：《东汉—隋常用词演变研究》，南京大学出版社 2000 年版。

王洪君：《汉语表自指的名词化标记"之"的消失》，载《语言学论丛》1987 年第十四辑。

王海棻：《六朝以后汉语叠架现象举例》，载《中国语文》1991 年第 5 期。

王红：《副词"都"的语法意义试析》，载《汉语学习》1999 年第 6 期。

王云路：《中古诗歌附加式双音词举例》，载《中国语文》1999 年第 5 期。

王力：《中国语法理论》，载《王力文集》第一卷，山东教育出版社 1994 年版。

王力：《汉语语法史》，载《王力文集》第十一卷，山东教育出版社 1990 年版。

王敏：《试论总括副词"都"的语义指向》，载《南京师范大学学报》1998 年第 4 期。

王志：《时间副词"正"的两个句法位置》，载《中国语文》1998 年第 2 期。

王红斌：《绝对程度副词与心理动词组合后所出现的程度义空范畴》，载《烟台师范学院学报（哲学社会科学版）》1998 年第 1 期。

王继同：《论副词重叠》，载《杭州大学学报》1989 年第 1 期。

王健慈、王健昆：《主语前后的副词位移》，载陆俭明三编：《面临新世纪挑战的现代汉语语法研究》，山东教育出版社 2000 年版。

王洁：《论"省略述语动词"的体词谓语句》，载《大理师专学报》2000 年第 4 期。

王洁：《再论"省略述语动词"的体词谓语句》，载《辽宁师专学报》2000 年第 4 期。

王学奇：《杀、煞、傻等字在元曲中的用法及其源流》，载《河北师范大学学报》1986 年第 2 期。

王宗联：《程度副词"很"和"最"》，载《四川师范大学学报》1993 年第 2 期。

王宁：《现代汉语双音合成词的构词理据与古今汉语的沟通》，载《庆祝中国社会科学院语言所建所 45 周年学术论文集》，商务印书馆 1997 年版。

王政红：《略论现代汉语多义词的词义体系》，载《苏州大学学报（哲学社会科学版）》1989 年第 2、3 期。

文炼、胡附：《词类划分中的几个问题》，载《中国语文》2000 年第 4 期。

吴国忠：《〈史记〉虚词同义连用初探》，载《中国语文》1987 年第 3 期。

吴福祥：《否定副词"没"始于南宋》，载《中国语文》1995 年第 2 期。

吴福祥：《关于语法化的单向性问题》，载《当代语言学》2003 年第 4 期。

解惠全：《谈实词的虚化》，载《语言研究论丛》（4），南开大学出版社 1987 年版。

解惠全：《关于虚词复音化的一些问题》，载《语言研究论丛》1997 年第七辑。

肖奚强：《"更"字歧义句及其相关句式》，载《南京师范大学学报》1993 年第 4 期。

肖奚强：《略论"除了……以外"与"都"、"还"的搭配规则》，载《南京师范大学学报》1996 年第 2 期。

邢福义：《关于副词修饰名词》，载《中国语文》1962 年第 5 期。

邢福义：《时间词"刚刚"的多角度考察》，载《中国语文》1990 年第 1 期。

邢福义：《"很淑女"之类说法语言文化背景的思考》，载《语言研究》1997 年第 2 期。

邢福义：《汉语语法学》，东北师范大学出版社 1998 年版。

邢福义：《"最"义级层的多个涵量》，载《中国语文》2000 年第 1 期。

徐杰：《"都"类副词的总括对象及其隐现位序》，载《汉语学习》1985 年第 1 期。

徐时仪：《〈朱子语类〉词语特点举隅》，载《集美师专学报》1991 年第 3 期。

徐时仪：《也谈"不成"词性的转移》，载《中国语文》1993 年第 5 期。

徐时仪：《〈朱子语类〉口语词探义》，载《徽州社会科学》1996 年第 4 期。

徐时仪：《〈朱子语类〉的文献价值考论》，载《徽州社会科学》1999 年第 1 期。

徐时仪：《语气词"不成"的虚化机制考论》，载《华东师范大学学报》2000 年第 3 期。

徐思益：《谈隐含》，载《新疆大学学报》2000 年第 4 期。

徐颂列：《表总括的"都"的语义分析》，载《语言教学与研究》1993 年第 4 期。

徐通锵：《结构的不平衡性和语言演变的原因》，载《中国语文》1990 年第 1 期。

许光烈：《谈副词的重叠》，载《内蒙古民族师院学报》1990 年第 1 期。

许仰民：《〈金瓶梅词话〉的副词》，载《河北师范大学学报》1993 年第 2 期。

杨爱姣：《近代汉语三音词发展原因试析》，载《武汉大学学报》2000 年第 4 期。

杨德峰：《副词修饰动词性成分形成的结构的功能》，载《汉语学习》1999 年第 1 期。

杨耐思：《加强近代汉语研究》，载《语文建设》1987 年第 1 期。

杨荣祥：《代词"自"与副词"自"》，载《荆州师专学报》1993 年第 1 期。

杨荣祥：《试析〈马氏文通〉状字部分存在的问题》，载《语言研究》1996 年第 2 期。

杨荣祥：《总括副词"都"的历史演变》，载《中文学刊》创刊号，北京大学出版社 1998 年版。

杨荣祥：《现代汉语副词次类及其特征描写》，载《湛江师范学院学报》1999 年第 1 期。

杨荣祥：《近代汉语中类同副词"亦"的衰落与"也"的兴起》，载《中国语文》2000 年第 1 期。

杨荣祥：《论"范围副词"》，载陆俭明主编：《面临新世纪挑战的现代汉语语法研究——1998 现代汉语语法学国际学术会议论文集》，山东教育出版社 2000 年版。

杨荣祥：《论"程度副词"》，载陆俭明主编：《面临新世纪挑战的现代汉语语法研究——1998 现代汉语语法学国际学术会议论文集》，山东教育出版社 2000 年版。

杨荣祥：《汉语副词形成刍议》，载《语言学论丛》（第 23 辑），商务印书馆 2001 年版。

杨荣祥：《从〈世说新语〉看汉语同义词聚合的历史演变》，载《国学研究》2002 年第九卷。

杨永龙：《"已经"的初见时代及成词过程》，载《中国语文》2002 年第 1 期。

杨永龙：《〈朱子语类〉中"不成"句法语义分析》，载《中州学刊》2000 年第 2 期。

杨水林：《试析现代汉语中"程度性副词＋非程度性形容词化名词短语"结构》，载《现代外语》2000 年第 2 期。

姚振武：《〈朱子语类〉词语札记》，载《古汉语研究》1992 年第 2 期。

殷志平：《"X 比 Y 还 W"的两种功能》，载《中国语文》1995 年第 2 期。

于奉知：《"更"字句的语义、语用分析》，载《汉语学习》1998 年第 1 期。

于根元：《副＋名》，载《语文建设》1991 年第 1 期。

袁宾：《疑问副词"可"字探源》，载《语文月刊》1988 年第 3 期。

袁宾：《说疑问副词"还"》，载《语文研究》1989 年第 2 期。

袁毓林：《谓词隐含及其名法后果》，载《中国语文》1995 年第 5 期。

袁毓林：《话题化及相关的语法过程》，载《中国语文》1996 年第 4 期。

袁毓林：《多项副词共现的语序原则及其认知解释》，载《语言学论丛》2002 年第二十六辑。

赵振铎：《论先秦两汉汉语》，载《古汉语研究》1994 年第 3 期。

张静：《论汉语副词的范围》，载《中国语文》1961 年第 8 期。

张爱民：《范围副词"都"字句法语义分析》，载《徐州师范学院学报》1987 年第 3 期。

张桂宾：《相对程度副词与绝对程度副词》，载《华东师范大学学报》1997 年第 2 期。

张国安：《关于副词修饰名词问题》，载《汉语学习》1995 年第 6 期。

张国宪：《说隐含》，载《中国语文》1993 年第 2 期。

张文轩：《〈老乞大〉〈朴通事〉中的"但、只、就、便"》，载《唐都学刊》1989 年第 1 期。

张谊生：《副名结构新探》，载《徐州师范学院学报》1990 年第 3 期。

张谊生：《试说近代汉语副词"才"的特殊用法》，载《徐州师范学院学报》1993 年第 4 期。

张谊生：《副词与状词》，载《汉语学习》1995 年第 1 期。

张谊生：《名词的语义基础及功能转化与副词修饰名词》，载《语言教学与研究》1996 年第 4 期。

张谊生：《副词的重叠形式与基础形式》，载《世界汉语教学》1998 年第 4 期。

张谊生：《程度副词充当补语的多维考察》，载《汉语教学》2000 年第 2 期。

张谊生：《论与汉语副词相关的虚化机制——兼论现代汉语副词的性质、分类与范围》，载《中国语文》2000 年第 1 期。

张谊生：《论现代汉语范围副词》，载《上海师范大学学报》2001 年第 1 期。

张谊生：《现代汉语时间副词三论》，载《语言问题再认识——庆祝张斌先生从教五十周年暨八十华诞》，上海教育出版社 2001 年版。

郑奠：《古汉语中字序对换的双音词》，载《中国语文》1964 年第 6 期。

郑懿德：《时间副词"在"的使用条件》，载《语法研究和探索》（四），北京大学出版社 1988 年版。

周刚：《表示限定的"光"、"仅"、"只"》，载《汉语学习》1999 年第 1 期。

周国光：《程度副词和程度陈述句的内部区别》，载《语法研究与语法应用》，北京语言学院出版社 1994 年版。

周利芳：《"都"表总括与表强调之间的内部联系》，载《语文学刊》1993 年第 5 期。

周小兵：《汉语"连"字句》，载《中国语文》1990 年第 4 期。

周小兵：《限定副词"只"和"就"》，载《烟台大学学报》1991 年第 3 期。

周小兵：《试析"不太 A"》，载《语法研究和探索》（六），语文出版社 1992 年版。

周小兵：《论现代汉语的程度副词》，载《中国语文》1995 年第 2 期。

周晓冰：《充当状语的"刚"和"刚才"》，载《汉语学习》1993 年第 1 期。

祝鸿杰：《试论若干甚辞的来源》，载《语言研究》1987 年第 2 期。

（日）佐藤晴彦：《"难道"小考》，原载《大阪市立大学人文研究》（1981），中文译文见《日本近、现代汉语研究论文选》，北京语言学院出版社 1993 年版。

北京大学中文系 1955、1957 级语言班：《现代汉语虚词例释》，商务印书馆 1982 年版。

北京大学中文系现代汉语教研室：《现代汉语》，商务印书馆 1993 年版。

陈承泽：《国文法草创》，商务印书馆 1922 年版。

陈望道：《文法简论》，上海教育出版社 1978 年版。

陈爱文：《汉语词类研究和分类实验》，北京大学出版社 1986 年版。

仓修良：《史记辞典》，山东教育出版社 1991 年版。

丁声树等：《现代汉语语法讲话》，商务印书馆 1961 年版。

董秀芳：《词汇化》，载《汉语双音词的衍生和发展》，四川民族出版社 2002 年版。

冯胜利：《汉语的韵律、词法与句法》，北京大学出版社 1997 年版。

苻淮清：《词义的分析和描写》，语文出版社 1996 年版。

高守纲：《古代汉语词义同论》，语文出版社 1994 年版。

郭绍虞：《汉语语法修辞》（上），商务印书馆 1979 年版。

郭锡良等：《古代汉语》（上）（修订本），天津教育出版社 1991 年版。

管锡华：《〈史记〉单音词研究》，巴蜀书社 2000 年版。

管燮初：《西周金文语法研究》，商务印书馆 1981 年版。

何金松：《虚词历时词典》，湖北人民出版社 1994 年版。

何九盈、蒋绍愚：《汉语词汇讲话》，北京出版社 1980 年版。

何乐士：《左传范围副词》，岳麓书社 1994 年版。

房玉清：《实用汉语语法》，北京语言学院出版社 1992 年版。

周国光、张林林：《现代汉语语法理论与方法》，广东高等教育出版社 2003 年版。

柳士镇：《魏晋南北朝历史语法》，南京大学出版社 1992 年版。

刘月华等：《实用现代汉语语法》（增订本），商务印书馆 2001 年版。

刘月华：《语法研究和探索》（二），北京大学出版社 1984 年版。

吕叔湘：《汉语语法论文集》，商务印书馆 1984 年版。

吕叔湘：《中国文法要略》，商务印书馆 1990 年版。

吕叔湘主编：《现代汉语八百词》，商务印书馆 1980 年版。

龙果夫：《现代汉语语法研究》（第一卷词类），科学出版社 1958 年版。

马建忠：《马氏文通》，商务印书馆 1983 年版。

潘允中：《汉语语法史概要》，中州书画社 1982 年版。

钱宗武：《今文尚书语法研究》，商务印书馆 2004 年版。

宋玉柱：《现代汉语语法论集》，天津人民出版社 1981 年版。

孙锡信：《汉语历史语法要略》，复旦大学出版社 1992 年版。

石毓智、李讷：《汉语语法化的历程》，北京大学出版社 2004 年版。

石毓智：《语法的认知语义基础》，江西教育出版社 2000 年版。

王力：《汉语史稿》，中华书局 1980 年版。

王力：《中国现代语法》，商务印书馆 1985 年版。

王力：《中国语法理论》，中华书局 1957 年版。

徐通锵：《历史语言学》，商务印书馆 1991 年版。

朱德熙：《朱德熙文集》，商务印书馆 1999 年版。

朱德熙：《语法讲义》，商务印书馆 1982 年版。

张惠英：《〈金瓶梅〉中值得注意的语言现象》，载蒋绍愚、江蓝生编：《近代汉语研究》（二），商务印书馆 1991 年版。

张志公主编：《"暂拟汉语教学语法系统"简述》，载《语法和语法教学》，人民教育出版社 1956 年版。

中国社会科学院语言研究所词典编辑室编：《现代汉语词典》（增订本），商务印书馆 2002 年版。

英文部分：

Brown, H. D.: *Teaching By Principles: An Interactive Approaches to Language Pedagogy*, NewJersey: Prentice Hall Regents, 1994.

Halliday, M. A. K. & Matthiessen, C. M. I. M.: *Introduction to Functional Grammar*, London: Edward Arnold, 2004.

Alderson, J. C.: *The Common European Framework of Reference for Language*, Invited seminar at Shanghai Jiao Tong University, 2010.

Alderson, J. C. & Banerjee, J.: Language testing and assessment (Part 2), *Language Teaching*, 2002, 35(2): 79-113.

Alderson, J. C., Clapham, C. & Wall, D.: *Language Test Construction and Evaluation*, Cambridge: Cambridge University Press, 1995.

Fabb, N. A. J.: *Syntacti Affixation*, MIT PhD. Dissertation,1934.

Cinque, Guglielmo: A null theory of phrase and compound stress, *Linguistic Inquiry*, 1993, 24: 239-297.

Feng, S. L.: *The Prosodic Syntax of Chinese*, Muenchen: Lincom Europa, 2002.

Feng, S. L.: Minimal word in Mandarin Chinese, in Jebbet Xing (eds.), *Studies of Chinese Linguistics: Functional Approaches* ,Hong Kong University Press, 2009a: 47-69.

Feng, S. L.: Prosodically constrained post verbal PPs in Mandarin Chinese, *Linguistics*, 2003(6): 1085-1122.

Zubizarreta, M. L.: *Prosody, Focus, and Word Order,*. Cambridge, M.A.: The MIT press, 1998.

Lv Y. X.: The development from the pre Qin to Han degree adverbs, *Journal of Peking University*, 1992(5): 61-68.

Gao Y. H.: A Study of the Adverb Po in the Middle Ancient Chinese, *Journal of Wenzhou Normal College*, 2001(1).

Hong C. Y.: The Degree adverb of "Po" in Historical Records, *Journal of Capital Normal University*, 1997(1).

后　记

本专著是在我的博士学位论文基础上修改而成的，也是我的第一本学术专著。从最初的选题到论文完成，从论文的修改到专著出版，我得到了众多师友的帮助，谨在专著出版之际，向他们表示衷心的感谢！

首先，特别感谢我的导师刘利先生。从论文的选题、资料收集到具体写作、修改，先生都予以了精心指导。我学业的完成，凝结着先生的心血。他严谨认真的治学精神和呕心沥血的工作态度，潜移默化地影响和鼓舞着我。

当年的论文答辩会上，中国传媒大学李佐丰教授、中国社会科学院语言所姚振武教授、北京师范大学李运富教授等都提出了中肯的修改意见和建议，这使得本书能更趋完善。借此机会，我向诸位先生表示衷心感谢。此外，李佐丰教授也是我的博士后导师，先生治学严谨、思维缜密，他的每句教诲都令我获益匪浅！

硕士导师伍宗文先生虽移民海外，但在论文写作过程中，也具体指出了一些尚需论证的地方，对于本书的充实深入，无疑意义深远！

感谢四川大学的罗国葳先生，每次我有疑难问题，他都会耐心解答。感谢西南交通大学的周俊勋师兄，长期以来，他都竭尽所能给我提供各种援助。感谢大连外国语大学的袁庆德教授，他有着渊博的专业知识，不管我遇到什么问题，他总是第一时间为我无偿提供援助！

感谢武汉理工大学政治与行政学院的毛传清院长、王盛开副院长对本书的出版给予的有力的支持！感谢武汉理工大学政治与行政学院学术专著出版基金对本书的资助！此外，孔令钢、李瑞等编辑为本书的出版付出了辛勤劳动，谨此致谢！

最后，感谢我的家人，感谢我可敬的父母和我挚爱的手足，他们一起为我撑起了一片天空，为我遮风挡雨，为我无私奉献，是他们的爱和期望，时时督促着我不断前行。

　　由于笔者学识和能力有限，本书的相关研究难免存在不足，敬请专家和读者批评指正。

杨海峰

2015 年 7 月